大学研究型课程
专业系列教材

新闻学类

新闻写作
研究导引

丁柏铨　编　著

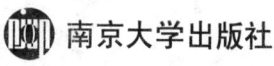

南京大学出版社

序

丁和根

中国的新闻学研究已走过近百年的历史,其间虽历经曲折,但学术之脉薪继火传,至今已蔚为大观。在此过程中,新闻学教材也起着不可替代的关键作用。它一方面是学校进行新闻教育和学生培养的基本手段和工具,对新闻专业学生的知识教育和专业技能培养具有支撑作用,另一方面又承载着新闻传媒领域新思想、新观念和新技能的知识化以及专业知识系统化的重任。近百年来,在新闻学教材编写过程中,许多先驱者筚路蓝缕,呕心沥血,做了不少开创性的工作。特别是改革开放后的三十多年中,新闻学教材编写更是百花齐放,不仅数量大大增加,内容也有了极大的丰富,与整个新闻传播业的发展形成有机呼应。

当然,在新闻学教材大量涌现的同时,人们也发现其中存在一些不容忽视的问题。最常见的问题是教材的体例结构大同小异,不同系列教材之间在内容上似曾相识,同一系列教材中的内容交叉重复现象也较为普遍。另一个问题是,新闻学传统的三大板块,无论是历史新闻学、理论新闻学还是应用新闻学,都是侧重于知识和技能的系统化,而激发学生积极参与教学和深入思考问题的特点则比较淡漠。这在以实践操作为主要培养目标的高校或许是情有可原的,而对于承担着为社会培育高层次、创新型新闻人才重任的研究型大学来说,应该说是有所不足的。如何让学生在吸取专业知识的同时,充分调动起他们学习的积极性和主动性,在知其然时也知其所以然,让新闻专业的学生更有问题意识和创造意识,具有更宽广的视野和更深入的专业认知,就成为新闻学教材建设难以回避的问题。尝试在解决这样的问题上做出努力,正是本套教材编写的初衷和主旨。

本套教材是南京大学推出的"大学研究型课程专业系列教材"的有机组成部分,它受到周宪教授几年前率先主编的"中国语言文学类"系列教材的启发,因而在编写理念和教学理念上既保持了新闻学专业的特色,也与那套教材一样强调了"研究型课程"一些共通的特点,这些特点主要是以下三个方面。

首先是对研究性的强调。研究性主要体现在:第一,突出教材本身的问题型结构和理路。传统教材的通史通论型结构,因照顾到知识的系统性和全面性,往往对特定学科的核心或前沿问题关注不够。这样对学生训练偏重于全面掌握知识却忽略了问题意识(主要是发现问题和解决问题的意识及其能力)的培养。而研究型教材则以问题为核心来架构,每章或每个单元以一个相对独立的重要问题为中心来设计。这样可以改变过去教材单纯的历史线索或逻辑结构的束缚。因此,不再强调知识面面俱到,也不强调学习平均用力,而是聚焦于本学科的重要问题,强化学术研究上的问题意识。这种问题结构使教材更具弹性和灵活性。对编者来说,可以根据学科知识的发展不断修订增删,进而改变过去教材编写的误区,即受制于结构很难修订,不得不推倒重来。对教师来说,以问题为中心的结构框架,也可以为他们富有个性的授课留有充分的空间和自由,教师可以根据自己的知识结构和研究特长作相应的调整。第二,注重学生思维方式的训练和研究能力的培养。这套教材以典范性研究论文为主干,因此选文凸现了如何发展和确定问题、如何研究问题、如何采集相关资料、如何思考和分析问题、如何得出科学的结论等。每章都有一个导论,每篇范文都有具体的分析和概括,还附有延伸阅读以及思考题,这些设计都在强化问题意识这一主旨,这有助于改变传统教材只注重知识性而忽略研究性的倾向。

其次是对范例性的强调。依据美国科学哲学家库恩的研究,科学知识的范式要素之一是所谓研究范例,也就是特定学科发展史上重要的、经典的研究案例。中国哲学史家冯友兰则指出,学术研究有"照着讲"和"接着讲"两种方式。前者是别人怎么说的,后者是从前人说到之处讲下去。把这两种看法结合起来,可以用来描述这套教材的范例性。就是通过研究典范的学习,首先学会"照着讲",然后进一步发展出"接着讲"。因此,所谓范例性又主要体现在如下两个方面:第一,选文的经典性。即力求把特定问题及其研究领域中具有代表性和经典性的学术论文选出来,这些论文不但具有权威性,而且代表了一定时期特定问题的研究水平。经过对这样的选文的解读,可以让学生了解具体的问题史和研究成果。选文不但关注问题史,同时也注重当前的发展和前沿性,将最新成果吸纳进教材中。第二,范例性还指选文作为具体的研究个案,对教师来说,是绝佳的授课内容;对学生来说,是上好的学习范本。老师通过讲解让学生掌握特定文本的研究范例,学生通过研读,模仿和学会如何研究问题,如何写作学术论文。由此实现研究型教材的特定功能。

再次是对多元化的强调。传统教材有时为了突出编写者个人的学术观点,往往采用一家之说,而对其他各种观点的介绍评析不够。由于研究型教材采用选文与导言相结合的方式，因此可以实现教材内容、学术观点和研究方法的多元化，进而达到学术研究上的"视界融合"。多元化一方面体现在博采各家之说，尽显研究特定问题的思路或方法的多样性，形成了各家之说的对话性；另一方面，选文在学术论文的文体、方法和表述风格上也明显多样化，这有助于学生掌握多种阐释途径和写作方法，进而避免研究方法和写作上的"八股"文风。

以上概括无疑同样适用于本套"新闻学类"教材。当然，新闻学毕竟与文史哲等传统学科有所不同，在教材的编写中也要充分考虑到它们之间的差异性。这种差异性主要表现在以下两个方面。

其一，新闻学的学科发展史比较短暂，不像文史哲等传统学科那样源远流长，因而可选的经典范文就比较有限。在代表性与经典性之间，本套教材更强调的是代表性而非经典性。世界上没有一成不变的真理，任何观念都产生于特定的历史语境。从纵向上看，许多在当时有影响的学术观点，随着时代环境的变化，在今天看来或许已平淡无奇，或许还存在明显的不足，但它们代表的却是学术史链条上不可或缺的某些组成部分。从横向来看，对同一问题，人们也会有不同的认知。这种不同或来自于不同的理论视角，或来自于不同的方法运用，但它们对更为完整地认识一个事物都有裨益。对于有价值的多元化的观点和方法，只要有一定的代表性，我们便采取兼收并蓄的态度，以期更好地利用过往的研究财富，为今后的知识创新增添有益的动力。

其二，由于新闻学是一个新兴的应用性学科，它与文史哲等基础学科不同的地方还在于它一定要理论联系实际，因而本套教材特别强调了实践应用性。一是选题的提出和讨论特别强调现实性，以增加教材内容与新闻传播现实的粘合度。二是在业务性课程教材的编写方法上做出适当调整，增加了案例分析的环节。三是在选文之后的问题思考和研究设计部分，更注重结合当下正在进行中的新闻传播变革来设计思考题和研究方案。

学术研究需要凝聚朝气蓬勃的学术力量，发挥专业团队的集体智慧。近三年多来，为了保证本套教材的顺利推进，南京大学新闻传播学院的诸多同仁以及部分校外学者，群策群力、共襄斯举，为了共同的目标，大家本着严谨求实的学风，不囿于成见，立意于创新，在各自所负责的教材中充分表现出自己的学术个性。在此，谨向他们表示深深的敬意！本套教材能够顺利付梓出版，还有赖于南京大学出版社的鼎力支持以及项目负责人和各位责任编辑的辛勤劳动，特别是金鑫荣社长，出版此套教材的创意来自于他，在编著过程中，经常加以敦促和鼓励的也是他，没有他的关心和支持，也就没有这套书的今天。此外，我们也要向本套教材中所有被征引文献资料的著作者一并致以深切的谢意！

以"研究性"作为教材编写的突出特点，这只是一个初步的试验。我们知道，在这条道路上需要探索的地方还很多，因而热忱期待来自各方有识之士的指教。

2015 年 3 月于南京大学

目 录

第一章　新闻文体 ··· 1
　导论 ··· 1
　选文（著述） ··· 5
　　新闻报道三十年的发展演变趋势（张征） ······················ 5
　　关于"梵·迪克的新闻图式"（节选）（刘海贵） ············· 14
　　通讯与消息的区别（屈慧君） ······································ 15
　　深度报道的理念与操作（高钢） ··································· 19
　　调查性报道刍议（丁柏铨） ··· 26
　　2012年普利策新闻奖"融合新闻"作品解读（马忠君） ···· 33
　选文（作品） ·· 37
　　豫南庄户纷纷举行交接仪式/取下神像挂地图/上蔡县新华书店说，
　　农民一年买走17 500幅（李钧德　王方杰） ················· 37
　　法警背起生病被告/司法界人士认为，这反映了我国司法体制改革，
　　更加注重体现对人格的尊重（杨永辉　王雪莲　吴怡） ···· 38
　　公安微博危机公关十小时（济南广播电视台） ··············· 40
　　红山嘴，大雪即将封山（黄国柱　张占辉　刘明学） ······ 41
　　"三把尺子"量政绩——寿光人眼中的老县委书记王伯祥
　　（姜国乐） ·· 44
　　天河一号：速度背后的较量（天津电视台） ··················· 48
　　2012年诺贝尔奖·莫言说（朱强） ································ 57
　　关于股市的通信（吴锦才　丁坚铭　汪洪洋） ··············· 63
　　惨剧真相扑朔迷离：聚焦山西繁峙金矿爆炸案
　　（刘畅　柴继军） ··· 68
　　为什么是解振华？（苏永通　许峰　吴晨光　吴娟） ······ 71
　研究与思考 ·· 76
　　延伸阅读 ··· 76
　　问题与思考 ··· 76

第二章　提炼主题 …… 77
导论 …… 77
选文（著述） …… 80
　　浅析新闻报道主题发掘的思想意义（袁媛） …… 80
　　新闻发现力：一种历史性概括（刘海贵） …… 83
　　新闻发现力之"滞后"与"忽视"（南振中） …… 87
选文（作品） …… 95
　　命运备忘录——38名工商管理硕士（MBA）的境遇剖析
　　（张建伟　蒋峰　陆小娅　郭蓝燕　高峻　宁光强） …… 95
　　人民呼唤焦裕禄（穆青　冯健　周原） …… 105
　　对话"意见领袖"——善待网民和网络舆论③
　　（人民网舆情监测室） …… 111
　　刘铁男带来的启示与警示（人民微评） …… 113
　　不造谣体现的是底线，不传谣体现的是智慧（新华微评） …… 113
　　"辟谣"成造谣，该当何罪？（河南日报微评） …… 114
研究与思考 …… 114
　　延伸阅读 …… 114
　　问题与思考 …… 114

第三章　精选角度 …… 115
导论 …… 115
选文（著述） …… 121
　　找到新闻视角的八种方法（陈辉） …… 121
选文（作品） …… 125
　　两家子公社干部开始睡上安稳觉　夜无电话声　早无堵门人
　　（范敬宜） …… 125
　　昆山31万农民刷卡看病／每人每年缴纳50元最高
　　可得到1 100倍补偿（高坡） …… 126
　　长江隧桥带来商机，海内外企业纷纷上岛考察欲投资发展／
　　短短一个月"拒资"十亿元／崇明婉言谢绝三十多个不符合
　　产业导向和能耗、环评审查的项目（陶健　张敏） …… 127
　　勋章背面的未了情——记黄河水利委员会绥德水保站总工程师徐乃民
　　（全振蓉） …… 128
　　应该杀猴给猴看（直言） …… 130
　　从"高晓松醉驾"和"王功权私奔"看自省离自律多远（武雪梅） …… 132

研究与思考 ································· 133
　　　　延伸阅读 ································· 133
　　　　问题与思考 ······························· 133

第四章　优化结构 ····························· 136
　　导论 ····································· 136
　　选文（著述）······························· 138
　　　　优化新闻作品的结构（张永红）············· 138
　　选文（作品）······························· 143
　　　　默默芬芳最动人——献给"把脉江河"的水文工作者
　　　　（何平　韩寒　王国平）··················· 143
　　　　守望精神家园的太行人——红旗渠精神当代传奇
　　　　（李从军　刘思扬　朱玉　赵承）··········· 148
　　　　只为一个永远的约定：一个延续15年的感人故事
　　　　（方艳梅　咸立冬　耿建扩）··············· 161
　　　　名牌是民牌（艾丰）······················· 165
　　研究与思考 ································· 167
　　　　延伸阅读 ································· 167
　　　　问题与思考 ······························· 167

第五章　新闻叙事 ····························· 168
　　导论 ····································· 168
　　选文（著述）······························· 172
　　　　细节的力量——新闻细节的叙事特征与效果分析（林新）······ 172
　　　　精心打扮凤头重视导语写作——兼评"中国新闻奖"部分消息的导语
　　　　（刘保全）······························· 177
　　选文（作品）······························· 181
　　　　抢财神——河南农村见闻（穆青　周原）····· 181
　　　　红色的警告（雷收麦　李伟中　叶研　贾永）· 183
　　　　公仆本色——追记湖南省委原副书记、省人大常委会原副主任
　　　　郑培民同志（董宏君　朱玉）··············· 192
　　　　别了，"不列颠尼亚"（周树春　胥晓婷　杨国强　徐兴堂）··· 202
　　　　晒晒166个公章（闫锐　王玉亮　杨威力）···· 203
　　研究与思考 ································· 207
　　　　延伸阅读 ································· 207
　　　　问题与思考 ······························· 207

第六章　新闻语言 ……… 208
　导论 ……… 208
　选文（著述） ……… 217
　　新闻语言的总体特色——新闻语言是一种以白描为主要特征的语言
　　（艾丰） ……… 217
　　让新闻话语新起来（丁时照） ……… 219
　选文（作品） ……… 221
　　在大海中永生——邓小平同志骨灰撒放记（何平　刘思扬） ……… 221
　　栾城草农敢闹海——听栾城农民种草者说（赵俊芳　郝斌生） ……… 225
　研究与思考 ……… 228
　　延伸阅读 ……… 228
　　问题与思考 ……… 228

第七章　创新探索 ……… 229
　导论 ……… 229
　选文（著述） ……… 231
　　新闻记者的开拓意识——在北京大学的演讲（解国记） ……… 231
　　好新闻的基因，是创新（沈爱国） ……… 245
　选文（作品） ……… 248
　　金山同志追悼会在京举行（郭玲春） ……… 248
　　汉城决战的最后40秒——男子4×100米决赛画外音（刘蔚） ……… 250
　　苏锡常：关于结构调整的对话（新华日报记者组） ……… 252
　　让死者有那不朽的名　让生者有那不朽的爱——写给张永平母亲
　　的一封信（贾永　李大伟　郭嘉） ……… 254
　研究与思考 ……… 257
　　延伸阅读 ……… 257
　　问题与思考 ……… 258

余论 ……… 259
　报道题材、报道方式与传播效果关系探析（丁柏铨） ……… 259

后记 ……… 270

第一章 新闻文体

导 论

新闻文体是整个文章大家族中的一员,与这个大家族中的其他成员相比,有自己鲜明的特点。准确认识和把握新闻文体的特点,是进行高质量的新闻写作实践和新闻写作研究必须迈出的第一步。

一、对新闻文体的界定

新闻文体,是各类媒体所刊播的,以报道具有新闻价值的事实,或评论现实中具有议论价值的现象为己任的文体。它有别于其他各类文体。

各类媒体,包括传统媒体(报纸、杂志、广播、电视)和新兴媒体(互联网和以移动联网的载体的微博微信等)。在仅有传统媒体存在的年代,刊播新闻文体的只能是报纸、杂志、广播、电视等传媒。当今时代已是自媒体时代,自媒体往往也就成为传播各种新闻信息的重要媒介。

二、新闻文体概念的两个层面

对于新闻文体,可以从两个层面对它加以理解和把握。第一个层面,它是整个文章大家族中的构成部分,与文学文体、公文文体、广告文体以及日常应用文体大致并列。通过与上述文体的比较可认识其鲜明的文体特点。第二个层面,它本身又是一个庞大的文体群,内中包含了消息、通讯(合称为新闻报道)和新闻评论。而消息和通讯还可再细分。需要说明的是:深度报道并不是一种文体,也不是一个新闻文体概念;它是具有深度特点的报道的总称,既可以是某些单篇通讯,也可以是某些组合报道、系列报道等。

三、新闻文体的特点

(一)强调时效

从本质上说,新闻是对刚刚发生或正在发生的具有新闻价值的事实的报道(这不是给新闻所下的科学定义,而只是在对新闻的特征加以描述)。"刚刚发生"或"正在发生"的事实,新闻对此加以报道,就充分体现了它的时效性。在这点上,它有别于同样需要对事实进行秉笔直书的历史。写历史有待于积淀,而写新闻则须体现即时性。因此,从事新闻写作的人,需要培养倚马可待的撰稿能力。

（二）突出价值

如果是对事实进行报道，那么就需要在事先进行的新闻采访中，能发现、发掘事实的新闻价值，以通过对此所作报道满足受众的新闻需求（实际上也就是满足受众了解具有新闻价值的事实信息的需求）。在这一方面，新闻又体现出与文学文体的不同。文学文体中的各类作品，注重的是能体现审美价值，能给欣赏者带来美感。

如果是对某些事实、特定现象进行评论，那么就需要对作为评论对象的事实或现象进行选择，选择的标准是看它们是否具有议论价值和在多大程度上具有议论价值。

假若所报道的事实不具备新闻价值或新闻价值不高，或者所评论的事实、现象不具备议论价值，就会直接影响新闻作品的质量。

（三）讲究真实

新闻文体对真实性的要求颇为严苛。这是新闻所要求的真实，不是基本真实，也不是大致真实，更不是貌似真实。新闻所要求的真实，与文学所要求的真实、广告所要求的真实，是存在差异的。

新闻的真实，是据实报道（根据调查采访到并经过严格核实的事实进行报道）、如实报道（所作报道符合报道对象的实际情况）。新闻报道不容许改变对象的原貌，不容许有任何虚构，不容许按合理想象进行写作。

文学的真实，允许对人、事、景、物进行虚构，虚构了也仍然可以是真实的。按照古代哲人亚里士多德的说法：诗人的职责不在于描述已经发生的事情，而在于描述可能发生的事，即按照可然律或必然律可能发生的事。生活中不存在的人和事，按可然律或必然律写来，也仍然可以是真实的。

广告的真实，基本要求是为受众提供准确的信息，不能对消费者构成误导。在进行广告诉求时，允许进行艺术加工，允许进行不致引起误解的艺术夸张包括适度夸张或极度夸张。而以上两类夸张在新闻报道中是必须慎用的。

（四）注重简约

新闻文体，无论是语言还是画面都很简洁。叙事和议论，都讲求简洁明快、表意明晰。写消息，尤其要学会将长句改短并多用短句，切忌冗长拖沓。从消息到通讯再到新闻评论，都不取繁复的结构。

四、新闻文体分述

以上说的是新闻文体的总体特点。实际上，其中不同的具体文体，特点各异。

（一）消息

消息，是一种通过对具有新闻价值的事实进行简要叙事的方式加以及时报道的、篇幅短小的文体。由此可以看出它的诸多特点。

一是时效性强。

它是新闻文体中的"快速反应部队"，时效性强于通讯。对于同一事件的报道，一般都是先发消息，迅速予以披露；通讯跟进，进行后续报道。消息抢占先机；通讯体现厚度和力度。

二是文本精短。

消息，语言精、篇幅短，言简意赅、字约意丰。它写人、事、物，不如通讯来得舒展和生动，但其优点是在有限的空间中浓缩了相当多的信息。

三是结构别致。

具体来说：(1) 消息允许结构不完备者存在。结构完备的消息由标题、导语、主体、背景和结尾等五个部分构成。但不少消息都可以"缺这少那"（不是缺背景，就是无结尾）。可见，在消息中是当有则有，可无则无。(2) 消息往往将精彩的内容置于篇首（导语部分）。写得好的导语，往往让人看上一眼就不愿意放下，这成为消息的独特景观。不少消息，其重心是前置的，越是重要的内容越是被往前提，由此有别于同属新闻文体的通讯的结构，也有别于属不同文体如文学、公文和广告的结构。(3) 在消息的结构中，标题和导语的重要性大于主体。标题（分为单一结构标题和复合结构标题两大类），担当了向受众告知主要新闻事实的重任。受众一看消息标题，就能明白新闻事实和它的价值。而通讯作品、文学作品、广告作品的标题就未必如此。导语是消息文本中的第一段话或第一句话。如果消息包含若干自然段，那么其第一自然段即为导语；如果整篇消息仅一个自然段，则其第一句话即为导语。导语要呈现事实的亮点和特点，是记者经反复锤炼而写成的文字。

四是侧重叙事。

消息是一种特别重叙事的新闻文体。在叙述、描写、抒情、议论、说明等五种表达方式中，用得较多的是叙述和描写，用得尤多的是叙述。没有叙述，就不成其为消息。所用的描写，往往是白描，抓住特点，简笔勾勒。写消息，为防止报道的客观性受到影响，一般说来很少使用抒情（当然是相对而言的）。议论也受到作者相对严格的控制。记者在报道中，能不议论就不议论，需要表达意见时，或借助于采访对象的意见来代替记者直接发表意见；或通过交代相应背景材料，将自己的倾向和意见隐含于其中。

（二）通讯

1. 通讯的涵义

通讯是一种较之消息更详尽、更具体地展现报道对象的新闻文体。

对于通讯来说，其报道对象相当广泛，既可以是具有新闻价值的人物、事件，也可以是富于启迪意义的工作经验，具有鉴戒意义的社会现象、矛盾问题、被掩盖的倾向，还可以是反常的、罕见的或耐人寻味的人文景观或自然现象。正因为如此，笔者认为不宜将通讯的报道对象局限于人物、事件、工作和风貌，更不认同将通讯分为人物通讯、事件通讯、工作通讯和风貌通讯等四类。因为这样分类存在着显见的缺陷：一是作"四分"时，使用的分类方法不尽一致；二是四类通讯，其实并不在同一个逻辑层面上;三是以上分类无法涵盖所有的通讯。

2. 通讯、消息之比较

通讯与消息相比较,既有相同之处又有相异之处。

相同之处有:(1)它们都属于新闻文体,都须体现出时效性和新鲜性。过时的、缺乏新鲜感的内容,既不应当成为消息的报道题材,也不应当成为通讯的报道题材。(2)它们都必须恪守新闻所要求的真实性。不允许改变事实原貌,不允许张冠李戴和移花接木,更不允许杜撰和虚构。(3)它们都注意凸显事实的新闻价值。不仅以有无新闻价值作为对事实的取舍标准,而且以凸显事实的新闻价值作为报道的旨归。

相异之处有:(1)通讯对报道对象的叙写较之消息详尽。消息较少保留和叙写细节,通讯则不仅摄入较多的细节,而且往往要靠精彩的细节取胜。消息较少就人、事、景、物展开细致的叙写,而通讯则会写得相当舒展和细腻。(2)消息多重心前置,通讯则往往并非如此。编辑在对消息加以处理时,限于篇幅,往往会将其后半部分也就是相对不重要的部分删去,这就迫使记者在写稿时,将重要内容提到文本的前面甚至最前面。(3)通讯的作者,会比较自如地使用各种表达方式,包括消息很少使用的抒情和较少使用的议论。就此而言,通讯作者在写作中所受的束缚比较小。(4)消息的开头,一般都冠以"消息头",即:本报××(地名)讯(记者×××报道)。这不仅成为消息的外在标志,而且成为消息作者的署名方式。而通讯则不用"消息头"。作者署名的位置在通讯的标题之下。

3. 通讯的分类

如前所述,人们通常将通讯分为四类:人物通讯、事件通讯、工作通讯、风貌通讯。前文已指出过如此分类的弊端。

那怎样分类比较合理呢?

笔者认为:采用对报道对象如何呈现的方式为分类标准,将通讯分为叙事记述型、调查分析型、谈话实录型等三类比较合适。

叙事记述型通讯,采用的呈现报道对象的方式是叙事记述。叙事记述的对象主要为人物,则为传统意义上的人物通讯(记人);对象主要为事件,则为传统意义上的事件通讯(记事);对象为一地的风貌,则为传统意义上的风貌通讯(记地)。在此类通讯中,还可以包括现场目击记、采访札记和新闻特写等。大多数典型报道当可以归入此类。

调查分析型通讯,采用的呈现报道对象的方式是在调查的基础上进行分析。此类报道对象,既有正面的,也有中性的,毋庸讳言,其中的相当一部分带有负面的性质。调查报告应当可以归入此类通讯。报道对象主要为特定主体的工作经验或失误教训(一般为成功经验),则为传统意义上的工作通讯(记工作)。题材是负面性质的调查分析型通讯,通过调查获取材料的难度相当大。报道中的分析,既是记者所作的分析,但又不应等同于学术论文中的分析(即不是学理分析),比较多的是通过采访专家和引用专家意见,来体现分析和分析所达到的深度。

谈话实录型通讯,采用的呈现报道对象的方式是实录并展示采访对象与记者之间的谈话。这是谈话在作品中发挥了重要作用的一类通讯。谈话特别是采访对象的谈话不仅被真实记录,被原汁原味地大量采用,而且发挥了极其重要的作用。直接引语多(以至通篇都是直接引语),是此类通讯的显著特点之一。就此而言,采访对象的谈话水准和质量,直接决定了整篇通讯的品位,可谓成败在此一人(采访对象),在此一谈(一席谈)。特点之二,采访者的话语得到较多保留。这是该类通讯与前两类通讯有所不同的地方。在前两类通讯中,采访者的话语通常是不出现或很少出现的。这类通讯的成功要诀有:(1)选好谈话的议题。话题的质量要高。选题质量高的标准是:新颖,尚未有其他报道涉及,或有望在谈话中有高人一等之处;引人关注,关涉公众关注的热点问题;有内涵,有话可说。(2)选好谈话的人选。谈话人选熟悉话题内容、有思考、有见地;不仅如此,而且善于表达。(3)把握好谈话的内容和走向。记者要提出有一定水平的问题,引领谈话逐渐深入。事先必须做好功课,了解有关背景,准备好相应问题,使谈话步步深入。

选文(著述)

新闻报道三十年的发展演变趋势

张 征

导言——

本文选自《国际新闻界》2008年第10期。作者张征,女,1952年6月出生,中国人民大学新闻学院教授、博士生导师、新闻系主任。兼任中国人民大学新闻与社会发展研究中心研究员、北京市新闻工作者协会理事。主要讲授《新闻采访与写作》、《采访写作专题》、《名记者研究》、《传播学》等课程。曾荣获中国人民大学"十大教学标兵"、北京市"师德先进个人"、教育部"高等学校教学名师"等荣誉。主要研究领域:新闻采访与写作、名记者研究、记者新闻发现力的培养。主要著作:《新闻发现论纲》、《新闻采访教程》、《新闻写作教程》等。下文梳理了改革开放30年间新闻报道的发展脉络,论析了新闻报道所发生的巨大变化,对新闻写作实践不无裨益。

改革开放30年间,新闻报道发生了巨大的变化。回顾这30年来新闻报道的演进历史,可以清晰地看到:党的思想路线的历史性转折和亿万民众对安定的美好生活的向往,对新闻信息的渴望,成为新闻工作者打破禁锢的坚冰,改革新闻报道的强大动力;新闻报道的变化与我国思想解放的步伐同步前行,也与新闻业的功能的转变同步前行。

总结改革开放30年的新闻报道的发展脉络,可以分为以下五个方面。

新闻报道选题面迅速扩大,新闻信息空前丰富

30年来,中国新闻报道发生的第一个巨大变化是选题面的迅速扩大。1978年新闻界面临的情况是:"文革"虽然结束了,但国民经济处于崩溃边缘,被"四人帮"洗劫过的新闻界面目极度扭曲,信息的闭塞和缺乏处于难以想象的程度:版面上除了应景的宣传文章、歌颂政绩的"四季歌"与空话套话连篇的宣传稿,几乎没有老百姓关心的新闻信息,可谓"万马齐喑"、"气息奄奄"。改革开放以后,新闻界解放思想,不断扩大报道选题领域,向老百姓提供想知道也有权知道的信息,使报纸的面目在短期内有了巨大的改观:从原来连篇累牍的宣传稿到全面地面向社会生活各个侧面和层面,使政治、经济、文化、社会各方面的新闻信息空前丰富,也使媒体开始实现其功能的转变:从单纯的宣传变为"告知"。从以下三个报道侧面,可以表明30年来新闻报道从解冻到开放的过程:

第一,动态新闻的出现。

"文革"时期的所谓动态新闻,是在"是否应当让群众知晓"的宣传理念指导下策划部署的。除了领导人接见,各种会议报道还稍具新闻特点外,报纸的全部报道内容基本是按宣传计划安排的。据《中国青年报》一位资深编辑的回忆:在周一的编前会上,这一周的头版内容大部分就已经确定了,周一宣传什么,周二宣传什么,而不是关注周一发生了什么,周二发生了什么。原本属于新闻二字题中应有之意的本周"最新发生的动态事实"甚至完全在编辑记者们的考虑范围之外。

新闻改革之后,最先改变的就是——记者把眼睛从宣传任务转向"刚刚发生的事实"和"老百姓感兴趣的事实",这使得版面上出现了久违的动态新闻,"昨日"新闻、"凌晨"新闻,甚至是几小时前发生的新闻铺天盖地地登上版面,履行着新闻业"告知"和"沟通"的职责。一时间,报纸上信息量大增,吸引力也随之大增。

第二,社会新闻的复出和繁荣。

在报道选题面迅速扩大的时候,最先突破的是社会新闻。我们现在翻阅文革中的报纸,几乎看不到任何当时的社会生活的画面。五六十年代优秀的社会新闻,在"文革"中被批判为"迁就群众的落后意识"、甚至被认定为低级情趣的"黄色新闻"。群众的柴米油盐、衣食住行、婚丧嫁娶、生老病死的内容一律被认为是登不上大雅之堂的选题,因此,在十年漫长的文革运动中,报纸上的社会新闻绝迹。

1979年,上海《解放日报》刊登了一条不长的消息:《上海一辆26路无轨电车翻

车26个乘客受伤》。这条消息后来被认为是改革开放之后第一条社会新闻。当时的《新民晚报》老总束纫秋说,这篇新闻本身并不见得怎么好,但《解放日报》登了这样的新闻,这本身就成了新闻。这条上海的车祸新闻,成了"文革"之后社会新闻复出的标志。此后,社会新闻开始堂而皇之地登上报纸,特别是晚报,以及后来的都市报的版面,极大地满足了受众的信息需求,反映了群众的呼声,沟通了舆情,密切了新闻业和社会的关系。在20世纪90年代媒体市场化的浪潮中,社会新闻始终不仅是晚报和都市报,而且是各类大报吸引受众的选题"富矿"。

第三,经济新闻成为持续的热门选题。

随着党的工作重心转向经济建设,我国经济领域的发展一日千里,波澜壮阔,使经济报道有了应接不暇的选题空间。经济领域里的新成就,新经验,新事物,新动向,新问题一时间成为最热门的报道选题。不仅如此,综合性的报纸已经容纳不了呈几何级数膨胀的经济信息,专业经济类报纸相继诞生。

1979年10月1日,61岁的《人民日报》副总编辑安岗创办的《市场报》一上市,立即在全国各地被抢购一空:在北京,西单一个销售点1小时卖了1万份,全天卖出9万份;在合肥,购买者挤垮了邮局柜台。

在这种经济信息的巨大渴求下,第一份综合经济报纸《经济参考》也在1981年问世。随后,在20世纪八九十年代,《经济日报》、《中华工商时报》、《中国经营报》、《上海证券报》、《中国证券报》(隶属新华社)和《证券时报》(隶属《人民日报》)相继创刊。

2000年,被称为新生代经济报纸的《21世纪经济报道》和《经济观察报》同时诞生;2004年,上海文广传媒集团联合广州日报报业集团、北京青年报社跨地区、跨媒体打造的《第一财经日报》创刊。①

伴随着我国经济的发展和腾飞,经济新闻已经成为我国报纸上跨越30年的热门选题。

新闻报道的时效空前加快

"文革"之中的报道,不仅数量少,而且没有时效可言。对于发生在1976年的唐山大地震,新华社是在3年后1979年11月才正式报道了伤亡人数:"死亡24万余人","重伤16万余人"。在30年的新闻改革过程中,报道的时效,特别是动态新闻的时效已经大大加快,昨天新闻、今日新闻逐步占领报刊的主要版面。在采用了数码传输方式之后,报道时效发生了又一次质的飞跃。

1981年11月在庆祝新华社建社50周年茶话会上,习仲勋代表中央书记处对新闻报道提出了五点希望——新华社称之为"五字方针":一是真;二是短;三是快;四是活;五是强。由此在全国普遍展开了新闻业务改革热潮。在这五个字中间,"短"和

---

① 张垒:《中国经济报纸:三十年脉络与流变》,《中国记者》2008年第3期。

"快"都是针对报道时效改革的业务措施。

1997年7月1日香港回归的报道中,中央电视台首先运用了直播的方式,使报道与正在发生的历史实现"零"距离。这种新闻竞争的态势,使纸质媒体更加注重报道的时效性。为了追赶时效,媒体纷纷利用现代通讯传输手段,如购置海事卫星发射机等设备,以求在任何环境下抢占报道先机。新闻时效的改革提高了公众接收信息的质量,也提高了媒体的可信度。

选题禁区被不断突破

在"文革"时期的媒体报道中,报道禁区林立,群众的信息需求很大程度上被压制。随着改革大潮的推进,群众对知情权的诉求亦不断强烈。在这种社会大背景下,新闻界大范围地突破了原有的新闻选题禁区。其中最主要的选题领域是:

第一,对政府政令报道的突破。

"民可使由之,不可使知之"的愚民政策在中国封建社会沿袭了几千年。在新闻改革前的很长一个时期里,党和国家的重大政策和政令在很大程度上就被不合理地列入了保密范围,使得政府的决策与运作处于与公众完全隔离的状态。不公开政府信息,强化了官员的权力,削弱了公众的利益。一些政府官员甚至新闻工作者,把对某些政府信息的保密曲解为所谓"守土有责"。"文革"时的历次党代会,几乎都是会后才用"×××代表大会新闻公报"的形式告知广大群众。被允许采访会议的也仅有两家官方媒体:《人民日报》和新华社。对于所有的党的重要会议,所有的报道基本上是一个角度、一个调门:"一致通过"、"空前团结"、"热烈拥护"、"举国欢腾",无一例外地遮蔽了会内会外的不同意见,甚至党内意见的尖锐对立、党内斗争的内幕等许许多多本该让党内外群众知道的真相。

百姓知情权的渠道最主要的来自大众媒体。而在中国现实社会,能够有效地传播政府信息的一直是国家通讯社、机关报、各级党报系统最具竞争力的优势。准确、全面、翔实而及时的政府信息披露,也是党报一个时期以来新闻改革的难点与重点。1987年党的十三大召开时,中央电视台曾经破天荒地"全播"了会后的记者招待酒会的实况,这种偶然出现的政令报道的透明度曾引起新闻界人士的大振奋。但其后的政令报道的开放度又经历了迂回和挫折。2003年"非典"疫情,本质上是由卫生系统政府信息的公开不够酿成的,使得关系到全国各地群众生命健康的疫情信息被故意屏蔽或歪曲了,主管官员在大众传媒上公开亮相矢口否认疫情的存在,客观上扩大了疫情的传播,延误了防疫工作的进行。此事引起了社会各界普遍非议,也引起领导层的高度重视。此后媒体在政令报道上的改革步伐加快,各级党的机关报在及时公布政府信息,特别是主动解读政策政令条文,解释政令产生的政治背景,揭示相关的社会深层矛盾和存在的困境方面不断突破禁区,使政府信息的报道的渠道逐步畅通。每年春天"两会"报道的日益公开、透明和及时,参与报道记者的人数日众,媒体来源日益广泛,都说明了这个问题。

2008年4月24日,新华社发布了一条影响深远的政策:国务院总理温家宝签署了第492号国务院令,公布《中华人民共和国政府信息公开条例》,这个条例于2008年5月1日起施行。条例规定:"行政机关应当将主动公开的政府信息,通过政府公报、政府网站、新闻发布会以及报刊、广播、电视等便于公众知晓的方式公开。""行政机关应当及时、准确地公开政府信息。行政机关发现影响或者可能影响社会稳定、扰乱社会管理秩序的虚假或者不完整信息的,应当在其职责范围内发布准确的政府信息予以澄清。"这意味着:报刊、广播、电视的政府报道与信息披露将有法可依。

第二,对重大的突发性灾难报道的突破。

重大的突发性灾难长期以来属于报道的禁区。

灾难和灾害是社会生活的一部分,也是人类历史的一部分。报道灾难的目的,是减少灾难和预防灾难的发生。突发性灾难几乎具备了新闻价值的所有要素:新近性、影响力、显要性、接近性……但在我国长达几十年的以鼓劲、树榜样为主要宣传手法的宣传报道模式中,告诉群众的大多是国家建设的新成就、新经验以及不断涌现出的先进模范人物,灾难性事件似乎成为信息中"不祥"的音符,被认为是"泄气"的报道、"给社会主义抹黑"的报道,长期被排斥在新闻选题之外。灾难事件所具有的独特的警示、教育、监督的社会功能完全被遮蔽。

改革开放之前我们对灾害的报道历来有两种方式:第一,实行新闻封锁,装聋作哑;第二,隐去或淡化灾难中人的苦难,隐去造成灾害的人为的错误和体制上的弊端,只留下英雄交响曲和领导一线救灾,只留下"党的关怀"、"社会主义大家庭的温暖"。

对1976年唐山大地震的报道,当时,《人民日报》只在1976年7月29日发了新华社的一条简讯式消息,题目是:河北省唐山、丰南一带发生强烈地震,灾区人民在毛主席革命路线指引下,发扬人定胜天的革命精神抗震救灾。

整篇报道对灾情只有一句话:"震中地区遭到不同程度的损失。"

实际上,唐山地震的灾情极其惨烈——死亡24万余人,重伤16余万人,留下了3000多孤儿和一座几近毁灭的城市,这些在报道中只字未提。

30年来,新闻界对重大灾难事件的报道禁区的突破虽然步伐艰难而曲折,但正如天下黄河,虽有"九曲十八弯",但毕竟滔滔东去,不可阻挡。

1979年底,《工人日报》对"渤海2号"钻井船翻沉事件的报道,揭开了为满足公众知情权而进行博弈的序幕。此后,对发生在1983年的安康大水、1987的大兴安岭火灾、1988年春上海爆发的甲肝疫情、1994年的千岛湖事件、1998年的长江特大洪灾、2000年圣诞节洛阳大火、2001年广西南丹锡矿透水瞒报事件、2002年之后发生在山西的一系列矿难瞒报事件、2003年的"非典"、2003年重庆开县井喷直至2008年初的冰雪灾害、汶川大地震、三鹿婴幼儿奶粉等突发性灾难事件的报道中,我国新闻界都经历了艰难的博弈过程。这其中涉及不同媒体的报道理念问题,新闻管理部门的观念和报道纪律问题;还有各级政府的观念转变问题,当然更多涉及的是社会上各种利益集团的既得利益问题。

如对于发生在1987年5月至7月的大兴安岭森林火灾,中国青年报的报道有突破性进展。年轻的记者们深入火灾现场,及时报道灾情,又深入追问灾难的原因。该报的一组连续的深度报道——《红色的警告》、《黑色的咏叹》、《绿色的悲哀》,成为灾难报道的传世佳作,也使1987年被业内称为"深度报道年"。

而发生在1994年的"千岛湖事件",却留下了我国灾难性报道的反面案例:3月31日,千岛湖"海瑞号"游船遭劫,船员和游客都被烧死,其中包括24名台湾游客。事件本身是一个纯粹的刑事案件。但当时,国内媒体对这一震动海峡两岸的恶性事件讳莫如深,丧失了报道的主动权,直到4月9日才有报道。开始宣布为游船失火,到4月17日才宣布为"抢劫纵火杀人案"。而海外的传媒大肆渲染挑拨,称案件的凶手是"解放军"、"武警"。在局面极其被动的情况下,我国媒体6月20日才发表了长篇通讯《两岸同悲愤 严法慰亡灵——千岛湖事件始末》,但已无法扭转舆论形势了。

1998年特大洪灾中《中国青年报》对九江决堤的报道,被指违反新闻纪律,先是被批评,记者作检讨,在得到国务院领导人"不要向群众隐瞒灾情"的指示后,记者的稿件又获表彰,最终获得1998年"中国新闻奖"特等奖。

2000年圣诞节那天,洛阳一商厦发生大火,夺去309人的生命。当地一家晚报的报道是:《众志成城战火魔》,主要报救灾;而《南方周末》的报道是:《追问洛阳大火》,矛头直逼惨祸的责任者,两者的报道视角大相径庭。这也说明,由于各种原因,不同媒体对灾难事件的报道态度完全不同。

2002年6月,山西繁峙发生金矿爆炸事故,当地政府上报"死2人,伤4人"。6月25日,《中国青年报》接到遇难者家属电话举报,即赶往矿难现场。为了揭开真相,记者冒着生命危险,冲破利益集团所派杀手的盯梢、追捕,在极为危险的情况下了解真相,向北京发回电稿。首篇调查《惨剧真相扑朔迷离——聚焦山西繁峙金矿爆炸案》一经见报,举国震惊,国内外舆论广泛关注。通过连续10多天的系列报道,最终将这起新中国历史上罕见的"死亡37人、毁尸灭迹、隐瞒不报"的恶性金矿爆炸事故公之于众。该报道直接推动中央、省、市各级政府对矿难真相的调查,并以记者的报道为官方调查直接提供线索和帮助,成为新世纪新闻舆论监督的崭新尝试。

还有一些灾难报道,是多家媒体成功联动的结果,如2001年对广西南丹锡矿透水瞒报事故,先是在互联网上透露出来,继而广西电视台对死难矿工家属调查后进行了报道,后《人民日报》记者又进行了深入的采访,终于使死难81名矿工的真相大白于天下。这次报道的成功有力地推动了此后媒体对一系列矿难瞒报事件的揭露。

2003年对孙志刚案件的报道和对"非典"的报道,是我国重大突发灾难事件报道史上的一个转折点。这一年,中央因"非典"信息被故意屏蔽或歪曲,造成人民生命的重大损失而对两位主管高官采取了问责的处理,使重大的灾难性信息的公开逐步制度化。2008年有了政府信息公开条例后,公众知情权的理念进一步深入人心,使此后出现的一系列的矿难报道、突发自然灾害的报道、大型公共卫生事件的报道,逐步有了较为畅通的渠道。在2008年年初对冰雪灾害的报道,特别是对"5·12"汶川大地震的报道中,我国媒体对重大灾难报道的及时、公开和全方位透明,都得到了国内舆论和国际社会的高度认同。

报道模式发生巨大变化

报道面扩大之后,群众新的信息需求应运而生:人们不仅想知道发生了什么事,而且更想知道为什么会发生这些事实。这给新闻界的报道提出了更大的挑战:怎样进行深度的报道?从什么视角去真实地展现社会面貌?

新闻应当是对社会生活最直接最迅速也应当是最逼真的呈现,但在新中国成立以后的很长一段时期里,由于受宣传观念的束缚,新闻报道模式常常存在三大弊端:

其一,在选题方面常常陷于"两极"化的困境:无论写人还是写事,要么写最好的典型,要么写最坏的典型,而那些中间地带的人和事,那些亦好亦坏、亦对亦错的人物,那些成败兼有、喜忧参半、复杂曲折的事件,那些社会上普遍存在的、见仁见智、公说公有理婆说婆有理的社会现象,往往被排斥在选题之外。而对褒扬性的人物和事件,往往用拔高、神化的手法,使其完美无缺;对负面的现象和人物往往痛加贬斥,使其"妖魔化"。社会生活在报纸中的形象,大到党务、政务,小到生活花絮,大多失去生活本来应有的五光十色、悲喜交加、进退交替往复、新旧掺和的综合色彩,只留下了非红即黑的极端色调,要么是纯粹的喜剧,要么是纯粹的悲剧,不是"社会主义的伟大胜利",便是"资本主义的泛滥恶果"。① 这种"非黑即白"的报道模式,根本无法面对社会生活中大量涌现的鲜活的新事物和错综复杂的新问题、不断变动的新格局,使报道与社会生活形成"两张皮",记者不能用自己的笔去真实地反映社会。

其二,新闻报道常常孤立地反映社会生活中的某个成就、某种经验,人为地割断新闻事实与社会大背景之间千丝万缕的联系,突出一点,不及其余,使报道显示出肤浅、片面和碎片化的特征,极大地削弱了报道的真实性和影响力。

其三,新闻报道常常割裂了人和事的过程感,利用"人造平原"的手法否定过去,突出今天,形成了"过去如何不好、现在一切都好了"的报道套路,在报道中将事物的永不停息的发展和变化变成了一种固定的僵死的模式。只反映已经解决的矛盾而无视或干脆否认正在发展或正在转化中的矛盾,把前途未卜、有争议的事实划为新闻禁区。

这些几十年来形成的报道模式,已经完全不能适应改革开放后社会的信息需求。1985年,由《中国青年报》推出的连续报道——《大学生成才追踪记》,真实、深层

---

① 樊云芳、丁炳昌:《新闻文体大趋势》,第16页,华夏出版社1989年版。

次地展现当代青年知识分子的成才因素，从主观因素到客观环境，从偶然因素到普遍规律做出了多角度、多层次的探索和剖析——如何把外界的阻力化为推力？如何从适应环境到改造环境？如何在并不理想的环境中找到理想和事业的结合点？阳光下存在什么阴影？……记者追求的正是种种因素的综合效应，使报道具有以往片面报道所没有的高度和深度。

这个报道改变了新闻报道长期以来"非黑即白"，只讲一面不讲另一面的片面视角，把大学毕业生如何成才的问题第一次放到普遍联系的社会大背景中予以审视，以极大的勇气真实地再现、追踪和分析大学生成才的道路上的错综复杂的原因和曲折的道路，被业界称为开"深度报道"之先河。

继而，在1986年1月17号，《羊城晚报》在头版推出通讯《谁是她的爹和娘》，报道了由于重男轻女的观念，一个诞生在医院的女婴无人认领的故事；1987年，《经济日报》推出反映辽宁本溪商场租赁事件的《关广梅现象》、《人民日报》推出反映水电部管理体制改革的《鲁布革冲击》以及《中国青年报》在报道大兴安岭的火灾事件中推出的连续报道《红色的警告》、《黑色的咏叹》、《绿色的悲哀》等一大批深度报道，以全新的报道理念和立体的观察视角，向公众展示了80年代改革开放后中国社会的冲击和阵痛，打破了传统新闻报道片面、僵死的套路，创造了中国新闻观察世界的全新的视角和超大的容量，以及能够从容面对真实的、发展变化中的社会生活的报道模式。

这批深度报道无一例外地引起社会的极大反响。群众反映最多的就是：真实！解渴！从此，"深度报道"所形成的全新的报道模式迅速在新闻界铺开，媒体间的交流和借鉴，使其在此后的20多年的发展过程中不断得到升华。仅以三类报道为例：

第一，从上世纪80年代中期开始，专门用于揭露社会黑幕和官场腐败的调查性报道首先在报刊，继而在电视媒体中相继推出，中央电视台的《焦点访谈》、《新闻调查》栏目和《南方周末》，一度成为揭黑和舆论监督的代名词。随着调查性报道的异军突起，涌现出一批杰出的调查性报道记者。他们在业界和社会舆论中享有很高的美誉度。

第二，在我国兴盛60年之久的先进模范人物的报道，已经基本脱离了"高、大、全"的形象，目前的先进人物报道，正呈现出更多元、更真实、更人性化的面貌。

第三，对重大灾难事件的报道视角，由仅仅关注救灾措施、宣传救灾英雄，发展到对灾难本身的关注，对人的生命、心理的关注，对人的命运的关注。在此基础上，灾难报道又深入到问责的层次。为了以后不发生或少发生灾难，记者的报道正在对导致灾难发生的自然和人为原因进行"检索"式的追问。

记者工作方式的演进

首先是新闻线索来源的变化。

宣传为主要任务时的媒体，其新闻线索大多来源于各级党委的宣传部门和通讯员系列，且主要是围绕各种文件、通过各种会议和群众来信来收集新闻线索。改革开放以来，记者的新闻线索来源大大拓展，不仅继承了上述新闻线索的传统来源，而且记者通过组建自己的新闻线索网络，特别是通过各个层面的朋友所联络的知情人，获得了大量独家的新闻线索。进入90年代之后，各个媒体利用日益便捷的电话通讯网络，向社会广泛征集新闻线索。同时，职业"线人"成为了一种新的新闻线索通道，使记者的新闻触角更加广泛和灵敏。上世纪90年代中后期以来，网络技术的普遍开展，也为记者通过网络直接搜寻新闻线索提供了极大的方便。

其次是记者采访路线的变化。

以往记者的采访路线，是依靠各级党委，由各级党委的宣传部门接待或安排采访。随着媒体功能的转变，采访的路线也开始走向多元化。一些党报记者不仅依靠各级党委宣传部门来采集事实，同时努力拓展自己的采访路线，直接在社会上寻找知情人获取信息。特别是90年代以后，市场化媒体的记者更多地依赖自己寻找的知情人队伍获取信息。在采访路线上，我国记者更明显地分为党报记者和市场媒体记者相异的采访路线。

再次是新闻背景采集方式的变化。

采集新闻背景是新闻采访中的重要任务。以往对背景的采集，大多来自于访问、记者的自我积累或者是权威部门发布的文字资料。在网络兴盛的今天，很多记者依靠网络的海量和无限链接性，直接在网络上复制下载背景材料，使新闻背景的收集和传播有了一次革命性的变化。

最后是记者与读者关系的变化。

80年代后期电话普及之后，记者与读者之间通过电话、手机的联系逐步密切。90年代，网络又成为新的沟通平台，使新闻的生产者与新闻的消费者之间的直接联系更加密切和直接，记者对受众的新闻需求有了更及时与更全面的了解。另外，通过这些现代通讯手段，记者也能及时了解受众对新闻作品的反馈，使新闻无论选题还是报道手法更加贴近受众的口味。

(《国际新闻界》2008年第10期)

关于"梵·迪克的新闻图式"(节选)

刘海贵

导言——

选自刘海贵担任总主编的《新闻传播精品导读·新闻(消息)卷》,复旦大学出版社 2004 年版,第 54—56 页。作者刘海贵,男,1950 年 9 月生于上海。上世纪 70 年代毕业于复旦大学新闻系,从事教学研究至今已四十年,他关于新闻业务的著述,在新闻业界和学界有很大影响。现任职于复旦大学新闻学院,为二级教授、博士生导师,享受国务院政府特殊津贴专家。现担任复旦大学新闻学院学位委员会主席,国家社科创新基地新闻传播与媒介社会化研究中心专家,任国内多所高校的兼职教授、特约研究员和多家媒体的顾问。下文对新闻写作活动和新闻写作过程进行了颇有学术价值、实践价值和启迪意义的探索,并对作者的思维成果进行了富于特色的表述。

托伊恩·A. 梵·迪克(Teun A. Van Dijk)生于 1943 年,是荷兰阿姆斯特丹大学一位卓有成就的话语研究教授。早期研究文学语言学,很快转向"文本语法"和话语语用学,后来研究话语加工中的认知心理学。1980 年代主要涉足两个领域:对报界的新闻报道的结构、制作和理解进行研究,对各种话语类型(如课本、新闻报道、谈话、法庭话语和公司话语)中具有民族偏见的措辞进行分析。以下是他在《作为话语的新闻》(1988)一书提出的一个"假设性新闻图式结构",为我们进入新闻写作过程提供了一个直观的线路。

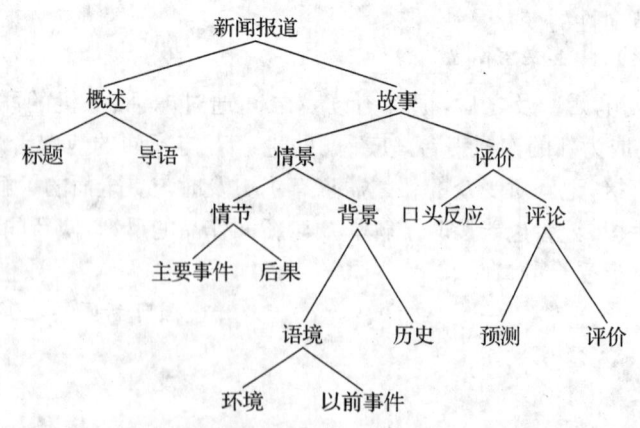

```
                    新闻报道
                   /        \
              概述              故事
             /    \           /    \
          标题   导语       情景        评价
                         /    \      /    \
                      情节    背景  口头反应  评论
                     /   \         /    \    /    \
                 主要事件 后果                     
                              语境   历史   预测   评价
                             /   \
                          环境  以前事件
```

这个图式将新闻记者的新闻报道活动置于社会认知这个博大的范畴和背景之下,揭示了新闻记者在新闻写作过程中可能会涉及的所有层面(范畴),并将新闻写作行为延伸到了受众反馈(口头反应)的范畴。其框架的提出显示了作者广阔的理论视野和丰厚的研究功力。但是,正如梵·迪克在解释这个图式时所指出的,图式中的范畴只是理论上存在,并非所有的新闻写作活动都涵盖这些范畴。

在梵·迪克这个图式的基础上,刘海贵教授重构了新闻写作过程的图式。

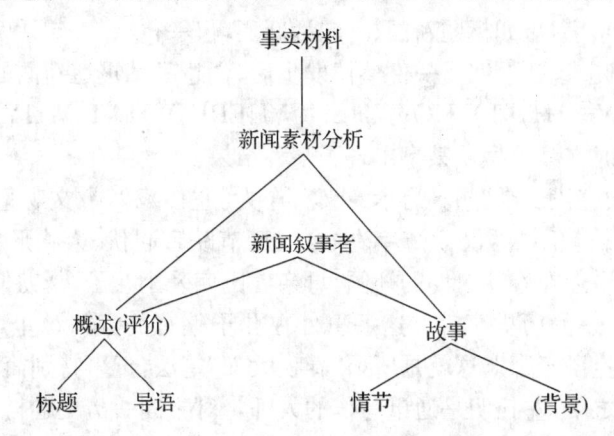

```
              事实材料
                │
             新闻素材分析
                │
             新闻叙事者
              ╱     ╲
         概述(评价)    故事
          ╱   ╲      ╱   ╲
        标题  导语  情节  (背景)
```

将上述纵横两条线路按照写作活动的先后顺序排列起来,新闻写作过程是按照下列步骤逐步推进的。

分析材料 → 确定体式 → 概述事实 → 制作导语 → 展开情节 → 完善报道

(刘海贵:《新闻传播精品导读·新闻(消息)卷》,第54—56页,复旦大学出版社2004年版)

通讯与消息的区别

屈慧君

导言——

选自《新闻世界》2011年第7期。下文从详尽程度、外在形式、主题结构、表现手法等四个方面,分析了通讯文体与消息文体的区别。阅读此文,有利于更好地把握上述两种联系紧密而又不无差别的新闻文体各自的特点,在实践中自觉增强文体意识。

通讯这种报道形式,同消息一样,许多新鲜事件靠它来传播,许多重要典型靠它来报道,许多精彩场面靠它来描绘。但通讯又与消息不同,它具体深刻、生动感人、引发启迪。两者的基本区别主要体现在详尽程度、外表形式、主题结构和写作手法四个方面。

一、详尽程度不同

消息长不过千字,短如标题新闻、一句话新闻,仅一行字、一句话而已。而通讯短则四五百字,长则上千上万字。一件事情发生后,消息只用报道新闻的"六要素"。这里的六要素指 5W+1H,即 WHO、WHEN、WHERE、WHAT、WHY、HOW,用一句话概括即某人某时在某地做了某事出现了某种结果。

这一点"郑伯克段于鄢"颇具启示意义。作为《左传》和《古文观止》的首篇,该作品相当精彩。它篇幅不长,仅 500 字左右,但情节跌宕起伏、人物形象栩栩如生、语言别开生面。它讲述在春秋时期的郑国,母亲姜氏偏爱小儿子,帮助他与亲哥哥争夺权位,最后相互仇杀的历史事件。这一事件在孔子编写的《春秋》里,仅交代了九个字:"夏五月郑伯克段于鄢",这就是所谓"春秋大义"笔法,记事特别简单,类似今天的新闻标题。相比之下,左丘明是通讯写作的大师。对于同一历史题材,他做了截然不同的处理。在《左传》里,他用 541 个字将其演绎成一篇精彩的事件通讯,在写作上有很多值得后人学习和借鉴的地方。

第一,善于对材料进行剪裁。

这是描写战争的,但作者略写战争经过而详写矛盾双方的冲突。因为矛盾冲突最能体现人物性格,作品通过刻画母子、兄弟、君臣三组矛盾,在对比衬托中使人物形象栩栩如生、交相辉映:哥哥的老谋深算、工于心计,弟弟贪婪狂妄、愚昧无知,母亲自私、褊狭、昏聩。

第二,巧妙运用细节。

同是亲儿子,郑庄公为什么那么不受母亲喜欢?作者在一开头就做了细节交代:"庄公寤生,惊姜氏"。原来庄公是倒着出生的,使其母亲受到惊吓,所以特别不喜欢他。这就为后面所有的矛盾纠结埋下伏笔,同时准确把握这个细节,也使读者的各种疑惑迎刃而解。

第三,语言耐人寻味。

该作品的语言意味深长、颇具特色,比如"多行不义必自毙"、"不义不昵,厚将崩"等名言皆出自此文。

二、外在形式不同

通讯与消息在外表形式上的区别,主要体现在标题和首尾上。

先说标题。

通讯篇幅虽然比消息长,但在标题制作上却求短求虚。首先,通讯多借用文学手法,制作意在言外的单行题,如:巧用设问——"开封缘何不开封",直接点题——"珍贵的财富"。通讯偶尔用两行标题,但不采用三行题的形式。值得一提的是,通讯的双行题有破折号引领而消息没有,这是两者在形式上的一个明显区别。消息的标题,一行、二行、三行都常用。随便打开一份报纸会发现,消息标题形式多样,引题、主题、副题搭配使用,可实可虚,而且大多采用多行题形式。

由此可见,消息标题比通讯标题的制作复杂。这是因为现在人们获取信息的主要渠道是消息,而随着人们生活节奏加快、阅读口味改变,他们更倾向于简单阅读、快餐式阅读,人们甚至希望在等公交车、在买包子的当儿,通过迅速浏览标题了解主要信息。

因此有人说现在已进入读题时代,还有人把消息标题的制作形象地称为"一瞥的艺术"。

再说首尾。

据新华社统计,消息90%以上都用"倒金字塔"结构,这种模式化的写作使它重头轻尾,很多消息都没有结尾,事情交代清楚就自然结束。因此,消息导语的任务就是要抓住读者眼球,读者看过导语之后不再继续看下文,就是成功的导语了。如果通讯导语达到这样的效果,那就是糟糕的。通讯的魅力在于读者的整体感知,它的写作讲究谋篇布局。中国新闻界有句老话:通讯写作应做到"凤头、猪肚、豹子尾",这指通讯不但要有漂亮的开头、丰满的主体、还要有响亮的结尾。因此,好的通讯,不仅要使导语抓住读者眼球,还要把读者的眼球往下引;不仅要写结尾,还要把结尾写得意味深长、耐人寻味,起到深化主题的作用。例如,获得全国好新闻称号的通讯《王崇伦抓豆腐》,是这样开头的:"在中共哈尔滨市委副书记王崇伦办公室的墙壁上,挂着一幅别具一格的哈尔滨市地图。图上文字标明的,不是什么重要建筑物,而是分布在全市的所有豆腐生产车间。"巧设悬念,领导办公室的墙壁上独挂全市豆腐生产车间的分布图,这事让人称奇,读后自然想往下看。人物通讯《本色牛玉儒》的结尾:"雁过留声,人过留名。郁郁葱葱的大青山,海海漫漫的土默川,苍凉悠远的科尔沁草原,风景如故。唯有人们对这片山川哺育的儿子的怀念,依然如同大黑河一样绿水长流,绵绵不绝……"采用寄情于景的手法,表达了对人物的深情怀念如大黑河一样绿水长流,绵绵不绝。借景抒情是文学作品常用的手法,白居易在《长恨歌》中写道:"泗水流,汴水流,流到瓜洲古渡口。思悠悠,恨悠悠,恨到归时方始休。"诗人把思妇的绵绵情思寄托于流水中,由爱生发思念,由思而不见生发恨意,一唱三叹、回环往复,两者有异曲同工之妙。

三、主题结构不同

消息,讲求时效,主题简明扼要,一目了然,特别是简讯,无需提炼主题。而通讯,无论人物通讯还是事件通讯,涉及的事实材料很多,记者只有提炼出一个主题,才能有效组织行文,如同一串漂亮的珍珠项链,如果没有主线的穿引,就只是颗颗零散的不起眼的珠子。对于通讯的谋篇布局,可以打个形象的比方:主题是通讯的灵魂,材料是通讯的血肉,结构是通讯的骨骼。好的主题结构不仅使材料熠熠生辉,还使作品充满表达的张力。

以2005年全国好新闻奖、人物通讯《百姓心中的丰碑——追记公安局长的楷模任长霞》为例,该作品题材重大、材料繁多,安排所有的内容,使各部分材料适得其所实属不易。主题的选择和结构的安排显得尤为重要。该作品的结构,是常见的"总—分—总",但在材料的安排上,作者巧妙利用了一条感情线索"泪水",通过对三种泪水——"百姓的泪水"、"英雄的泪水"、"亲人的泪水"的描摹,把任长霞的所有事迹材料统领起来,并从不同角度把有思想、有感情、有血有肉的任长霞形象呈现在我们面前,使她不仅有强人的一面,也有爱流泪的普通人的一面。鲜活饱满的人物形象如在眼前,达到了内容与形式的完美结合。

因此,有人说,通讯是新闻与文学结合的最高境界。

四、表现手法不同

消息报道讲求客观,因此在表现手法上主要是叙述事实,较少有议论、描写,极少抒情。而通讯要用形象、情感、观点说话,要展示情节、再现场景、刻画人物、阐发理性。因此,通讯写作仅叙述是不够的,还必须借助描写、议论、抒情等手法。

具体到作品中,这种区别主要体现在两点上:一是在语言上。消息用语准确、简练、直截了当;而通讯语言或描写或议论,用语细腻、形象,感情色彩较浓。二是细节的运用。消息基本上无细节,但细节关系通讯写作的成败。以人物通讯为例,那些富有人物个性的神态、语言和动作等细节,往往最能反映人物的内心世界,最能闪烁人格的光辉,最能打动人。因此,一提起焦裕禄,人们就会想到"他的藤椅被顶出一个大窟窿"这个细节,这甚至成为后人认识焦裕禄的标签。这就是细节的力量,这就是通讯的魅力。

值得注意的是,通讯讲求文学手法,但它的人物形象塑造和文学作品不一样,这是新闻真实和艺术真实的区别问题。艺术作品中追求艺术的真实,例如古代文学作品塑造的美女形象。宋玉在《登徒子好色赋》中这样形容东家之子的美:增之一分则长,减之一分则短;着粉则太白,施朱则太赤。嫣然一笑,惑阳城,迷下蔡。再如乐府民歌《陌上桑》对罗敷美的刻画:行者见罗敷,下担捋髭须,少年见罗敷,脱帽著帩头。耕者忘其犁,锄者忘其锄。来归相怨怒,但坐观罗敷。千百年来,人们对两位美女的形象津津乐道。

她们具体美到怎样的程度,却并非具相的,但人们都愿意相信她们的美是存在的。

这是艺术真实的效果,它来源于生活,又高于生活。它运用的是衬托的手法,需要读者展开联想去体味。但新闻人物形象的塑造必须是客观存在的,要符合新闻真实的原则。人物的美不是想象的结果,也不能是雾里看花的朦胧,犹如焦裕禄、任长霞,他们的形象必须是有血有肉的,如在你我身边一样,而这也正是通讯运用细节描写的重要原因。

(《新闻世界》2011 年第 7 期)

深度报道的理念与操作

高 钢

导言——

  选自《新闻三昧》2009 年第 9 期。作者高钢,男,中国人民大学新闻学院教授、博士生导师,中国记协理事,1992 年起享受国务院政府特殊津贴。2003 年 9 月,辞去《华声报》总编辑职务,到中国人民大学新闻学院任教。在职业新闻生涯中,他采写了大量反映中国社会发展进程的深度报道。专著《新闻写作精要》于首都经贸大学出版社 2005 年 4 月出版。高钢是中国互联网新闻传播的第一代从业者,直接创办和领导的《华声报》电子版成为全球知名的中国新闻网站,其新闻信息被华渊生活资讯网(现新浪北美站)、YAHOO 和路透社全程购买使用。下文结合案例,对深度报道进行了深入论述。文中的"有限的资源"向"四个领域的报道注入'深度要素'"的见解很有启发性。

  我一直呼吁专业媒体的职业记者要关注深度报道问题。为什么企业媒体的同志也需要关注这一问题?因为我们要办好企业报必须瞩目高端。这正像古人讲的"取乎其上,得乎其中"。何况企业媒体在我们国家极其重要。企业媒体担负着中国最核心的部门的信息管理、信息传播的重要任务。不了解中国企业媒体,应该说就不会了解中国社会运行的核心领域的信息产生的过程。

  现在我们来研究深度报道。先看一下它的历史过程。现代深度报道是 20 世纪 60 年代美国印刷媒体的发明物。这个东西为什么会发明,应该是基于这样两个原因:一个是电视的普及应用;一个是社会发展的进程导致的公众信息需求的变化。电视的普及导致了印刷媒体丢掉了两个优势:第一个是速度优势。报纸还在印刷,电视早已直播;第二个是信息形态优势。新媒体是动态的多媒体的,而报纸是静态的。面对这样一种新的媒体的生成,当时美国新闻界有人悲哀地预言说,随着电视的再度普及,印刷媒体将寿终正寝。但是印刷媒体没有消亡。印刷媒体没有消亡的原因是复杂的。这里包括人们长久以来形成的阅读习惯,包括支持美国印刷媒体运营的经济命脉——分类广告还不能被60年代单向播出的电视所斩断。深度报道的产生还有更深刻的原因,那就是随着社会的发展,社会公众了解自身环境变化的欲望变得日益强烈,原有的新闻报道模式不能满足他们了解自己生存环境变化的需要。他们不仅需要知道发生了什么,更需要知道发生的事情对自身利益的方方面面的影响。为此,深度报道就开始成为美国印刷媒体与电视媒体竞争的手段,成为在整个变化的社会环境当中赢得印刷媒体传播影响力的重要的报道技术。

什么是深度报道呢?

所谓深度报道,就是对主体新闻的时间和空间维度进行深度扩展的报道,具体地说,它要通过对主体新闻的生成背景、波及的环境影响和发展的趋势这三个领域的事实要素进行展示和剖析,进而反映客观环境的最新变动状态。

请看案例:1984年北京音乐厅建成。这是个清晰的事件性新闻。我们媒体的报道结构是这样构造的:北京音乐厅建成的时间、地点、规模、形态,然后,首场演出的盛况,出席这场演出的各方官员,报道结束了。800字,主要笔墨用在首场演出的盛况描写上,如中央交响乐团的黄河大合唱如何成功等。美联社对这件事也进行了报道。它的技术结构跟我们的报道有明显的区别。它的导语这么写:中国第一座适合演奏欧洲古典音乐的音乐厅,在它的首都北京落成了。它上来就告诉人们,这座音乐厅和中国地面上的所有音乐厅的不同之处。紧接着记者扩张采访空间:根据票房的消息,前10场音乐会的门票已经预售一空,这10场音乐会都是欧洲古典音乐会。记者继续扩张采访空间,把电话打到上海,根据上海音像市场提供的消息,这个文化要素最为活跃的城市,第一次连续两个季度古典音乐的磁带销量超过了流行音乐。然后他给出了一个新闻判断,说上述这些事实印证,中国这样一个拥有数千年文明的国度,没有抛弃人类的古典文明。

我们报道采用的写法,对社会公众的一般意义是什么?顶多是告诉大家,今后在北京这个地面上谁想听音乐会,有一个新的买票的地方了,那里建了一个新的音乐厅。这是一个应用性、实用性的传播功能。这个传播功能很重要,但也就这样了。美联社的写法,除了让人们得到了这样一种实用性的信息之外,他们做了一件更重大的事。报道告诉人们,一个拥有12亿人口的东方大国的文化价值的走向。为了看清这件事的意义,我们要还原到1984年中国的社会环境中去。那时我在北京日报社科教部,跑高等院校新闻。当时走进北大、清华、北师大、人大的校园,每条路的路边都是小书摊。卖什么书呢?卖"文革"之后刚刚翻译过来的西方的文学、政治学、法学、经济学、心理学、包括各种各样社会科学著作,那时整个中国刚刚结束了"文革"那样一场社会动乱。整个中国,特别是知识界正在重新思考,什么样的思想体系是能够引导我们这个民族走向幸福的思想火炬。一个经历了历史灾难的民族刚刚赢得改革开放的环境,社会思潮在活跃之间呈现出的状况也是混乱的。就在这种状况下,美联社根据北京建造了一个可以演奏欧洲古典音乐的音乐厅和与此相关的事实,告诉人们,这个民族不会抛弃人类的古典文明。这个结论做得似乎有点儿大,但是,25年(四分之一世纪)过去了,我们看这个结论错了吗?我们会断定,它没有错。我们何止是没有抛弃人类的古典文明,我们还从这种文明当中汲取着巨大的营养,包括我们党和国家的最高领导层提出的科学发展观,以人为本的治国理想,和谐社会的建造,可持续发展的国家战略,我们似乎都能从千年以前我们古人的经文典籍中看到似曾相识的描述。当然这是螺旋式发展,更高基础上的重复。我们民族是人类文明的尊重者、继承者,也是人类文明的发扬者。美联社记者凭什么拥有这种洞察力?是思维方法!深度报道的基本理念就是建筑在这种思维观和认识论的基础上的。如果大家把新闻传播的本质使命定义为告知社会公众生存环境发生的最为重要的变化,为他们的生活决策提供信息参考的话,那么这两种报道方式哪一种更接近这种使命的完成呢?当然是第二种报道方式。这就是有无深度报道意识的重要区别。

我们再看一个案例,以便加深印象。

1994年,珠海机场建成通航。又是一个事件性新闻。我们看它的内容结构:珠海市第一个机场竣工通行,原来没有,现在有了,这件事反常了,它是新闻。紧接着动用显著性要素:李鹏总理出席通航仪式。中国每年建那么多航站,不是国务院总理都去的。接着,告诉我们这个机场建设用了3年时间,耗资20亿人民币,跑道长度3 000米。1994年中国3 000米长度的跑道只有两条,还有一条在拉萨。然后继续介绍这个机场拥有世界最先进的导航设备。报道全文650个字,倒金字塔结构,事件性新闻第一层面事实要素的集成,大家太熟悉这种结构了。

我们再看一下美联社的报道,和我们的报道有结构上的差异。他们上来就把这个事情放到"环境"里去,导语这么写:中国最富的一个南方省区,今天开通了一个大型国际机场,这就是珠海机场。这同我们的报道不一样,他上来告诉你这个机场在什么地方,那是中国最富的地方。接着向深度要素扩展,报道说这个机场距离澳门只有33公里,是繁荣的珠江三角洲四大新机场之一。他告诉你更大的背景:在中国最富的这片省区,还坐落着另外三个机场,一个是深圳机场,一个是澳门机场,还有一个是香港机场。他们提示人们注意,随着3年之后香港和澳门主权的陆续回归,中国政府将最终掌管着四大机场。然后介绍这个机场,介绍的是机场的客货吞吐量,这是大型国际机场的吞吐级别。报道继续向深度扩展,告诉人们说,1980年到1994年的15年之间,中国国内航空运输客运年增长率接近20%,到达4 000万人次,是世界航空客运年增长率的3.5倍。这篇报道到这儿也是650个字。大家看,同样的字数之间我们的报道对公众的一般意义可能就是告诉人们今后谁去珠海,除了火车和汽车之外可以选择飞机了,因为那里建了一个新的机场。而美联社的报道除了完成这个实用性的传播功能之外,提示人们关注中国的南方城区正在发生什么变化,进而提醒人们关注中国作为世界经济发展速度最快的国度,在世界经济格局当中的地位和影响。这两种不同的思维方式所导致的报道方式,哪一种更深刻地提示着客观环境的变动状态？当然也是后一种。这就是深度报道的力量。

深度报道在美国新闻界是被列为高等级报道的。它的经典的报道体式有两种，一种是调查性新闻，所谓调查性新闻指的是本应该让公众知晓，却由于人的利益的障碍，故意不让公众知晓的信息。我们称之为揭露性报道。另一种叫解释性新闻，所谓解释性新闻是在专业领域发生的，对公众利益有着重要影响，却由于专业知识的壁垒，不容易被公众理解的新闻。这两种报道体式，被美国新闻界高度关注。他们认为这两种新闻报道体式能够帮助公众深刻认知他们生存环境正在呈现的重大变化。因此，美国的普利策新闻奖1985年把这两种报道体式纳入到它的新闻奖序列。当讲到调查性和解释性报道的时候，有一个很重要的篇制特征，这就是文字的容量。这些报道从文字容量上看都是篇幅浩瀚的，从普利策新闻奖的获奖作品看，每个获奖作品都是多篇报道的专题集成。有的十几篇，有的二十几篇。每一篇报道多少文字容量呢？翻译成中文，3000字上下。

美国新闻界认为，如果没有这样的容量是不可能对一个复杂的事物进行全面、透彻的描述与分析的，当然也就不可能有深度可言。而我刚才举的这两个案例都不是这种篇幅浩瀚的报道。它们都是日常动态新闻。这么短小的篇制今天都已经加入了所谓的深度事实要素——我们称之为背景解释要素。这是今天西方主流媒体的主流报道形态。美国新闻界提出："要把事件放到环境中去对其进行真实全面睿智的报道，仅仅报道事实是不够的，今天的任务是需要报道关于事实的真相。"

这种深度报道理念与技术，今天甚至渗透到了更短小的新闻报道篇制中。

请看一个极端的例子——图片说明。这是2003年3月20日《洛杉矶时报》头版的一幅照片说明。这一天世界发生一件大事——美英对伊拉克开战。这个图片记载了美国对伊拉克的第一轮空袭。炸毁的是伊拉克建设部的大楼。图片说明是这么写的："炸弹落在位于巴格达市中心底格里斯河畔的政府大楼上，这楼附近至少坐落着两座萨达姆·侯赛因的私人官邸。"我们平时可能不会这样写图片说明，我们通常的写法可能会这样："伊拉克建设部大楼在美英联军的第一轮空袭中倒塌。"我们这种写作方法是就新闻事件的核心事实要素进行简述。《洛杉矶时报》的图片说明的写法和我们那种写法的本质区别是他们具有深度报道意识。

大家看，作为美国的主流大报《洛杉矶时报》无论如何是知道简洁的。在"政府大楼"前面连一个定语都没有，这是我们不能想象的。但是，《洛杉矶时报》认为，"伊拉克建设部"这个定语可以省略；然而，如此惜墨如金的《洛杉矶时报》却并列了两个地点状语：一个是巴格达市中心，他告诉你这座楼是坐落在伊拉克首都巴格达市中心的。通过这个地点状语告诉人们现代化战争第一时间打击的精准度和纵深度——上来就是心脏地带、中枢神经。这幅图片说明并列的第二个地点状语是"底格里斯河畔"。作为美国的主流大报，《洛杉矶时报》就是通过这个地点状语申明自己的人文主义立场，不管他们在政治上对这场战争支持还是反对，他们要申明：《洛杉矶时报》认定这场战争是人类文明的悲剧。因为幼发拉底河和底格里斯河冲击起来的美索不达米亚平原诞生了人类最早的文明,这个史实是美国的孩子们进入幼儿园就知道的地理概念。按说主体新闻这个时候已经描述完毕了,但是《洛杉矶时报》的图片说明没有结束,它加入了一个背景:"这楼附近至少坐落着两座萨达姆·侯赛因的私人官邸。"不要小看这个背景信息,它至少传达两个意图;第一,萨达姆时代结束了,这是精准打击,生命意义上的摧毁;第二,事实叙述当中的价值观和倾向性的表现,告诉人们萨达姆的奢侈。我们会这样构造新闻图片的文字说明吗?

深度报道的基本特征,我觉得可以从两个方面去识别。第一,与非深度报道相比,深度报道不仅反映新闻的静态截面,还要披露新闻的变化进程。也就是说有一条时间轴,告知人们新闻从何酝酿,现状如何,向何处发展。第二,深度报道不仅观察一个新闻的内部联系,而是要揭示一个新闻内部与环境之间的复杂作用关系。一个是发展的观点,一个是联系的观点,我们能够发现,这正是辩证法认知客观世界规律的思维原则。

思维方式是对各类新闻报道起综合作用的东西。只有当我们形成一个所谓的时间发展结构和空间的联系结构的时候,我们的报道质量才有可能提升到更高等级,产生更大的影响力。

请看一个案例:这是 2000 年 6 月 22 日武汉空难。我们国产的"运七"飞机降落过程中遭遇雷雨,机毁人亡。我们各个媒体大概提供了 80 多条消息。新浪网收集各方报道,形成了这次空难的报道专题。它赢得了巨大的访问量。

这个事件发生一个月后,我们和新浪网的内容掌门人一起讨论 6·22 空难的报道集成。我说 6·22 空难中国媒体提供的所有报道,不能列入高等级报道。他们问我什么是高等级报道,我说就是深度报道。他们又问:如果按照深度报道的原则,6·22空难报道应该怎么组合? 我说可以有多种组合方式,但是构成高等级报道的深度要素不应该缺失。

比如这次失事的是支线客机,而纵观全部报道,没有一个记者在一篇报道里告诉人们支线航空是什么概念;对 1 200 公里以内的支线航空运输的特性国际航空界是怎么定义的;在中国这个特殊的国度支线航空运输有什么新的特点? 也没有一个记者告诉人们中国日益增长的航空旅客中,使用支线航空的旅客比例是多少,这个比例 5 年来、10 年来是怎么变化的? 中国的所有的民航客机当中,支线客机占了多少,这个比例 5 年来、10 年来是怎么变化的? 这次掉下来是我们国产的运七支线客机,但是掉下来不一定就是安全系数低,运七的被动运营的安全系数是否达到了理论设计的目标? 与国外同类飞机相比安全度如何? 所有这些没有一个记者告诉我们。如果这些背景要素不能提供,6·22 空难就是一个与公众并无深度关联的偶发事件。而实际上这个事件关系到中国迅速增长的航空旅客的出行环境。

美国哥伦比亚大学新闻学院对报道深度进行了三个层面的划分。他们认为,对主体新闻事实的直接报道,是根据采访线索稍作拓展采访和验证核实便可完成的,因此不能列入"深度"。后两个层面,他们认为可以列入"深度",这里面包括发掘主体新闻背后原因及实质的调查性报道和在调查研究的基础上所做的解释性报道。我个人认为,这两种报道不再有深度的层面差别,因为每一个好的调查性报道,都是在向人们做着解释;而每一个好的解释性报道,都是在调查研究的基础上形成的。

从辩证法揭示的大千世界的运行规律和人类世界的运行规律来看,我们可以得出这么一个认识,就是任何事物都与它的环境有着无数的因果联系。因此,我们今天报道的任何一件事情无论大小都可以无限地揭示它的因果链环。但在实际新闻工作当中,不可能这样做。一旦要那么做了,成本就会加大,重点就将被淹没。

有限的资源应该向哪些领域的报道投入以扩展报道的深度呢?我觉得要特别关注四个领域的报道,向这四个领域的报道注入"深度要素"。

第一,社会文明进步的重大动向。落实到企业就是企业的发展成就。

第二,各级领导做出的重大决策。决策决定着运行方向,甚至一方兴衰。

第三,社会运行的重大缺陷弊端。

第四,重要的突发性事件。

这四个领域的报道之所以重要,是因为这些领域发生的具有新闻意义的变动,构成了公众生存环境的最为重要的变动,能够对公众的利益产生重要影响,所以我们要特别关注。

这四个领域中什么是新闻?我想引用美国哥伦比亚大学新闻学院主讲报道的教授麦尔文·门彻的一个分析:任何时代大众传媒传播的新闻信息大致都具有两个基本的属性:第一,新闻是从正常事件的流程当中脱轨而出的信息,是人们正常预期的中断;第二,新闻是这样一种特殊的信息,人们需要它来对自己的生活作出明智的决定。我们看到,他讲的第一点是说新闻信息必须是反常的信息,是脱轨而出的变动;第二是能够帮助人们认知环境变化从而理智社会行动。我想这是一个简洁实用的判断。

深度报道一定要注重考察背景。这是哥伦比亚新闻学院的新闻报道课程中非常强调的一个理念。他们说,如果不使用背景材料就没有什么报道是全面的。而忽视这个忠告的记者绝不可能为读者和听众提供充分的情况说明。新闻不是没有缘由突然从天而降的。记者的任务就是发现它的起因,说明它的发展,而且最好是在一个恰当的篇幅里做到这一点。

请看一则美国媒体的新闻报道。这是一个刑事案件:青少年聚会,同学之间一言不合,受到伤害的孩子回家拿了一把手枪回到聚会地点,把跟他有冲突的那位同学叫了出来,当场击毙了。就这么一个事,新闻记者把它写成一篇特稿,整个案情的事实细节俱在。报道 1 095 个字,清晰准确地描述了事件发生的过程。但是这样一篇报道,在美国的媒体上是不可能发表的。因为他们认为如果没有背景的解读,这就是个偶然发生的孤立事件,阅读这个事件的读者不会感到这个事件与他们之间有任何关系。为了解释事件与读者之间的深刻联系,报纸编辑部为这个报道添加了相关背景材料。我们看一下这些背景资料:

"在这个案子里,凶手和受害者互相认识。这种情况在全国的凶杀案中占到78.3%。"这是在提示人们注意防范和自己认识的有冲突的人。很多读者都会与这个事件联系起来了!

"他们的年龄在加利福尼亚也是典型的,在这个州青少年凶杀发案率自1989年已经超过成人发案率,而且几乎20%被指控为凶手的都是11到17岁。在全国,凶杀致死已经占到青少年死亡原因的第二位,刚好在汽车事故致死之后。"家里有这个年龄段孩子的家长们都会与这个事件联系起来了。请在生命的意义上关注孩子们!

"在加利福尼亚,每四桩凶杀案中就有三桩与枪有关,其中88%是手枪。"这里质询的是美国宪法赋予的公民的持枪权。所有的读者都要认真思考这个关系人的生死存亡的深刻命题了。

"为将瓦斯奎兹关在加利福尼亚的监狱里,每年要花去纳税人2万到2.2万美元。而下个10年,青少年入狱率预计将达到29%还多。已经明确的与青少年犯罪有关的危险因素有失学、家庭问题、滥用钱财、品行问题、帮派团伙和枪支占有。"这是青少年犯罪的国家资源消耗。只要你是纳税人,你就要关注这个事件所蕴含的重要意义了。

这样一个偶然发生的青少年枪击案,通过叠加背景,和所有的人在不同层面不同主题下联系起来了。我们从中可以感觉出今天负责任的媒体是怎样提供新闻报道的。对企业媒体来讲,这样的背景添加技术是非常重要的。这不仅关系到我们的直接读者群怎么理解我们企业内发生的事情,而且关系到同行业乃至整个社会的各个阶层各个群体怎么样了解我们的企业。

高质量信息的生产需要各种信息系统的全面接通,这里包括国内的同行业信息系统,国际上同类行业信息系统,与行业相关的其他社会信息系统。信息是我们编织感知新闻神经网络的基础材料,只有把这些信息渠道开通,并建造起可供报道使用的专业数据库,我们的感觉神经才能敏锐起来,我们的思考才有走向深入的可能性。

做好新闻工作,有几个事情是重要的。第一是学习。必须设定终身学习计划。美国新闻界的人士说,新闻记者应该像哲学家一样,是具有各方面知识的通才。因为知识面越广,就越能写好各式各样的题材。第二要培养研究问题的能力。因为高质量的新闻报道是在对社会环境全面观察、深刻认识的基础上形成的,是对新闻深入分析和研究的结果。第三具有同情心和正义感。对一般人来讲这就是一种品质,但是对做新闻工作的人来讲,它不只是一般应该具有的品质,而且应该成为一种神经级别的反应,否则你连新闻都无法感知。

被称为美国新闻记者摇篮的密苏里新闻学院的教科书上有这样的说法:新闻工作不会因为你工作经历的延展而变得容易。因为我们永远要别人回答我们没有自然权利要求别人必须回答的问题。我们想看到别人往往不希望我们看到的东西。我们要探究隐藏在种种复杂利益关系之下的真相。我在新闻第一线工作的时候有一种深刻的感受,我们面前永远有一条河,这条河上面没桥,岸边没有船,我们还不会游泳,但是我们必须过去。新闻工作者的全部努力绝不是为自己做不成某件事情找到充足的理由,而是在所有人看来这件事情完全做不成的时候把它做成。

(《新闻三味》2009年第9期)

调查性报道刍议

丁柏铨

导言——

选自《当代传播》2013年第4期。作者丁柏铨,男,江苏无锡人,1947年6月出生。1993年起享受国务院政府特殊津贴。现为二级教授,南京大学新闻传播学院博导、新闻学科带头人。兼任"马克思主义理论研究和建设工程"教育部重点教材《新闻采访与写作》课题组首席专家,中国社会科学杂志社外评审专家,复旦大学新闻传播与媒介化社会研究国家哲学社会科学创新基地学术委员,中国科技大学等六高校兼职教授。专著《执政党与大众传媒》获教育部人文社会科学优秀成果奖二等奖。主编有"十五"国家级规划教材《新闻采访与写作》。下文就深度报道中的调查性报道,从涵义、特点方面进行了探讨,对调查性报道与解释性报道作了比较分析。在此基础上,进而探索了调查性报道的题材选择和采访写作中的一系列重要问题。

调查性报道是以调查事件来龙去脉、揭示某些涉及公众利益的事件信息及其原委为己任的一类报道。它往往用以满足受众对新闻事件知情和思考的深度需要,是一种广受欢迎的报道样式。

一

甘惜分先生主编的《新闻学大辞典》是这样界定调查性报道的:"一种以较为系统、深入地揭露问题为主旨的报道形式。此为西方新闻学术用语,中国新闻界类似的提法为'批评性报道'。"①

调查性报道的称谓来自西方。在西方，人们往往将调查性报道与揭丑报道视为一物。杰克·海敦就认为："调查性报道就是暴露报道，它暴露政府和公共机构中的腐败行为和丑事"。②也就是说，在西方的语境中，调查性报道自它问世后，就是被用来对丑行、丑事进行揭露的。而揭露的对象，则往往是政府和公共机构。美国学者大卫·安德森（David Anderson）和皮特·本杰明（Peter Benjamison）在1975年出版的《调查性报道》一书中认为，调查性报道是"报道那些被掩盖的信息……它是一种对国家官员行为的调查，调查的对象包括腐化的政治家、政治组织、公司企业、慈善机构和外交机构以及经济领域中的欺骗活动。"③当然，后来也有人将调查性报道的定义纠正为："利用长期积累起来的足够的事实和文件，对事件的意义向群众提供一种强有力的说明。"④然而实际操作中，调查性报道多是就负面题材进行的揭露性报道，这样的理念仍然是占主流地位的。20世纪70年代，《华盛顿邮报》的记者鲍·伍德沃德和卡·伯恩斯坦，以调查性报道揭露了"水门事件"丑闻，此类报道由此而名声大振。

自上个世纪80年代起，调查性报道开始在中国兴盛起来。《中国青年报》刊发的关于大兴安岭森林火灾的系列报道《红色的警告》、《黑色的咏叹》、《绿色的悲哀》（又称"'三色'报道"），被认为是中国调查性报道的代表性作品。

中国的调查性报道与批评性报道联系紧密，但不能完全等同。这是因为：调查性报道的外延大于批评性报道的外延；而就总体情况而言，前者较之后者往往更具有深度和厚度。

二

在中国的语境中，调查性报道相比于一般报道（消息、通讯、特写等），有自己的鲜明特点。在这些特点中，有些是此类报道在西方的社会土壤上刚一生成就具备且至今未变的，有些则是在进入中国以后才具备的。

调查性报道具有如下特点：

一是题材多具有负面性。调查性报道所涉及的，往往多为负面题材。对报道对象而言，报道常常带有批评的性质，评价是否定性的。正因为如此，此类报道常常被用来进行新闻舆论监督；报道对象对此避之犹恐不及。

二是报道多体现深刻性。调查性报道是深度报道中的一种，体现出较为显著的深刻性。其深刻性首先来自调查采访所达到的深度。不仅对人物、事件的现状有全

---

① 甘惜分主编：《新闻学大辞典》，第153页，河南人民出版社1993年版。
② 杰克·海敦：《怎样当好新闻记者》，第67页，新华出版社1980年版。
③ David Anderson and Peter Benjaminson, Investigative Reporting, Indiana University Press, 1975, p. 5.
④ 迈克尔·埃默里、埃德温·埃默里、南希·L 罗伯茨著，展江译：《美国新闻史/大众传播媒介解释史》（第九版），第533页，中国人民大学出版社2004年版。

面了解,而且对其历史也有所知晓;不仅能准确把握特定事件的结果,而且能深入追寻其原因,在报道中令人信服地揭示因果之间的联系;不仅采访当事人、知情人、目击者,而且采访有关专家和其他人士(包括权威人士)。深刻性其次来自记者思考所达到的深度。记者对问题有着比一般人更深入的思考,他们的思考更具有深邃性和洞穿力。深刻性最后来自所使用的背景材料具有厚度和力度。调查性报道通常都会使用比较多的背景材料,这些背景材料相当丰厚,能构成相应参照系,帮助受众深入思考问题。

三是调查多充满艰难性。调查性报道一经发表,就会使报道对象不愿公开的信息被曝光,使之原形毕露从而社会评价随之急剧降低,这种情况是报道对象决不愿意看到和无法接受的。由于这个原因,记者调查采访的难度大、要求高。采访对象不仅不予配合,而且往往会设置障碍甚至对记者进行威胁利诱;而相当一部分知情者,出于自身安全和利益的考虑,往往会回避采访,或虽勉强接受采访但或是吞吞吐吐、避实就虚,或是提供虚假信息,或是发违心之论。而记者为了获取和甄别素材,就必须花费更多的周折,付出更多的艰辛。为着写作这类报道所进行的调查采访,还必须做取证的工作,以回应报道刊播后可能招致的来自报道对象的质疑,并应对一旦被送上被告席以后可能面对的法庭调查。这是其调查采访与一般新闻报道的调查采访有所不同的地方。

四是评价多不强求时效。对一般新闻报道而言,评估体系中的时效性标准是不可或缺的。对新闻事实的发现和报道,强调迅速、及时、真实报道;在同题材的报道中,鼓励首发,鼓励率先报道。总之,时效性是一般报道被认定为好新闻的必备条件。但我们对调查性报道,则不宜从时效性方面提出要求。与调查采访的艰难性和报道达到的深刻性相联系的,是调查性报道通常不具备很强的时效性。获取素材的过程会历经很长的时间,对素材进行反复核实和对文字加以仔细推敲,都会占用很多时间。

调查性报道与解释性报道是两个联系紧密的概念,两者之间的界限并不很清晰。美国哥伦比亚新闻学院的新闻写作教程中提出了"三层报道"概念。"三层报道"论认为,报道分三个层次:第一层是事实性的直截了当的报道,第二层是发掘表象背后实质的调查性报道,第三层是在前两者基础上所作的解释性和分析性报道。

但在以下三点上,调查性报道与解释性报道还是存在着区别的:

一是从宗旨看。

前者强调对抗和揭露,后者不强调对抗和揭露。解释性报道旨在对公众所关切的事件作出令人信服的分析、解释,关注的是受众有无这方面的需求。作为报道内容的特定事件,可以是负面题材,也可以是中性题材,甚至可以是正面题材,并不一定都具有负面性质;记者与报道对象之间,并不一定存在"对抗性"关系。而调查性报道则与之不同,报道题材多半具有负面性,记者与报道对象常常构成对抗性关系。

二是从文本看。

前者重在展示调查过程和结果,后者重在进行分析、解释。解释性报道的重点在对特定事件进行分析、解释,帮助受众对之有所理解和加深理解。当然,写作前的采访毫无疑问必须深入和扎实。这样才可望为写作时的分析、解读奠定坚实的基础。调查性报道的重点在对特定的人和事进行有一定深度的调查采访。当然在写作中,无疑也需要依据调查采访所得材料对之进行分析、解读。但上述两类报道的重心还是有所不同的。

三是从背景看。

前者也重视、也使用背景材料,而后者则是依靠背景而存在的,背景材料是分析、解释的重要依据。解释性报道是"提供新闻背景材料并对有关新闻事实进行解释或分析的报道","着重回答五个'W'中的'WHY'(为什么),告诉受众新闻事实的意义及前因后果"。[①] 解释性报道是运用背景材料来分析一个新闻事件的原因、意义、影响或者预示发展趋势的一种新闻报道。"背景"是解释性报道存在的前提。在解释性报道中,记者所作的分析、解释占有很大比重;而这种分析、解释,又是在发掘和提供新闻背景材料的基础上作出的。

三

调查性报道在选题方面也有着不同于一般报道之处。通常它不选讴歌性、褒扬性的内容,而常常要在发现深层次矛盾和问题的基础上确定选题。因此,从事调查性报道的采访写作,报道者必须具有强烈的问题意识。

(一)选受人关注、影响广泛的话题

选受人关注的话题,这样写成(制成)的调查性新闻方才具有极高的价值,因而能够引起人们的高度注意。在人们的社会生活中,存在着许多受人关注、影响广泛的话题。有些事件影响到人们的生存,比如食品安全、环境污染等;有些事件与公众的切身利益密切相关,例如社会保障、医疗改革、房价调控等;有些事件突然而至,给人带来了程度不等的灾难,例如地震、洪水、泥石流等。调查性报道可以视情况从上述诸多方面选题。2009年2月,广州市近百人因吃猪内脏引起腹痛、腹泻。卫生部门检验显示,凶手就是"瘦肉精"。新闻传媒理当将此作为调查性报道的选题。2011年3月15日,中央电视台《每周质量报告》栏目组制作的专题节目《"健美猪"真相》在新闻频道播出,揭露了"瘦肉精"重现江湖的惊人内幕,一时引起社会舆论的强烈关注。

宁波市的一栋居民楼,建成23年就倒塌了,导致两人被埋,其中一人死亡。新华社记者前往事发地进行了调查采访,在此基础上写成调查性报道《三问宁波建成仅

---

① 甘惜分:《新闻学大辞典》,第153页,河南人民出版社1993年版。

23年就倒塌的居民楼》。这篇报道,第一问是:"预警长达两小时,为何还有两人被埋?"第二问是:"建成仅23年,怎么就倒塌了?"第三问是:"居民多次反映房子有安全隐患 为何没及时处置?"每一个问题都是公众所关心和关注的,声声叩问直逼居民楼倒塌事件的责任人。

(二)选众说纷纭、莫衷一是的话题

越是众说纷纭、莫衷一是的话题,越是有待记者通过深入的调查采访去加以厘清,使真相和真理得到传播。2013年3月初,上海黄浦江上出现大批死猪。死猪从何而来,因何而死,对江水是否会造成污染从而引起疫病等,都是人们热切关注的问题。中央电视台《新闻调查》栏目及时跟进,制作并播出了《黄浦江死猪事件调查》。这档节目顺藤摸瓜,寻找死猪的源头,由专家就死猪对黄浦江水质的影响作出权威性回答;不仅如此,还对猪死亡的原因、死猪的处理、处理中存在的问题进行了分析探讨。它以此既释疑解惑,又启发思考,满足了受众高层次的需求。

(三)选受到遮蔽、真相不明的话题

由于种种原因,社会生活中的某些事件,实际上性质非常严重,然而其真相却被恶意隐瞒。如果不是记者采写相应的调查性报道,特定事件的真相也许永远也不会公之于众。从这个意义上说,公众对调查性报道寄予厚望。2011年4月揭晓的第95届普利策新闻奖,《萨拉索塔先驱论坛报》记者佩奇—约翰独立完成的关于"佛罗里达州保险危机"系列调查性报道名列其中。佩奇花了两年时间调查了佛州财产保险市场,写成了该组报道,为公众揭开了被掩盖了的事实真相——对佛罗里达州业主有着重要影响的财产保险体系存在黑幕。报道提供了保险公司可靠度数据,并促使监管部门采取行动。佛罗里达州州民交付着世界上最高的财产保险金,而这一笔笔保险金却蚕食了国家经济,摧毁了房地产交易,使很多家庭背井离乡。[①] 佩奇的持续努力终于使真相大白于天下。

调查性报道要揭示事实的被遮蔽的真相;而遮蔽真相的原因多种多样。中央电视台制片人张洁曾说:有的真相被权力遮蔽,有的被利益遮蔽,有的被道德观念和偏见遮蔽,有的被我们狭窄的生活圈子和集体无意识遮蔽。范长江新闻奖得主刘畅表示:上述"这种对真相的执著和警醒,让我深有认同。事实上,10年来,为了这些遮蔽的事实,我和我的同事们曾经长时间奔波在乡村的沟沟坎坎、城市的大街小巷。从个别警察执法犯法的事件监督,到拆迁、占地、血液感染艾滋病、腐败等等社会转型时期出现的种种问题,不断进行报道,以期唤醒社会关注,而在火灾、洪灾、雪灾、矿难等等灾难事件的报道中,我们更是追寻着灾难背后所隐藏的人为因素,警惕着诱发灾难的

[①] 黄超:《从多媒体呈现形态看调查性报道的变与不变——以第95届普利策调查性报道奖作品为例》,http://www.studa.net/xinwen/120806/11501155.html。

人祸悲剧重演"。[1] 真相被遮蔽,总有着人为的因素。记者要做的正是异常艰苦的"追寻"被隐藏起来的"人为因素"的工作。

四

用最普通直白的话说,调查性报道其实就是记者通过多方调查为读者、受众展示一个真实的过程,讲述一个真实的故事。故事性来源于选题本身要有故事情节,要有可供调查展现的张力,要有展现矛盾冲突的空间。在采访中,要坚持新闻专业化操作,注重客观平衡;坚持"用脚采访,用脑思考,用笔还原",用证据报道,追寻真相。[2]

(一)调查采访务求深入

调查性报道对采访有着近乎苛刻的要求。不仅要通过采访,搜集到写作所需要的确凿的材料,而这并不容易做到;而且要对材料的真伪加以判断、甄别。除此之外,还要做好取证的工作。《人民日报·求证》栏目要求记者在调查采访时,要搜集证明力较高的"原始证据"、第一手证据,避免使用"传来证据"或二手证据。对于事件类"求证"选题,记者必须到现场调查采访,接触核心当事人,掌握第一手信息,不能照抄材料或答复。对于科普类、话题类"求证",要获得准确数据、权威解读,必要时亲自进行实验。[3] "原始证据"、第一手证据的信度较高;"传来证据"或"二手证据"则不甚可靠,因而对此不可轻信。

(二)由果溯因探寻联系

调查性报道多为事后报道。记者面对的往往是事件的严重后果或匪夷所思的结果。他们承担的重任,不是一般地再现结果,而是要由果溯因,探寻产生特定结果的原因并加以全方位的展现。《中国青年报》刊登的关于大兴安岭森林火灾的"三色报道",叩问灾难发生的深层次原因。新华社记者撰写《菜价跟踪》的缘起是:近一个时期,京城菜价上涨,有些细菜比肉还贵。为了搞清菜价上涨的原因,记者来到北京的大"菜园子"——山东寿光市,从源头开始,行程千余里,对蔬菜价格的变化作了一次全过程追踪,探究蔬菜价格飙升的个中原因。《命运备忘录——38名工商管理硕士(MBA)的境遇剖析》,重于追寻漠视人才的体制上的原因。由于对造成特定结果的原因探讨得深,报道就具有了相当强的说服力和启发性。新华调查《"亿元村官"之谜——广东中山社区干部被曝拥有巨额财产事件追踪》,则担当起了破解谜团的重任。

---

[1] 刘畅:《调查性报道:中国记者追寻真相的光荣与梦想》,《青年记者》2006年第12期。
[2] 赵新乐:《调查性报道:常在水边走 还能不湿鞋》,http://roll.sohu.com/20111228/n330550593.shtml。
[3] 韩晓丽、罗彦、肖潘潘:《探索以证据为核心的调查性报道——从人民日报"求证"栏目两年实践说起》,《新闻实践》2013年第3期。

(三) 行文表述融入思考

记者在采访调查至写作的整个过程中,是有自己的思考的。1984年,中美两国政府达成协议,为中国培养MBA。经层层筛选,40人入学,至1986年9月,其中大多数人完成学业。这是中国首批MBA。为此事,国家耗资百万。但38位MBA回国后,在整整一年时间内,没有一人能够从事与专业相关的工作。《中国青年报》记者在接到其中一人所反映的情况后,派记者兵分六路,进行调查采访。在此基础上,写成了调查性报道《命运备忘录——38名工商管理硕士(MBA)的境遇剖析》。记者们在一系列问题上有着自己的思考。比如,使用了"在职失业"的概念,接着是指出了"把人搞活的法律"的缺失,体现出相当的深度。在职失业——单位不放。中国有多少人才在这普普通通的八个字中被窒息了创造的生命?38名MBA毕业生中,多数人表达了流动的意愿,但"单位不放"四个字成为流动意愿的牢笼。我们如果只有把人管死的规章,而不建立把人搞活的法律,无论何等伟大的改革,都不能使人才获得最后的解放!报道中记者的议论,可谓鞭辟入里。

(四) 运用背景帮助解读

在调查性报道采访、写作过程中,背景材料发挥着重要的作用。在采访前,必须搜集、掌握必要的背景材料。业内人士指出:"调查性报道不仅仅是侦察、访问、核实,更多的是对尚未掌握的情况进行分析研究。而报道前做好背景资料的收集研究,是完成整体调查采访的基础,只有如此,才能制订出周密的采访计划,并梳理出事情的主要问题之所在。"[1]在调查性报道的文本中,背景材料不是以附庸的面目出现,它们是增加深度的重要手段。因背景的使用,记者为受众提供了与主要事实相关的知识、历史情况或另一部分事实,从而使受众的认知获得了相应的铺垫,获得了可供比较的参照系,获得了可加深对主要事实理解、解读的相应路径。《中国青年报》记者刘畅采写的调查性报道《国际禁毒日:来自中国禁毒一线的特别报告》,根据需要,在不同的地方使用了人物背景资料、历史背景资料和知识背景资料等,从而使报道具备了应有的深度和厚度。

(五) 力求产生正面效果

调查性报道虽然是依据负面题材进行写作的,但处理得法完全可以产生正面效果。在报道中,不可不顾及客观效果,不可因处置不当而使题材的负面性得到渲染。《中国青年报·今日出击》栏目,在采编过程中坚持"六个不原则",即不撕裂社会伤口,例如,不为吸引眼球而使用"官二代"、"富二代"等词;不增加社会焦虑;

---

[1] 吴栋梁:《民生类调查性报道的实践思考——以温州日报〈是谁将"定时炸弹"送入民居〉系列报道为例》,《新闻实践》2013年第3期。

不扩大阶层裂痕；不加剧社会对立情绪；不作"一叶而知秋"的推论或判断；不低俗。①

记者潘明从事调查性报道 8 年，播出的调查类暗访专题节目近 60 个，迄今未曾有一起节目被诉讼。他提到，在实际操作中需要注意几项原则：第一，调查报道必须出于维护公共利益的目的。题材要贴近生活、贴近百姓，紧紧抓住公众普遍关心的热点、难点、疑点问题，挖掘新闻背后的新闻、事实背后的事实。同时，还需具有高度的关注度和新闻价值。第二，采访对象必须是公众利益的相关者，比如造假企业的老板、技术员、售假者。第三，采集证据的地点必须是公开或者是可以公开的场合，比如商店、车间、办公室。第四，采访内容必须和调查真相有关，不能带有隐私。在节目表现中必须删除涉及调查对象隐私的画面或声音。第五，采访程序必须得到上级主管部门和有关部门的批准，特别是要征求媒介内部法律部门的意见，以应付可能带来的新闻诉讼。② 以上几条，都是值得重视的经验总结。

（《当代传播》2013 年第 4 期）

2012 年普利策新闻奖"融合新闻"作品解读

马忠君

导言——

选自《中国记者》2013 年第 3 期。融合新闻是近年来业界实践中的热点和学界研究中的热门话题。下文对 2012 年美国普利策新闻奖的获奖作品，由融合新闻的角度切入进行有一定深度的考察。就论文写作而言，是选取了相当不错的研究视角，并具备了较高的新闻价值；就新闻实践而言，则充分体现了指导性和应用价值。

观察 2012 年美国普利策新闻奖的获奖作品可以发现，新闻报道不仅仅强调"新闻价值"和"报道技巧"，也逐渐显现出多样的基于融合媒介的报道形态。

"融合新闻"的基本类型

融合新闻是文本、图片、视频、音频、图形及互动手段等组成的非线性的有机信息

---

① 赵新乐：《调查性报道：常在水边走 还能不湿鞋》，http://roll.sohu.com/20111228/n330550593.shtml.
② 同上。

结构。"非线性"和"有机结构"是指融合新闻的叙事线索演变为多种形态信息组合所构成的逻辑关系。

新闻媒体制作融合新闻，提供的不再是一个新闻的数字化文本，而是依托数据库、新闻素材与资料及相关信息的信息结构。目前有些新闻机构所制作的融合新闻仍然是"表面"的融合新闻，新闻主体仍然是某种单一形态的内容，其他的形态都只是对于主体故事的重复和补充，并不能在不同形态间建立起"结构"以及"逻辑关系"。

纵观2012年普利策奖获奖的融合新闻，根据制作流程的不同主要区分为两大类型——"记者驱动型"和"编辑驱动型"。"记者驱动型"的融合新闻主要是由全媒介记者(Digital Journalist, Backpack Journalist)在采访新闻中利用不同的采访手段所获取的多种形态信息的组合。记者决定着不同形态信息组合的方式及每种形态所承担的任务。在现实的采访工作中，全媒介记者一般只需要带着DV到新闻现场便可以获取活动影像、声音、静止图像、采访文稿等等信息，所有的信息以视频的形态被采集和记录，然后在确定编辑意图后以多种形态输出。"编辑驱动型"融合新闻主要是由全媒介编辑或者制作人(Multimedia Editor, Multimedia Producer)，根据预先设定的融合新闻的框架，分派不同的记者提供不同形态的信息或者几个全媒介记者协同工作所建立的信息集合。这一模式适用于突发的重要新闻或者比较复杂的新闻专题。

2012年普利策奖当地报道类别(Local Reporting)得奖者萨拉·盖因(Sara Ganim)关于著名美式足球教练性丑闻的报道，就是以核心记者的报道为主体，再辅以多种其他形态的信息为延伸和补充。2012年普利策新闻奖调查类报道获奖作品《西雅图时报》(The Seattle Times)的《美沙酮：疼痛的政治学》(METHADONE AND THE POLITICS OF PAIN)是以两个核心记者麦克·贝尔尼斯(Michael J. Berens)和肯·阿姆斯特朗(Ken Armstrong)的报道为主体，将核心记者采访和辅助团队搜集的资料以多种形态呈现出来。2012年度普利策奖公共服务类别获奖新闻《费城问询者报》(The Philadelphia Inquirer)关于校园暴力(Assault on Learning)的报道即是由全媒介编辑和制作人统领的15人的记者和技术人员队伍用一年的时间完成的报道。

另外，随着融合新闻的发展，"受众驱动型"的融合新闻的潮流越来越明显，以受众的互动行为构成信息的主体。2012年没有这一类型的融合新闻作品，但在2010年《纽约时报》普利策奖获奖作品《干扰驾驶》(Driven to distraction)中，以互动游戏的方式让受众体验到一边开车一边看手机或者发短信对于交通安全的影响，有着不错的点击率和社会反响。

融合新闻是手段不是目的

融合媒介是制作新闻的手段，不能为了制作融合新闻而使用融合手段。融合新闻和单一形态的新闻的目的相同，都是要提供好的新闻故事、真实有效的信息。

融合新闻的故事主体一定在叙事上有一定的空间及时间容量，在意义上有着多义性。2012年的获奖的融合新闻报道如"校园暴力"及"美沙酮政治"等都是借由多媒体和互动化的手段呈现新闻，让受众使用每种媒介形态都是在经历一个对故事的叙述和理解上深入的过程。

融合新闻是一个多种媒介形态集合而成的有机体，每种媒介形态不是孤立的。哪种媒介手段应该承担什么样的信息呈现的任务？在"校园暴力"的新闻报道中，视频信息用来捕捉校园暴力的场面，讲述核心人物的关键故事；图表用来解释暴力事件发生的频率和范围；静止图像信息是叙事高潮、情绪高潮信息的捕捉，记录下学生受到暴力事件影响后的绝望与无助；声音展现教育专家及当事人、见证人的访谈、新闻现场的声音等等；互动信息整合了校园暴力事件的数据并提供便于受众理解和使用的信息框架，让受众获得更多关于校园暴力的信息及新闻故事的体验。同样在"美沙酮政治"这个报道中，互动手段应用得非常充分，受众可以在数据图表和地图信息的互动中很容易地自己得出结论——美沙酮是不是比其他药品更多地引发死亡；哪些地区因为美沙酮死亡的案例更为集中等等。

以数据库为重要支撑的"融合新闻"

从2012年度普利策获奖新闻来看，数据库不仅仅成为新闻报道整理信息的手段，更成为融合新闻的结构与内容。

传统新闻报道是一种线性的逻辑思维，考虑的是新闻报道的第一部分、第二部分等等，融合新闻报道如何确定报道的构成部分，哪里是融合新闻报道的起点？哪里是终点？哪里是重点？现在数据库为这些问题给出了重要的答案。根据新闻主题建立的数据库更全面客观地反映新闻事件和社会问题及现象的全貌，并根据数据库分析得出的结论找到融合新闻构成的逻辑与结构。

2012年调查类报道获奖作品《美沙酮：疼痛的政治学》利用国家医疗系统的统计数据找到近年与美沙酮死亡的案例，并建立数据库对于这些案例进行分析，找到最容易滥用美沙酮的人群，再根据这些人群找到相关的诊所，之后对于这些诊所所在地区的药物使用和管理条例进行分析。根据数据分析和大量国家卫生机构的文件及对于州政府官员、医疗专家、死亡者亲属等等的采访，梳理出三大线索，将信息集中在"沉默的死者"、"疼痛的政治学"、"诊所的困境"等三个方面，在每个方面有多种形态的信息和大量的图表及原始文件的扫描版做支撑。在其中的互动地图部分，可以直观地发现，在全美因美沙酮滥用而死亡的案例非常集中，可见美沙酮的使用与医疗政策和监管之间的密切关系。

2012年普利策奖公共服务类获奖新闻《费城问询者报》关于校园暴力的报道,就是基于15位记者用一年的时间建立起来的校园暴力的数据库,这个数据库涵盖过去5年内发生的从抢劫到强奸的3万件校园暴力事件,与这些案件相关的校园录像、法庭庭审案卷、报警电话录音及警察局备案资料等等。记者对于其中重要案件的当事人、目击者、律师、社会工作者等等进行采访,并与当地大学合作对1万余名教师进行专门的问卷调查,调查主要聚焦在校园暴力对于学校教育和学生心理的影响以及目前方法措施的作用,还有校园暴力深层次的社会原因等等。该报纸还派出一名记者在该区域最危险的高中与学生们和老师们共同生活了6个月,并搜集了大量有关校园暴力的第一手材料。有这样的数据库作为基础,在这个融合媒介作品中不仅仅能找到多种形态呈现的恶性校园事件中当事人及见证者的讲述及故事、教育者的反思,还能利用地图或者搜索系统来找到每个学校的校园暴力事件的数量、类别及产生的影响和防止校园暴力的措施等等,为市民们选择学校提供了具有实践价值的参考。

以数据库为依托的融合新闻报道不再是简单的"新闻报道",而是建立了一个有主题的信息系统,这个信息系统不仅仅能更全面地针对主题提供多种形态的新闻事实,突破传统报道的时间、空间限度,以达到传统新闻报道不能达到的深度和广度,更可以为受众所用,按照受众自身的需求和兴趣从信息系统中提取和组合自己的"融合报道"。

"融合新闻"与社交网络的结合

融合新闻也呈现出与社交网络的融合趋势。2012年度普利策新闻奖"突发新闻"(Breaking News)获奖作品是《塔斯卡鲁萨新闻报》关于龙卷风的报道(coverage of a deadly tornado),这个报道的核心内容是记者的130多条微博,这些微博描述了龙卷风20多个小时的行进路径。该报编辑凯瑟琳(Katherine Lee)在接受采访时说:"这些是受众在那一刻最需要的东西,这就是新闻,我们不可能在停电和恶劣天气的情况下,指望着50英里外的印刷厂把报纸送过来。"

新闻与社交网络融合的根本其实是新闻与受众行为方式的契合,融合新闻不仅仅在多种平台上呈现,也要与受众特定的信息需求和具体的获取信息的方式相适应,突破媒介形态的限制,将信息的价值最大化。另外,社交网络不仅仅是发布新闻的通道,也是获取信息的有效途径,现在越来越多的记者利用社交网络进行新闻采访及调查报道。

(《中国记者》2013年第3期)

选文（作品）

豫南庄户纷纷举行交接仪式
取下神像挂地图
上蔡县新华书店说,农民一年买走 17 500 幅

李钧德　王方杰

导言——

　　这是一篇特色鲜明的消息。以此题材,写一则"创造历史新高"式的报道,几乎是可以不费吹灰之力。但是那样一种报道不值得称道,也无法满足人们较高层次的新闻需求。该篇消息没有停留于此。它不落俗套,写出了新意,也写出了深度。不仅对县新华书店进行了采访,而且对几个有代表性的农民和农户进行了采访。在采访中,记者敏锐地发现并在写作中很好展示了取下神像换地图这一新闻点,以此折射出多项含义:农民生活水平的提高,思想观念的转变,心胸视野的拓展,生存方式的变化……"上蔡县新华书店说,1993 年,农民从他们那儿买走了 17 500 幅地图",此事向受众释放出了含义丰富的信息。新意和深度,由此得到了凸显。

　　本报讯(记者李钧德、王方杰报道)东黑河是豫南一个只有 100 多户人家的小村庄,在县级以上的地图上从来不见踪影。但在当地人觉得最神圣的中堂位置,却有 20 多户农家取掉神像挂上了各色各样的地图。

　　东黑河位于河南省上蔡县东北部,地势低洼,村民们因十年九涝一贫如洗,在茅草屋里度日月。不傍城不邻镇,谁要跑一趟五六十里外的县城,都是轰动全村的新闻。东黑河穷,东黑河闭塞,东黑河又很无奈。除了偶然外出看见别处的繁华产生瞬间的梦想,就是在家里挂一幅全神图。每逢春节,一把香火,几个响头,图的是万事如意,生财有望。然而,神仙求遍了,东黑河依然穷得叮当响,过着光嫁姑娘不娶媳妇的苦日子。

　　当外面的风终于吹来时,东黑河人开始探头探脑地闯世界。1986 年春节过后,最远只到过县城、家里从未满过仓的李满仓,带着两刚成年的儿子,拿着从当民办教师的邻居家借来的一幅河南省地图,徒步北上郑州。凭着庄稼人的吃苦耐劳和诚实守信,3 年时间,他们学会了修理钟表家电的全套技术,到沿海贩了一阵

手表零件,瞅准农村黑白电视销售的空当,建起了一个覆盖几个地市的家电经销网络。1989年春节,拥有10万元家产的李满仓,在全村第一个用地图换下了自己敬了几十年的全神图。

李满仓这一惊世骇俗的举动,让村里的年轻人彻夜难眠。几天之后,他们不约而同地进行了神像和地图的"交接"仪式。从此,广州、大连、北京、新疆,到处都出现了三五结伴的东黑河人。地图把东黑河与外面的世界拉得越来越近,东黑河人的腿也越来越长。每到农闲季节,80%以上的青壮劳力都会拿着一张地图走出去,做木工,搞建筑。他们用勤劳的双手盖起了一座座钢筋水泥或红砖青瓦的楼房,挣来了儿女的学费,赡养了自己的老人。青年木工李列到大连奋斗了几年后,在那里办起了自己的家具商场,被村民们戏称为"东黑河的常驻大使"。36岁的李世英从走村串户替公家收粮,到成立自己的农副产品购销公司,走南闯北,手头总不离一本地图册。生意越做越大,他们家的地图也由县到地区到省次第更换,今年换了第四次,变成全国地图了。在他家的《中国政区图》上,有1/3的省份用铅笔、钢笔、圆珠笔画上了各种记号。他说:"咱也知道啥叫地大物博,东黑河到底在哪里了。凡是图上画过的,我都去过了。总有一天,我会把地图上的所有省市都划上几道。"

年过花甲的李陈氏,尽管没上过学,没学过地理,但她认识地图上的北京、新乡、西安、上海,儿行千里母担忧,她的四个儿子在那些地方打工或工作。看着地图上一片黄绿色包围着的西安,好像儿子就在身边。

东黑河村周围的农民,也开始喜欢地图了。上蔡县新华书店说,1993年,农民从他们那儿买走了17 500幅地图。

(1994年4月26日《中国青年报》)

法警背起生病被告
司法界人士认为,这反映了我国司法体制改革,更加注重体现对人格的尊重

杨永辉　王雪莲　吴怡

导言——

　　这篇消息所报道的,是一件粗看毫不起眼、细想大有深意的事情。法警"背"生病被告,这是一个十分微小、容易被忽略的动作。然而正是在这样一个小小的动作中却

隐含着极为丰富而深刻的意义。"背",相对于"支"、"架"、"推"、"拽"、"抬"、"扛"等各种动作,更能体现人性化的色彩,也更能凸现出对被告人格的尊重。在他人未觉察到有深意的新闻事实存在的地方,本篇报道的作者们却敏感地发现并报道了值得玩味、颇具价值的新闻。用"以小见大"的方式展示新闻事实和表现重大主题,这是本篇消息的成功之处和值得借鉴之处。

本报讯(记者杨永辉、实习记者王雪莲、通讯员昊怡报道)前天,西城法院正常开庭。法警11083号把一个行动不便的女被告背上了三楼的法庭。当旁听的市民见到法警背上来一个戴着手铐的被告时,大厅立刻安静下来。

据目击者吴小姐介绍,她在11月29日去西城区法院办事时就看到过这一幕。当时女被告深埋着头,不时地发出啜泣声。背进三楼休息室时,法警的额头已渗出了汗水,女被告则流出了眼泪。

昨天,女被告告诉记者,今年6月她被确诊患有椎管狭窄症,两腿走路十分困难。被法警背起时,她问过法警的姓名,可法警没回答。

11083号法警叫贾文家,今年26岁,在西城法院已工作6年。昨天,记者采访了他。"我没觉得这个举动有啥大不了。她一个老太太,得了病走路很困难,虽然是被告人,但作为法警帮她这个忙是我的职责。"据他介绍,那天背着老太太从楼下上来时,正赶上大厅里有50多个等候旁听的市民。

见他背着个戴手铐的,本来乱哄哄的大厅顿时安静下来。"那会儿,我听见背上的老太太哭了,我能感觉到她低下头,把脸靠在我肩膀上。"

目前,该妇女已被宣判犯有贪污罪,判处有期徒刑11年。宣判结束后,已成犯人的妇女仍由法警一步步地背下楼梯。

记者注意到,在此之前,我国司法界连续出现了一些意义深远的变化。诸如:罪犯在未受到法院判决前一律改称犯罪嫌疑人,抚顺推出了"零口供",有些地方原先刷有"坦白从宽、抗拒从严"字样的墙壁被画上了山水画等。这从一个侧面展示了我国司法制度正在进行着一场前所未有的变革。

为此,本报记者采访了最高人民检察院民事行政检察厅杨立新厅长。杨厅长认为,从罪犯到犯罪嫌疑人称谓的改变以及法警背着行动不便的被告人到庭,反映了我国司法体制改革的进程,更重要的是体现了对人的人格的尊重。

(2000年12月16日《北京青年报》)

公安微博危机公关十小时

济南广播电视台

导言——

在自媒体时代,传统媒体乃至传统思维都受到了严峻挑战。现今,人人手中都有处于移动状态的"麦克风",都可以及时地披露信息和相对自由地发表意见。社会舆论格局已经发生了很大变化,甚至可以说是出现了变局。这篇广播消息,报道了济南公安微博在10小时之内所进行的有效危机公关的全过程,无疑占有了题材和时效上的优势,既为受众提供了真实的信息,也为新闻工作者提供了有益的启示。由于是记者在现场发回的报道,因此消息的现场感显得特别强;而广播节目良好的音响效果,也得到了充分体现。

昨天下午,山大南路上,一起普通的治安案件引发千人围堵的群体事件。济南公安微博第一时间公布权威信息,将这场风波顺利平息。请听济南台记者采制的录音报道:公安微博危机公关十小时。

(录)昨天17点,在山大南路,一名女警察与一对修车的老人突发争执,市民李先生:(录音)"她嫌人家老头老太太修得慢了,就跟人家争吵起来,然后就开口骂人。"

争吵中,女警察叫来一名男子,将两位老人打倒,并迫使老太太跪在地上。周围群众看不下去了,纷纷要求他们给老人道歉。

17点17分,历城巡警闻讯赶到现场。

刘警官:(录音)"经过了解,是一起治安纠纷。由于现场人太多,我们准备把双方带到就近的派出所作进一步处理。"

然而不明就里的群众误以为警车是想掩护女警察逃走,于是将警车也团团围住:(录音,现场)"出来!出来!出来!"

18点32分,网上出现了"刘三好学生"的一条微博:"山大南门东边,据说发生警察殴打老太太致老太太下跪的事!"

这条微博被迅速转发。更多的市民赶往现场,在很短的时间内就聚集了一千多人:(录音)"后来人越聚越多,大家很气愤嘛,就把这个车拥到路中间,这个山大南路就不能走了。"

19点31分,济南市公安局微博警察孙海东发现了这一情况,立即通过"济南公安"官方微博介入:"历城分局,怎么回事?"

19点45分,孙海东随市公安局领导一同赶到现场参与处置:(录音)"现场很多人举着手机,不断地拍照,发微博。但大部分群众都没有看到第一现场。如果以讹传讹,事情会越闹越大。所以我们必须和时间赛跑,在微博上将真相尽快发布出去。"

(键盘声,压混)20点15分,"经调查,一名省司法厅女狱警在修车过程中与群众发生冲突。"

20点20分,"经核实,省女子监狱民警林某着警服修电瓶车时发生纠纷,叫其丈夫将受害人打伤。"

20点26分,"现场的警车是历城巡警处的警车,是为了先期处置。"

20点36分,"目前打人者已被扭送山大路派出所。现正在接受处理。"

这些微博被转发了7 163次。网上的声浪渐渐平息,现场的群众也因为了解了真相而陆续散去。

今天凌晨4点07分,"济南公安"微博再发最新进展:"打人者林某和朱某被处以十五天行政拘留。两人已被连夜拘留。"

众多网友对"济南公安"微博的做法表示了赞许:网友"多多":"'济南公安'微博辟谣真快,真给力。"

网友"大晴天":"从处理结果来看,政府没有偏袒。赞一个。"

济南市公安局副局长徐春华:(录音)"微博传播谣言非常快,传递真相、消除谣言同样快。在突发事件中,一定要及时地将信息公开。你不说,别人就会乱说。相反,信息越公开,民众的情绪就会越稳定。"

山东大学教授王忠武:(录音)"在这个事件中,林某的特权意识和对争执对象人格的不尊重,触及了警民非正常互动的底线,这样就引发了旁观者对自身权利和安全感的一种焦虑和不安。济南公安以微博应对微博,效率、公正性可圈可点。这应该是政务微博发展的一个方向。"

(济南广播电视台"交通雷达网"2011年8月18日播出)

红山嘴,大雪即将封山

黄国柱　张占辉　刘明学

导言——

　　这篇通讯写了"雪海孤岛"红山嘴边防连的一群官兵。"雪海孤岛"构成了作品中的特定环境。"大雪封山,给守防官兵留下太多的痛",是该作的"文眼"。大雪封山,给戍边者带来了足够大、足够多的苦和痛。报道中写出了官兵们的无奈、痛楚、期盼,这是一个方面;更写出了他们的责任、担当及奉献精神,这是另一个方面。两个方面交织在一起，就显得既真实又动人。条件愈是艰苦，官兵们的心理愈是得到充分展现，作品就愈是感人。在作品中出现的官兵们，一个个都是有血有肉的人物；但是他们义无反顾地担起了军人的职责。惟其同时展现了上述两个方面，通讯就有了一种非同一般的说服力和感染力。

　　北出阿勒泰，记者乘坐的越野车在万山丛中颠簸蠕动，下午2时抵达红山嘴边防连。
　　登上哨楼远眺，对面红山梁上已覆盖着厚厚的积雪。冬天来了，大雪就要封山！
　　这天是9月22日，正是北京秋高气爽的时候。
　　大雪封山，对新疆阿勒泰军分区红山嘴边防连官兵来说，是"天大的事"。每年10月到来年5月，在长达8个月的封山期，这里银装素裹，积雪一人多深，陆路交通完全中断。
　　大雪封山，给守防官兵留下太多的痛。
　　会晤站副站长王兴民断断续续给我们讲了他的一段经历。
　　2008年4月的一天深夜，王兴民接到妻子高玮的电话："我病了，医生说很重……快点下山，看看我吧。"
　　结婚8年了，通情达理的妻子从未提过类似要求。
　　王兴民有一种不祥的感觉，他渴望马上回到妻子身边。可由于大雪封山，道路不通，即使插上翅膀，也无法越过这重重雪山，王兴民急得用拳头直擂自己的胸口。
　　实在等不及了，高玮把女儿托付给邻居，只身一人从边城回到老家，住进了河南医科大学附属医院。
　　5月12日，高玮被确诊为胃癌晚期。
　　消息传来，如晴天霹雳。
　　5月25日，红山嘴开山了，王兴民日夜兼程，26日晚赶到妻子病床前。他不敢相信，去年深秋分别时，那个容光焕发的年轻妻子，居然会变成这般模样。
　　第二天，王兴民独自一人，背起行囊，抱着虚弱的妻子，紧赶慢赶挤上西去的列车，奔赴兰州军区总医院。
　　夜行火车沉闷的节奏，让疲惫不堪的丈夫沉沉睡去，高玮从丈夫的手提包里翻出病历，确认了自己的预感。她哭了。
　　抽泣声惊醒了王兴民，妻子拭去眼角的泪水，平静地说："兴民，我剩下的日子不多了，有3件事你要答应我：一，家里买房借亲友的钱，你要一分不少地还上。二，我走后，你要常去看望我的父母。三，照顾好女儿也照顾好自己，再找一个，成家……"
　　7月26日，王兴民年仅29岁的妻子，怀着对美好生活的无限眷恋，永远离开了人世，身后留下一个不满6岁的女儿。
　　短短两年中，王兴民先后失去了3位亲人，除了妻子，还有母亲和祖父。

边防的夜静极了,王兴民第一次向外人倾诉这痛断肝肠的经历,在座的全都落泪了,而蒙古族连长龚黎明竟哭出声——

2010年1月20日,龚黎明的妻子金兰查出卵巢肿瘤,急忙给丈夫打电话:"肿块有拳头大,医生说一天都耽误不得!"

因为大雪封山,龚黎明同样回不了家。几天后,坚强的金兰只身起程,从祖国的西北边陲回到东北老家。

"做手术那天,是妻子金兰代我签的字。"龚黎明说,术后,妻子长时间直不起腰,身体弯得像一张弓,购物、买菜,样样都得自己干,连邻居看了都觉得心疼。可她倒挺乐观,说活着就是一种幸福。

也许是因为爱得太深,也许是因为愧疚太多,从得知妻子患病那天起,身处"雪海孤岛"的龚黎明,每天都要用一个心形巧克力盒子当模具,用洁净的清泉浇冻一颗"冰心",以寄托对爱妻的思念。这个冬天,他总共浇冻了九十多颗"冰心"。

龚黎明说,他是幸运的,妻子经过一年多的调理,身体基本康复,还怀上了孩子。

从2008年至今,龚黎明在连队度过了3个封山期。

听到这里,我们给团政委陈田杰提了个建议:今年可否安排龚连长下山过冬,陪陪妻子?陈政委想了想,答应了。龚黎明摸摸后脑勺,脸上掠过一丝笑意。

红山嘴军人对家人怀有深深的愧疚,却无愧于军人的使命,无愧于祖国的重托。

在荣誉室,记者数了数,自组建以来,红山嘴边防连年年出色完成守防任务,11次被两级军区表彰为"基层建设标兵连队",3次荣立二等功。会晤站翻译额尔德木图,前不久被新疆维吾尔自治区评为"敬业奉献道德模范"。

木图在红山嘴守了整整19年,组织上曾几次想给他换个离家近、条件好的单位,都被他谢绝了。他对记者说:"我离不开红山嘴,每次休假,住三五天就想回来。"

木图今年42岁,还是初级职称,技术9级。前几年,因为没有学过英语,蒙语不在考试之列,多年无缘晋职。现在政策向边海防倾斜了,但年龄又过杠了,还是不能晋升中级职称。记者为他遗憾,他反而劝记者说:"没有关系,生活很好,我很满足。组织上让干就干,让走就走。"

让木图感到着急的是,会晤站编制两个蒙语翻译,他一个人顶了多年。累点倒不怕,怕的是他离开的那天,一时找不到合适的接班人。

大雪即将封山,严冬就要来临。

15名下山士兵的名单基本确定。在即将告别连队的时候,他们默默为军马准备了足够的草料,把狗圈羊舍清理得干干净净,把烤火煤堆得方方正正。还有那一排排晾在院子里的咸肉、干鱼、干鸭、粉条,无不体现着老兵对连队的留恋!

记者和即将下山的士兵座谈时,多数人心情沉重,因为他们还想留在山上守防。当然,也有部分士兵想早点回家。文书、大学生士兵刘昌运快言快语:"父母都60多岁了,需要照顾,我已经为国家尽了两年忠,现在该回家尽孝了。"

大雪即将封山,严冬就要来临。

新疆军区给红山嘴边防连配备的全地形车和新型雪橇车,静静地停在营院里。连队干部介绍说,全地形车性能优良,可以满足冬季巡逻所需;军分区派人维修了光伏发电设备,水电暖设施保养一新;连队的网络视频业已启用,战士们又多了一条和亲友沟通的渠道。

指导员刘占锋的感言颇有诗意:身在边关有人疼!

清晨,我们漫步山上。两个停机坪分别坐落在山顶和半山腰,快两年没用过了,落满了厚厚的秋霜,在阳光下晶莹闪烁。尽管连队物资储备十分充足,什么也不缺,官兵们还是盼望过年时有慰问的直升机在这里降落。

我们也感慨:什么时候,这里能固定停放两架或数架直升机,用于边防巡逻和保障,到那时候红山嘴边防连就不再是"雪海孤岛"了。

(2011年9月28日《解放军报》)

"三把尺子"量政绩
——寿光人眼中的老县委书记王伯祥

姜国乐

导言——

与上一篇通讯同时写一群人有所不同的是,该作集中笔力报道了一个人物,这就是离开寿光18年的前县委书记王伯祥。通讯提出用"实践、人民、历史这'三把尺子'检验"政绩,王伯祥则是经得起这样的检验的县委书记。按照这样的思路,记者对王伯祥的诸多素材进行筛选,处理成紧紧围绕主题展开的若干片断。通过寿光人的眼光看王伯祥,通讯显出了朴实、本真;通过展现王伯祥的所思、所说、所干,一位被历史记住的县委书记跃然纸上;通过借用直接引语制作而成的文中小标题,报道对象显出鲜活、厚重,充满生活实感。以上经验,当可成为人物通讯写作时的借鉴。

如今的寿光格外引人注目:它是胡锦涛总书记参加党的先进性教育活动时的联系点,是中央确定的改革开放三十年18个重点调研典型之一,综合实力山东第七,全国百强县排24位……

寿光人谈起这些成就与荣誉,总提起一个名字:王伯祥。两位老村支书和一位退休教师正自发为他"立传"——他们用3年时间,采访了300多人,报告文学初稿已写成近40万字。

王伯祥，1986年至1991年任寿光县委书记。离开寿光18年了，为什么老百姓依然对他念念不忘？

因为他做出了经得起实践、人民、历史这"三把尺子"检验的实绩。

6月30日，在北京召开的全国优秀共产党员代表座谈会上，66岁的王伯祥作了典型发言。

"为让百姓富起来，我们怕什么"

全国最大的蔬菜批发市场坐落在寿光城西南，从早到晚，成千上万装满蔬菜的车辆从大江南北汇集到这里，又从这里驶向全国各地。市场管理所原所长孙玉祥说，这么些年来，伯祥书记只要经过这里，总要进来转一转。这个市场，是他一手抱大的"孩子"。

寿光农民素有种菜传统，解决温饱后，他们便把致富的希望寄托在菜上。1983年，大家一股脑儿地种白菜，秋后卖不掉，2 500万公斤烂在地里。

"白菜悲剧"让王伯祥痛定思痛：蔬菜卖出去是宝，卖不出去不如草！他担任县委书记后，抓的头一件事就是蔬菜批发市场建设。

寿光蔬菜批发市场有限公司董事长张万庆回忆说，当初，市场姓"资"姓"社"还在争论着，伯祥书记给我们鼓劲："批发市场是咱寿光人的命根子，为让百姓富起来，我们怕什么？"

实践是政绩最客观的检验者：从占地20亩到现在的650亩，从交易本地菜到"买全国、卖全国"，从摆摊叫卖到电子拍卖，寿光蔬菜批发市场年销售额已达240多亿元，每天有8万人为之服务。蔬菜批发市场派生出全国最大的毛竹、蔬菜良种等农资市场，带起了经销、运输、包装等上千个服务体，不光菜农，无数的城里人也因"菜"发了财。

"全县听我的，我听王乐义和韩师傅的"

大田菜催生了寿光蔬菜批发市场，让它名扬全国的却是大棚菜。

今年4月7日，冬暖式大棚创建成功20周年纪念活动在寿光市三元朱村举行。被称为"冬暖式大棚蔬菜之父"的村支书王乐义对来自全国的嘉宾说："没有伯祥书记，寿光菜和我的名气哪有这么大！"

1989年底，王伯祥听到三元朱村17个冬暖式大棚种出了反季节黄瓜、每公斤卖到20元的消息，兴奋得饭都顾不上吃，连夜赶到三元朱，动员王乐义把技术传给全县农民。王乐义为难地说："老少爷们嘱咐我，咱这个宝贝技术起码得捂三年。"王伯祥说："你当村支书为全村人着想没错，我是县委书记，得为全县农民着想啊！"

回想当年推广冬暖式大棚的经历，王乐义激动难抑：伯祥书记通过我，以3万元年薪从辽宁瓦房店请来早期冬暖大棚发明人韩永山，那时伯祥书记的月工资才107元；韩师傅全家四口人一来就农转非，而伯祥书记的爱人还是农业户口；他坐的是一部旧吉普，却给我和韩师傅配了辆新的；三级干部会上，伯祥书记大声说："全县听我的，我听王乐义和韩师傅的！"寿光的蔬菜大棚由17个变成了1991年的3.3万个，现在到了46万个，并以燎原之势向全国蔓延。当年最早试种者之一的王友德向记者介绍：我们的大棚技术已经发展到第五代，能够在零下25度生长，1亩大棚纯收入超过6万元。

"有这样的县委书记，还有什么办不成的事"

人民群众是政绩最权威的评判者。

今年5月16日，王伯祥重访寿光北部。车刚停在东岔河村头，四五百口人闻讯一下子围了上来。村民郭成贵挤到王伯祥跟前："王书记，没有你领导的寿北大开发就没有我们的今天啊！"村支书郭孔让告诉王伯祥，现在村里年产原盐30多万吨，村民不分老少每年分6 000到8 000元，全村有轿车400多辆、别墅583幢。

寿光毗邻渤海，北部全是盐碱地，早年以外出讨饭者多而"出名"。直到上世纪80年代，这里的20万农民虽解决了温饱，但因生产条件没有根本改善，"钱袋子"一直鼓不起来。"遇到困难绕着走，困难一直摆在那里，是给党抹黑，是我们当领导的耻辱！"在县委常委会上，王伯祥动情地说。很快，以20万民工为主力的寿北开发壮阔画卷，于1987年10月8日在1 200平方公里的盐碱地上铺开。

这场"战役"持续了45天，王伯祥日夜盯在工地上。国家农业部原部长林乎加到寿光考察，向一位从窝棚里钻出来、满腿泥巴、光脚穿着一双胶鞋的人打听："王伯祥在哪里？"这个人爽快答道："我就是！"林乎加紧握王伯祥的手良久，感慨地说："一个县有这样的县委书记，还有什么办不成的事！"

"给多数人干的，不是给少数人看的"

弥河纵贯寿光全境，历史上三五年一决口。在开发寿北的第二年，王伯祥决定彻底整治河道。有人向他谏言："治理弥河工程量太大，能不能先干县城周围这10公里，搞得精致好看些。上级领导来寿光都走这里。"王伯祥虎起脸来："咱干工作是给多数人干的，不是给少数人看的！"

1988年10月5日，13万治河大军在弥河两岸摆开，奋战25天，两条70公里长的大坝横空出世。

记者问王伯祥当时的秘书董向荣：为什么那么多百姓肯跟着他吃苦受累？老董说："因为伯祥书记心里时刻装着百姓啊！"弥河治理修坝顶公路的时候，他一再嘱咐：经过村口的地方要修上"坝腿子"，让老百姓的拖拉机、小推车能上得去；县城修路的时候,他又一再提醒:十字路口要修成"喇叭口",叫老百姓的自行车好拐弯;下乡查看小麦长势,看到浇地的水冲开了麦畦,他挽起裤腿就下田,用手捧土堵好……

"万丈高楼平地起,总得有人打地基"

历史如镜,照出政绩的虚实。

晨鸣纸业集团是当今世界纸业二十强之一。谁能想到,它的前身竟是一个濒临倒闭的县造纸厂。

王伯祥上任的时候,正是全国乡镇企业风起云涌之际,而当时的寿光工业在全潍坊市 12 个县市区中倒数第三。"无工不富",王伯祥敏锐地意识到:以工强县的时机来了!有人提醒:摆弄企业风险大,干好了也得三五年才见效,你可是说走就走,这不是养了鸡让别人吃蛋么?王伯祥回答:"万丈高楼平地起,总得有人打地基。错失了机遇,耽误了寿光将来发展,我就是罪人!"

县里很快出台一系列措施:从全县选拔 100 名有事业心的能人作为企业的后备厂长经理;免除企业 3 年的上缴利税,全部用于技术改造或新上项目;企业人事管理厂长经理说了算……

就在这个节骨眼上,发生了一个意外——上级召开的会议上,当寿光发言讲到全县已把工作重点转到抓工业上时,有人当场质问:"中央强调县级一把手重点抓农业,你们这不是跟中央唱对台戏吗?"犹如当头一棒,王伯祥紧张了。他担心的不是个人政治前途,而是刚刚启动的工业攻坚会不会因此停滞。他找到潍坊市领导,反复申明大搞工业的原委。市领导最终点头认可了寿光的做法。

寿光人的创业热情被点燃了!53 岁的陈永兴被派往县造纸厂,仅 4 个月就扭亏为盈,如今已发展成拥有总资产 178 亿元、销售收入连续 10 年居全国同行业榜首的晨鸣纸业集团;当年 24 岁的田其祥是选任企业干部中最年轻的一位,后来接任县供电公司总经理,靠多种经营将公司打造成跻身全国最具竞争力 500 强的企业集团,其下属的巨能金玉米公司 2007 年在香港上市。

寿光市政府公布的"2008 年度 50 强企业"名单上,前十位中有 9 家是王伯祥任县委书记时培植起来的,这些企业去年实现利税 56 亿元,占全市工业的 75%……

这样的政绩,谁不竖大拇指!
这样的县委书记,历史怎能忘记?

(2009 年 11 月 25 日《大众日报》)

天河一号:速度背后的较量

天津电视台

导言——

　　这是一档电视访谈节目,大致相当于纸媒的谈话实录型通讯。从中我们看到:(1)这档节目的话题很有意思,很有价值。主持人与诸位嘉宾谈论的是世界超级计算机的速度和速度背后的较量。这是人们颇感兴趣而又并不了解的事情,因此对他们就具备了特别的吸引力。(2)嘉宾中有世界超级计算机的设计师、计算机专家和学者、资深媒体人以及计算机使用单位的专业人士。主持人与他们之间的交谈,既解答了不在现场的诸多观众的疑问,又在相互交谈中碰撞出了许多思想火花,从而使节目亮点多多。(3)主持人在整个谈话中,发挥了穿针引线和总体掌控的作用。他引领着整个的谈话,常常能在关键的时候,说很精彩的话,提颇精彩之问,从而不断将谈话往前推进。这虽然是电视访谈节目,但对纸媒的谈话实录型通讯的写作不无启迪意义。

　　主持人:观点影响生活,这里是《观点强中强》。我们今天的话题和速度有关,有人说一秒钟能做什么?刘翔能够跑九米,飞机能飞三百米,运载火箭可以飞行八公里,还有更快的吗?"天河一号"不久前代表中国成了世界超级计算机的速度之王,它的速度是多少呢?每秒钟2 570万亿次。这个速度超乎了我们的想象。今天我们就来了解一下"天河一号"和超级计算机的速度竞赛。
　　我们请到的是"天河一号"副总设计师胡庆丰教授,掌声欢迎胡教授。今天和我们一起参加讨论的有国家超级计算天津中心主任刘光明先生、清华大学当代中国研究中心李楯教授、资深媒体人石述思先生。还有南开大学、天津工业大学、天津一汽的朋友以及我们《观点强中强》新浪微博的朋友和我们一起参与讨论。欢迎大家。
　　胡教授先问您一个问题,咱们此时此刻"天河一号"的运算速度还是不是世界第一?
　　胡庆丰:是的。
　　主持人:我了解这个世界超算的竞争是日新月异,这个TOP500它的排名每年要排几次?
　　胡庆丰:每年排两次。
　　主持人:下一次排名是什么时候?
　　胡庆丰:下一次就是明年的6月份。
　　主持人:这就是超算激烈竞争的世界,那么今天我们了解超算先从"天河一号"开

始,看一个片子:

解说词:超级计算机是指当前时代运算速度最快的大容量大型计算机,是计算机领域的珠穆朗玛峰,运算速度远非普通计算机所能企及。超级计算机的运算能力曾先后经历过每秒万亿次、十万亿次、百万亿次的高峰。而随着"天河一号"在国家超级计算天津中心的问世,这个纪录被刷新到了每秒4 700万亿次。北京时间2010年11月17号,在全世界最权威的第36届世界超级计算机五百强排行榜中,"天河一号"高居榜首,比排名第二的美国"美洲虎"超级计算机每秒钟快了将近一千万亿次,这是一个什么样的速度?做个换算对比,"天河一号"一天的运算工作量,相当于人们使用一台普通计算机160年才能完成。"天河一号"的存储容量大得惊人,它能够容纳一千万亿个汉字,相当于一个存储十亿册一百万字书籍的巨大图书馆。再来看看具备如此超级能力的"天河一号"长相如何,它由140个机柜组成,每个机柜1.45米宽,1.2米深,两米高,排成十三排,占地约七百平方米,你也许以为它太大了,可是比起世界上已有的千万亿次超级计算机基本上占地都要近千平方米来说,"天河一号"不折不扣是个身材苗条的小个子。所以"天河一号"在超级计算机当中也称得上是一台相对节能绿色的超级计算机。目前"天河一号"已经作为天津滨海新区和国防科大共同建设的国家超级计算天津中心的业务总机,面向社会开放,实现资源共享,为国内外提供超级计算的服务。

主持人:胡教授,咱们排名第一,我知道有些人不以为然,你比如说美国的桑迪亚实验室,他说把一万台智能手机串联起来,就能做成一个像"天河一号"这样的计算机,真的吗?

胡庆丰:中国有句俗话叫"一个和尚挑水吃,两个和尚抬水吃,三个和尚没水吃",这是因为什么?首先超级计算机它是大量的处理器、处理单元并联起来进行工作来构成一个它的超级计算能力。

主持人:我插您一句,您这三个和尚没水吃,比如一万个手机,就相当于一万个和尚?

胡庆丰:对。

主持人:那串联起来就一点水都没了?

胡庆丰:那就是说这一万个和尚到了一起以后,假如他们之间不能很好地协同工作的话,其结果那就是没有水吃,所以这个不是说拿一万个手机把它串起来那么简单,这个中间牵涉到它的体系结构的设计、它的互联通讯系统、它的软件等等各个方面,这是一个复杂的系统工程应该讲。

主持人:这个问题不能这么想。那么您能不能简单地告诉我们,咱们的"天河一号"到底先进在哪儿?

胡庆丰:我们"天河一号"应该讲它的创新的技术应该有这么几个点:首先说它的体系结构,所谓体系结构实际上就是说这一个计算机系统的总体设计,它的顶层设计就采用什么样的方式来构成这么大个一个系统,我们应该讲是国际上第一个采用CPU+GPU,异构协同并行计算这么一个体系结构。

主持人:胡教授讲得挺专业,刘主任您能不能给我们大家(讲讲),我们大家都不懂,比如什么是CPU和GPU?这两个怎么融合起来的?形象地给我们讲一讲。

刘光明:现在大家用台式机和笔记本都知道,现在有单核双核的CPU,一个核实际上就是在CPU里面的一个处理单元,就是它们干活的一个单元。那么CPU和GPU的差异在什么地方?CPU往往就是现在两个核,有的做到四个核,但是都很少在十个以下,因为它每个核能力很强,做一些复杂的计算,比如三角函数计算,还有其他很多复杂的计算。GPU原本是做图形处理图像处理的,我们现在用得最多的是3D游戏,都是用它来处理,那么它里面的核数,一般都在一百个以上,每个核的能力不强,因为一个芯片体积就那么大,但是每个核我们一个照片一个图片上面分成一些小的区间,每个核处理一部分,所以它们能很好地并行工作,也不用去调度。但是我们把GPU拿来做科技计算,科技计算往往你算一个题就是一个程序,往往一个核算得很好,你把它算在一百个核上,把任务切分一百小任务,而且这任务相互之间还要联系,就像一个团队一样,管理一百个人的团队管理和管理一个人的团队是不一样的,一百个人的团队要步调一致,要大家听从指挥,这样才能有高效率。所以国防科大从2005年开始,就在研究这种流处理器,流处理器也是一种多核的结构,64个核到100个核,这种结构研究它怎么做科学计算,也就是研究怎么去调度、去优化、去高效率计算。在2007年的时候,把这个研究结果在国际的ISCA——国际上一个顶级的国际超级体系结构年会上发了一篇文章,提出了用通用CPU加上流处理器这样的结构去做高性能计算,它的诀窍在什么呢?它能把CPU做科学计算的效率做到70%,当时国际上一般做到20%到40%,而且有些人还不知道怎么去做,所以国防科大在2007年到2009年的过程中,比较成功地把GPU和CPU结合起来,做复杂的高性能计算,解决了世界难题。

主持人:我来理解就是说,一拨是干复杂活的人,一拨是干简单活的人,我们把它融合在一起了,而且效率还特别高,达到了您说的70%,国际上只有百分之二三十,那么在这一点上我们在国际是领先的。我想问问咱们现场的朋友有什么问题?

李楯:我很想问一下胡总,就是我们整个研发和整个这套设施把它做起来,国家投入大概多大?

胡庆丰:国家投入的话,现在总共是六个亿,系统是四个亿。

李楯:也不算十分大,在国家今天的大工程中也不算十分大,我想象在科研的投入上,中国还应该投得多一些才好。

胡庆丰:是的,李老师您说得非常对。

主持人:述思对这个技术怎么评价?

石述思:我听到这个消息我非常振奋,因为我不管是谁造出来的,只要代表中国,我都为中国基础技术的突破叫好,因为这是咱们的弱项,也是制约未来中国经济发展的最致命的短板,不信可以想想世博会,有史以来规模最大、备受世界最受瞩目的世博会,我们居然一个泱泱大国,GDP今年超越日本,拿不出一个引领国际技术前进的原创,拥有自主知识产权的核心技术,难道不是我们应该反思的事情吗?要知道一百五十九年前,大英帝国举办第一届世博会的时候,人家是蒸汽机,将带领大英帝国在一个新的工业浪潮来临的时候,引领世界前进,这是伊丽莎白女皇的原话。所以我们今天看到这么一个技术,我当时想到一个网络术语来形容,说"算你狠",当然此"算"非彼"蒜",我觉得中国要都是这样的"算你狠",那我们大国崛起的速度要提速很多。我想提一个非常具体的问题,就是说"算你狠"的背后藏着很多复杂的情绪,本来这是我们西方人的专利,中国人完成突破,又在进行中国威胁论等这样的方面的造势,我不知道胡总对这种西方非常复杂的声音怎么去看待?

胡庆丰:我觉得这种竞争应该是一个很正常的现象,首先我们发展这种超级计算,实际上它的最根本的目的还是为了全人类社会的进步,这是第一个根本的观点;其次,作为这种超级计算机,它的重要性确实摆在那里,作为我们中国这样一个大国的话,我们肯定需要有自己的这种核心关键技术,需要有自己的这种大的系统,也需要在这个方面有自己的地位和发言权,所以实际上长久以来,美国一直在TOP500的榜首,所以中国突然冒出来拿了一个TOP500的第一,觉得可能有一些不同的一些观点、不同的看法,我觉得这个首先是一个很正常的现象,恰恰说明作为我们中国这样一个大国,去争夺这种应有的地位,我觉得是应该的,这也是我们的责任。

主持人:这次TOP500领奖是刘主任去领的,这是您领奖的画面。

刘光明:在领奖的时候,我讲了一句话,我说为了这一刻,我们等了二十多年,什么意思呢?1978年我们国家开始做"银河Ⅰ",1983年研制完成,到现在实际上中国计算机走到今天,是走了一个非常艰辛的路,是在被国外的一些强势,包括国际的霸主围追堵截,什么含义?你没有计算机的时候,他不卖给你,我们当时在1986年的时候,要做一个"银河Ⅱ",为什么做"银河Ⅱ"?我们国家是个多灾的国家,要做七天的天气预报,第一个方案是买一个国家的超级计算机,当时叫巨型机,那个国家不卖,要卖两个条件:价格非常高;第二个它要修一个玻璃房,什么人都不可能进,你在技术上没有主权。我们2007年"天河一号"排名世界第五,今年排名世界第一,应该给世界一个震撼!

主持人:刘主任我想问你,你在领奖的时候,外国的同行跟你说什么了?

刘光明:田纳西大学的杰克教授他是很高兴地把证书给了我们给了"天河",拿到证书实际上下面的反应有两种:一种就是说所有与会的有关公司企业和这些研究人员都是对我们表示祝贺,为中国的强大、为中国的进步感到骄傲,感到高兴。另外一个层面,确实也有一些人也感到失落,也感到存在一种质疑和刁难。在会上最后一个颁奖完了之后,是答一些听众的问题,有人站出来就说,现在这种评测高性能计算机的方法叫LINPACK测试方法,他质疑这种评判方法不对。杰克教授就回答说,这种方法现代从学术界来讲,是一种科学的、一种公正的评判方法,没有比这方法更好的,他们TOP500组织还用这种方法来评测。他认为中国的"天河一号"确实掌握了很多方面的核心技术,也解决了世界一个做千万亿次以上这种高性能计算机的世界难题。

主持人:我建议在这儿,我们大家再一次鼓掌,为了这位教授的评价,也为了刘先生拿到证书。我们的"天河一号"在TOP500拿了第一,我有这样一种感受,就是说当你拿了第一,你的实力出来之后,大家向你表示祝贺,可是当你的技术落后的时候,人家可能这个技术不给你。

胡庆丰:就是说跟他们没有一种平等的对话权在很多时候。

主持人:所以这些年来,我们的超级计算机的研制,争的也就是平等的对话权。接下来我们再看一个片子,看看三十年来中国超级计算机的历程。

解说词:在这次公布的最新世界超级计算机TOP500排名中,中国以41台的总体占有率仅次于美国,位居第二。前三名中,中国超算就占有2席,一个是排名第一的"天河一号",一个是排名第三的"曙光星云"。

上世纪70年代,面对西方国家对中国实行的技术封锁政策,时任国防科技大学计算机研究所所长的慈云桂教授带着一帮年轻人开始研制当时只有美国和日本能做的亿次巨型机。1983年,我国第一台被命名为"银河"的亿次巨型电子计算机在国防科技大学诞生。1992年国防科技大学成功研制出"银河Ⅱ"10亿次巨型机。1997年,国防科技大学研制成功银河Ⅲ百亿次巨型计算机,实现了从多处理并行巨型机到大规模并行处理巨型机的跨越。"银河"系列之后,"曙光"、"神威"、"深腾"等一批国产高端计算机系统的出现,一次次向世人展示着中国在超算研究领域的实力。

2008年9月16日,由中国科学院计算技术研究所、曙光信息产业有限公司自主研发制造的曙光5 000 A在天津下线,并跻身世界十强。而这一年,千万亿次超级计算机系统的研制工作也在天津起步。一年之后的2009年10月29日,"天河一号"千万亿次超级计算机系统顺利通过性能测试,实现了我国自主研制超级计算机能力从百万亿次到千万亿次的跨越。

主持人:拿了第一,建了超级计算机中心,接下来我们大家心里自然会升腾起一个问题:我们要超级计算机干什么用?胡教授,我印象当中,大家对于超级计算机的理解,是多少年前"深蓝"和国际象棋棋王卡萨帕罗夫的一场比赛,当时大家都说是叫电脑打败了人脑,今天要按天河的速度来算,棋王是不是就干脆永远没有赢的余地了?

胡庆丰:这就扯到另一个话题,电脑和人脑项目的替代问题。

主持人:刘主任,电脑不可以取代人脑吗?

刘光明：是这样的，就这个图片讲，当时是说明 IBM 的深蓝战胜了国际象棋大师，当时 IBM 的机器输入也就几十万亿次，现在有天河这样 2 700 万亿次，我认为就象棋单个人挑战来讲，一个人肯定是战不过天河了。

主持人：回到我们问题的核心，我们的超级计算机研制出来不是用来下棋的，那它究竟有什么用？我这儿有几张图表，我想请刘主任给我们解释一下。这是干什么的刘主任？

刘光明：这是生物医药，我们国家要做新药研制，这是大分子和生物医药的靶向药物进行对接，中间的白色的就是靶向药物，要把外边的病毒杀死，他们必须在生物医药上面要对接起来，这是一块生物医药的应用。

主持人：我理解的生物医药是三个"十"，说要耗时十年，要花十亿美金，要筛选十万个化合物，才能研制出一种新药来。

刘光明：那是没用计算机之前，用实验的方法要三个"十"，现在用超级计算机之后，实际上这个时间实际上缩短了，说几年或者说一年就能研制一种新药。

主持人：它算得快，大大节约了我们的时间。

刘光明：缩短了新药研制的时间。

主持人：接着往下看。

刘光明：这是天气预报，这是台风的风眼，也就是与我们日常生活密切相关的气象的天气预报，就要靠我们计算机来算。

主持人：一般的计算机算不出来吗？

刘光明：算得很粗，就是说一百公里做一个网点，一百公里的气象变化它算不出来，我们计算机有天河之后就能算到十公里、二十公里，作为气象的一个变化。

主持人：就是我这么一小块的活动区域的气象变化，它都能算得出来。

刘光明：对，都能算出来。包括天津说这个小区下雨，那个小区不下雨都能算出来。

主持人：这是什么？

刘光明：这是一个石油地质勘探石油油层的计算，它通过计算之后，就知道地底下那个地方有油，几个层面、不同颜色表明出油的深度和出油量。我们根据这个算出来之后，在这个地方定个井打多深能打出来，否则的话你打下去的井是干井，一口干井要花五千万人民币，等于白丢五千万，我们这就是每打必中，经过天河算之后。

主持人：打不准五千万就扔了，别说每打必中了，提高 50% 就能省 2 500 万。

刘光明：实际上我们是百发百中，算的地方肯定能打中。这是《阿凡达》之后，现在都在做卡通和三维电影，我们现在建造一个全国最大的动漫设计中心，预计要用我们天河三个月能把全国的卡通和三维电影全部做完。

主持人：我再给大家看一个例子，今天我们特别请到了天津一汽的朋友，这是我们天津一汽开发中心的苏成谦先生，他们就已经用上了我们的超算。

苏成谦：这是汽车侧面碰撞的模拟计算，左边的图是用高速录像拍下来的实车碰撞实验的过程,右边是我们做计算机模拟的过程。这是2005年开始做的一个工作,当时我们在国内也是比较早地开展了侧面碰撞的模拟计算,在当时的计算机情况下,做这么样一次计算,整个碰撞过程是持续150毫秒,做这么个计算的话,是需要三天到五天的时间,当时的计算机设备水平是比较差的,我们今年在"天河一号"在超级计算中心做类似的计算,只需要一个小时左右就可以完成这么一次工作,所以这个效率提高是非常大的。

主持人:节约了时间,提高了效率,回来咱们的车卖给我们的时候可以价钱更便宜一些。这几个例子给大家展示了一下,我们超级计算的作用。我想问问咱们现场参与讨论的,像李教授、述思,对超级计算的作用的价值,你们怎么看?

李楯:我想问咱们超算天津中心的刘主任,我们现在建成的这套,它的运行大致需要多大一个费用?

刘光明:是这样,现在的费用全开起来,每天主要是电费。

李楯:不止电费,包括你的人员。

刘光明:人员现在占比比较小,人员费大概一年有个两三百万,大概差不多了。从编制上讲,我们现在是四十个编制,但是这个不受限,主要是电费,电费估起来,一年大概是1 200万满开的,但是这个钱如果说真正把高性能计算的服务开展好了,这个电费是能收回来的,还略有结余。

李楯:整个咱们的研发收回估计大概多长时间?连整个研发、连日常运行大致是多长时间?

刘光明:是这么个情况,"十一五"期间,国家科技部在全国部署了三个超算中心,大概相继每个超算中心投了两个亿,地方配套在设备研制方面一比一,从国家这种超算中心的建设的指导思想来看,它是作为一个科技服务平台,实际上在运行过程中,没有明确地算它的折旧率,也就是没有考虑把投资成本收回来,它起到的作用是科技服务,再间接产生经济效益,主要是这么两个方面。

主持人:李教授上来就给大家算钱了。

李楯:为什么要问这个问题,我觉得正是这样,现在我们国家进入一个高速发展,那么高速发展中能不能再发展得均衡一些,比如像我们的基础的科学研究、应用技术的投入和我们的加工制造业,这个关系怎么摆,这是很重要的,所以这就面临这样的问题,比如说我们一些很尖端的技术、上台阶的,比如像航天这方面、像军工方面、像生命科学这方面,比如涉及基因什么的,当需要一种很大量的运算,需要很先进的设备运算的时候,如果我们国内没有条件,我们就要拿出去,当我们往前走的时候,我们技术上需要东西,如果我们没有这些设备的话,那么我们很多事就无法做,在有些地方甚至无法做。另一方面又有一个问题,如果当我们有了这个设备,而又找不着更多的活干,就是说我们国家发展还不均衡的时候,是不是能够使它充足地运行起来,用什么样的基础来支撑它,和究竟有多大的需求去拉动它。

主持人：李教授在给你们算，这个技术的性价比。这也是四年前"天河一号"上马的时候，有这么一个激烈的争论，第一这个机器能不能做好；第二做完了之后能不能用好。现在国内的一些超级计算机，我们了解的有好多是限于做出来了，但是根本没有那么多人去使用。我想问刘主任，您对"天河一号"的使用做好准备了吗？

刘光明：实际上科技部要建国家级的超算中心，实际上是解决我们国内投资分散的问题。您刚才讲的是对的，国内有很多中小型的超算中心各自为政，麻雀虽小肝胆齐全，但是它只是为自己服务，没有公开，没有共享，我们现阶段的超算中心就是立足于我们天津，首先面向东三省，然后面向全国做服务。这一次在美国的时候人家问，我们国外能不能用，我们说欢迎你们来，举个很典型的例子，上一个月我们跟渣打银行签了战略合作协议，干啥事？就是给他们做金融风险分析，所以从现在，我们十月底完成了TOP500的测试之后到现在机器非常饱满，全国方方面面都在用。

主持人：我想问问述思对这个作用怎么看？

石述思：我就讲讲可能批评的东西，可能有助于咱们更好地开展工作的东西，这是微博的留言，他说这是一中国的形象工程，新的叫高科技形象工程，光重视我们的技术的开发，不重视应用，光重视我们的形象，不重视需求，这是一种声音。

主持人：述思，好问题，我问问胡教授，这是不是一个形象工程？

胡庆丰：首先我觉得形象工程这个说法肯定是不准确的，实际上我们国家在2007年到2020年的国家中长期科技发展规划当中，就部署了很多国家级的重大科技工程、科技专项。这些重大专项实际上包括航空航天也好，大飞机、大火箭等等这些制造也好，它中间都离不了这种超级计算的支撑。

主持人：这些项目在滨海新区都有。

胡庆峰：对。这些国家作为一个整体的科技发展的布局，它已经是看到了这种需求，潜在的需求，那么必须同步发展我们这种超级计算的平台，也就是我们的超级计算机。首先应该说肯定是到了需要发展这么一个平台，做这么大系统的时候，所以从这一点讲，它不是一个形象工程。

主持人：我们新浪微博的朋友正好问进来一个问题，我们回到具体，来看这位叫"心梦"的朋友，他说："我知道计算机总是软件比硬件贵，我们有了世界运算最快的计算机，但我们的软件业能不能也赶上硬件的速度？天津要想成为中国的硅谷还需要做些什么？我是软件专业的学生，又是天津人，今后在天津就业前景如何？"胡教授您怎么回答这个具体的问题？

胡庆丰：应该讲首先作为超级计算的整个一个大的系统来讲的话，计算机只是中间关键的一个平台。

主持人：他问的问题，其实是你机器造出来了，你的软件跟得上跟不上？

胡庆丰：我理解这个问题就是怎么把我们超级计算的应用搞好，应该讲我们国家的软件特别是在应用软件这一块，大型应用软件跟国际的先进水平比，还是有一定的差距,这个差距来源于几个方面:首先你没有这么一个大的高性能的计算平台的话,你无从讲起发展自己的软件,现在我们有了"天河一号"这样一个平台,我们发展我们的软件,自主研发自己的软件就有了一个基础,有了一个工具,在这个基础之上,我们经过努力,应该讲是可以大有作为的。

刘光明:实际上现在我们中心最大的任务,一个是人才,一个是应用。人才怎么培养,我们现在正在有规划,就是说一起建一个软件工程学院,哪两个方面建呢?国防科大跟滨海新区共建,挂靠在天津超算中心,两个目的:第一个为我们超算中心提供软件人才;第二个为我们天津地区提供软件人才。所以刚才那个网友提的问题来讲,欢迎他到我们这来用。

主持人:应用无极限,我能不能这么理解,我们今天尽管开发了这么快的计算机,但是它和我们想用的,达到的用途高度比起来还差得多。

胡庆丰:差得多。它的应用实际上牵涉到日常生活的方方面面,牵涉到我们的工业、经济、社会、文化各个层面,当然全社会都要来重视这个事。

刘光明:计算机的技术要产业化,我们现在正在做这件事,把天河计算机一些核心技术,像服务器、高性能计算机、小规模计算机的技术,还有芯片技术,另外还有软件网络技术,现在都在做产业化,产业化完了之后,形成一个新的产业规模之后,能有更好的经济效益之后,反过来能够支持"天河一号"更好地运行和后续的发展。那么对后续来讲,我们可能会再规划一个"天河二号"更高的计算机,取决于这台计算机"天河一号"用得怎么样。

主持人:我想有一点我们明白了,用好它和造好它同样重要。

石述思:严重同意主持人的看法,我还想再说两句,发点我的感慨,我觉得中国要发展,必须大胆借鉴消化吸收一切人类文明的先进成果。我们的超级计算机就是它的结晶,但是这不能掩盖我们在基础技术研究上面对的很多的挑战,尤其是国际上的挑战。我先讲一段话,这段话来自于2009年的《时代》周刊,当时美国爆发金融危机,经济一团糟,中国充当了振兴全球经济的领头羊,《时代》周刊写过一句话:不管你高兴不高兴,满意不满意,同意不同意,中国人就这样来了。我们看完很振奋,但是它最后又说了一句话:我们不怕中国人,因为我们有全世界最好的教育和最先进的科技,以及先进的科技带来的知识产权。但是今天我们看到了,我们有了自己的"天河一号",这给我们会带来很大的信心,现在我只想说一句:中国的教育要加油了,我们的基础技术毕竟开始快速地跟进国际的先进步伐,自主永远是我们要追求的宝物。我讲完这一切,我还是要对我们的"天河一号"表示祝贺,不管我们多么艰难,多么曲折,获得了这个成果代表了中国未来科技乃至经济的发展方向,我觉得我们还不值得为我们做出"天河一号"的人鼓掌吗?

主持人:我们新浪微博的朋友还有问题问进来,我们来看一看:"计算机的运算速度有没有极限?这样的速度比赛啥时候才能结束?"

胡庆丰：应该按现在的技术来讲，这是没有极限的，可能单个处理器、单个CPU的速度可能有极限，但是作为一个计算机系统来讲，这个是没有极限的，首先，齿轮技术在改变，比如现在新的光计算、量子计算、生物计算现在可能完全颠覆电子计算机的这种概念，这是一个方面；另一个它的并行规模可能会做得越来越大，所以从它的系统的运算速度来讲，这个是不存在极限的。

主持人：我用一句广告语来说叫"创新无极限"。

胡庆丰：可以这么讲，至于第二点，既然这个运算速度没有极限，那么这个速度比赛就永远不会有结束之日。

主持人：那回到具体的，说美国的能源部门已经投资，说在2012年要生产出万万亿次的计算机来，到那时候我们还能领先吗？我不由自主地想问这个问题。

胡庆丰：这个应该这么讲，前段时间已经说过，到了整个国际上，这种超级计算技术发展到现在的话，应该说进入了一种交替领先的这么一种状态，不再是美国以前一家独大的局面，我们"天河一号"目前领先，只是讲的当前，可能下一个美国领先，但是又可能过某一个时期中国又可能领先，这是一种交替发展的过程。

主持人：我们《观点强中强》有一句话，叫做"观点影响生活"，听了胡教授他们的介绍，我觉得是"科技改变生活"，我理解这可能是一场没有输赢的比赛，但是科技工作者给我们人类创造了很高的物质文明，也给我们留下了这种创新无极限的创新精神，所以在这一点上，我们要感谢他们！非常感谢今天胡教授接受我们的采访！我们也预祝天河二号、三号能够继续领跑！谢谢！

（天津电视台电视）

2012年诺贝尔奖·莫言说

朱 强

导言——

这是纸媒所刊发的一篇谈话实录型通讯。访谈对象是2012年中国的热门人物、诺贝尔文学奖得主莫言。与上一篇有所不同的是：(1)上一篇是电视媒体所播出的访谈，声音、文字、图像可以或同时或交替出现；而此篇是报纸媒体所刊出的访谈，仅靠文字进行传播。(2)上一篇是主持人与若干人之间"一对多"的对话，而此篇是记者与莫言"一对一"的对话。看得出来，记者对莫言的过去和现在方方面面的情况相当熟悉。这固然要靠平时的积累，同时也需要在访前做好"功课"，进行大量的准备工作。在访谈中，记者能够适时地提出适当的问题，既有利于莫言谈出自己深邃的观点和独特的见解，又能够恰到好处地把握谈话的节奏和方向。

《南方周末》编者按：

2012年10月11日斯德哥尔摩时间下午1点，瑞典学院宣布2012年诺贝尔文学奖的得主是中国作家莫言。

瑞典65岁的历史研究者乔尼·尼尔森骄傲的是，他第一次开赌文学奖，就从这个叫"MO YAN"的中国作家身上赢回了1 800瑞典克朗。

斯德哥尔摩43岁的里卡多·瑟德贝里押的是村上春树，输了100瑞典克朗，第二天他立刻去买了莫言的《西门闹和他的七世生活》。

在瑞典起印1 000本的《红土地》、《大蒜民谣》卖了10年都没卖完，开奖之后，全部售光。

当晚，中国山东高密夏庄镇河崖平安庄，莫言92岁的父亲在红砖砌成的小院门口，点燃了当地政府送来的鞭炮和焰火。

莫言认同诺贝尔奖对自己作品"虚幻现实主义"的评价。"仅仅写实，小说没有生命；全是虚幻和中国现实没有联系，也没有意义。"

高密，山东半岛中部的一个县级市。

2012年10月11日，这里成为中国最为灼热的新闻中心。

连续两天两次的媒体见面会后，面对蜂拥而至的媒体和形形色色的各路人马，莫言宣布"不再接待任何人"。

见面会的下午，莫言接受了央视的采访，被主持人董倩问道"你幸福吗"。"我不知道。我现在压力很大，忧虑重重，能幸福么？"莫言说，"我要说不幸福，那也太装了吧，刚得诺贝尔奖能说不幸福吗？"

2012年10月13日上午8点，南方周末记者在莫言的书房见到了他，黄白细格衬衫，咖啡色运动服，神色平静却难掩倦怠，当时，一群外媒记者已经拥挤在客厅中等候采访。

莫言要求穿着一双拖鞋接受采访，面对南方周末记者的镜头，他还是配合着脱掉了运动外套。

"这几天我实在是有点疲倦。"10月16日中午，南方周末记者接到了莫言的邮件，他说，"从昨天开始，感冒发烧，浑身酸痛。"

为什么惊喜，为什么惶恐

南方周末：你获奖后的第一反应，媒体报道有几种不同版本：狂喜和惶恐；惊讶和觉得遥远；还有"没什么可兴奋的"。上述表达哪种更准确？或者都准确？再或者是一种复合式的反应？

莫言：10月11日18点40左右，我接到评奖委员会的电话，通知我获奖并询问彼时的心情，我说的是惊喜和惶恐。为什么惊喜？全世界有那么多优秀的作家——

包括中国——都没有获得，排着漫长的队伍，我相对而言还是比较年轻的。他们有的80多岁才获奖。为什么说惶恐，我想，这么巨大的荣誉降落在我身上，面对世界上这么多优秀的作家，他们都有获奖的理由，但他们没有获得，我得到了，因而惶恐。"惊喜"经过两道翻译就变成了"狂喜"。白岩松电话连线采访时也问了这个问题，因为已经过去好几个小时了，当时心情比较平静。应该说，最准确的表达是"惊喜和惶恐"。

南方周末：颁奖词用十分简洁的评价概括了你的文学成就，其中中国传统文学和口头文学是一个关键符号。你曾经说过深受中国古典文学作品的影响，并且多次提到《三国演义》、《水浒传》、《西游记》、《聊斋志异》等经典作品，但四大名著独缺《红楼梦》，而尤其推崇《聊斋志异》，这与文学界的主流评价有很大的差异，为什么你对"聊斋"格外偏爱而冷落"红楼"？

莫言：关于古典名著，当然读过《红楼梦》，天天说话，有时候为节省时间，就没有提到。即席的讲话总是有漏洞。即便是反复修改的文稿，依然不会面面俱到。《红楼梦》我是18岁读的，在老家高密棉花加工厂做临时工的时候，从一个工友那边借来看的，它对我的影响很大，里面的很多诗歌名句都能背诵。比如描写贾宝玉的，"面若中秋之月，色如春晓之花"。对"聊斋"、"三国"、"水浒"的兴趣与年轻有关，经过历练之后，再去读《红楼梦》就读得出味道，《红楼梦》在文学价值上当然超过《三国演义》和《水浒传》。为什么特别推崇《聊斋志异》，因为作者蒲松龄是我家乡人，"聊斋"里的很多故事，我小时候都听村里的老人讲过。还有就是他的精美典雅的文言文，让我读得入迷。

南方周末：你的作品很多，但是翻译成瑞典文的只有三部，《红高粱家族》、《天堂蒜薹之歌》和《生死疲劳》。为什么是这三部？是出版社的意见还是你的意见？

莫言：是翻译家的选择。瑞典汉学家陈安娜（Anna Gustafsson）翻译的。《红高粱家族》，是因为电影在前面，有一定的影响。《天堂蒜薹之歌》，是因为之前已经有了英文的版本，还是不错的。至于《生死疲劳》，他们的选择很准确。这都是翻译家的选择，我从来不干涉，也不会向他们推荐。

莫言说自己反感不把自己当老百姓、"不尊重世俗礼仪"的人。

最虚幻，最现实

南方周末：《生死疲劳》是你被翻译成瑞典文的"最近"的一部作品。颁奖词的另一个重要符号就是"魔幻现实主义"，《生死疲劳》充满了"魔幻"色彩，但美国汉学家史景迁认为，这部作品"几乎涵盖了中国在文革期间的所有经历，几乎可以算是那个时代的纪实小说"，你同意这个说法吗？

莫言：关于颁奖词，据说翻译得不太准确，我看到有两种译法，一是"幻觉"，二是"幻象"，好像还有一些译法，总之是一个与"魔幻"不同的概念。是虚幻跟民间艺术的结合，社会现实和历史的结合，这比较准确地概括了我作品的特质，当然用一两句话很难精准地概括一个写了30年的作家,但是还是相对准确。我觉得颁奖词很可能是因为《生死疲劳》这本书。虚幻的部分,比如生死轮回变牛变马,各种动物,但动物眼中看到人间的生活,这部分是现实的。小说描写的历史跨度有50年。对历史的延伸,可能是50年之前的,100年之前的。

历史和现实的结合。这两部分缺一不可,如果没有虚幻,仅仅写实,这部小说没有生命。反之,全是虚幻的,和现实中国没有联系,也没有意义。作家的责任、本事就是写出立足现实又超越现实的东西。既是现实生活但同时又高于现实生活,有变形有夸张有想象有虚构。

南方周末:马尔克斯之于你是一个被重复了许多遍的名字。这次的诺贝尔颁奖词也有他。我的问题是,你是否见过马尔克斯?媒体曾经报道,你因为要见到他,在前一年终于读完了《百年孤独》,却反而发现了他的败笔。

莫言:《百年孤独》我很早就读过,但没有读完。他的书改变了我的文学观念。2008年要去日本参加一个活动,他们说马尔克斯也要参加。我想,要见崇拜已久的大师,就应该读完他的《百年孤独》。用两个星期读了一遍。读完感觉18章之后写得勉强,甚至有点草率。感觉作家写到这里,气不足,有点强弩之末。我就说,即便是马尔克斯这样的大师的巅峰之作也是不完美的,也是可以挑出不足的,当然这只是作为读者的我的个人看法。后来由于个人原因我没去参加这次会议,他因身体原因也没有出席,很遗憾没有见到。其实,作家之间互相读作品,就是最好的见面。

南方周末:法新社曾经发表评论,认为你最近出版的长篇小说《蛙》是最勇敢的作品。写作《蛙》的时候,你有付出比其他作品更大的勇气吗?

莫言:没有,"最勇敢"这个评价是不准确的。我1980年代的中短篇,《枯河》、《爆炸》、《金发婴儿》、《欢乐》等,在当时都是艺术上标新立异、思想上离经叛道的。他们也可以看看我的《天堂蒜薹之歌》、《酒国》。当然他们很可能指的是,《蛙》涉及了计划生育。去年获得茅盾文学奖,我接受采访时也说了,作家当然不能脱离现实生活,要直面现实,关心社会上的热点问题,但进行文学创作,写小说可以有一定的处理方式,如果是报告文学当然是越真实越好。小说最高的境界,就是要写出有典型性格的人,塑造让人难以忘记的人物形象。《蛙》是以我的姑姑为人物原型,她从解放初期开始担任妇科医生,一直到退休。写这样一个人物,自然要涉及从1980年代延续至今的计划生育政策。写这个问题是文学的需要,塑造人物的需要,这个小说是文学作品。问题没有压倒文学,事件没有破坏人物,挑战性也不仅在于题材本身,还在于小说的形式和塑造人物的难度。

开放的故乡,爱知县的"莫言"馒头

南方周末:《生死疲劳》里,元旦之夜在县城广场上,万众欢庆,大雪纷飞中辞旧迎新的场面,你说其实不是高密,而是你2004年底在日本北海道札幌市的经历。那个夜晚有多重要，为什么你会把这个场景加进了文章里？

莫言：这是个故乡经验的问题，一个作家老写故乡经验会不会资源穷尽？作家开始写作时，一般都会写自己的故乡，包括自己的亲身经历，亲朋好友的故事。但这些资源很快就要罄尽，这就需要不断补充。我说过，作家的故乡是一个开放的概念，变化的概念。作家作品中的故乡，是不断拓展、丰富着的。就像一个巨大的湖泊，四面的小河小溪往里面涌入。发生在世界各地、天南海北的事件，各种故事，包括风土人情、自然风光，都有可能拿来移植到他最熟悉的环境里去，于我而言，就是我的高密东北乡。这个日本北海道雪夜狂欢的场面，就被我移植过来。

南方周末：日本爱知县一个寺庙里，有以你的名字"莫言"命名的点心，味道是玉米味的，据说厨师是《红高粱家族》的读者，你怎么看待你的作品在日本的影响？另外，请你谈谈你跟大江健三郎的故事，很多人都认为是他在矢志不渝地把你推荐给诺贝尔文学奖评选委员会。还有你怎么评价村上春树的作品？他在本届的竞争中呼声也很高。

莫言：我在日本出版的作品是比较多的，多数都是长篇。除了大江健三郎先生，翻译家吉田富夫教授和藤井省三教授也来过中国高密，后两个都是日本当代非常优秀的中文翻译家，本身也是汉学家，对中国文学研究很深，尤其对中国农村社会非常了解，在翻译我的作品当中，也渗透了他们汉学研究的学术功底。由于优秀的翻译，我的作品在日本赢得了一定的读者。

我去看过爱知县的莫言馒头，和点心铺老板吃过饭。爱知县有个称念寺，住持和尚伊势德，是个文学爱好者。日本和尚和中国和尚不一样，可以结婚不需要剃度。穿上法衣就是和尚，换上西装革履就是平常人。和尚对我的小说很有研究，而且是个很好的文学活动组织者，他把我的书分发给周围的信众看。点心铺老板夫妻就是他的信众。是他建议点心铺老板做一种莫言馒头，高粱米的颜色，里面是糖、奶油，馒头还不错，我吃过，可以作为一个文化符号在那边。和尚还做了酒，红萝卜酒，红高粱酒。

日本文学对中国影响很大，比如川端康成、大江健三郎、三岛由纪夫等等，我看过很多，也很喜欢。大江先生是非常有担当、正直的知识分子。一边写作一边参加政治事务，对日本军国主义一直强烈地反对，他最可贵的是有博大的胸怀。大江先生在获得1994年诺贝尔文学奖的时候，在颁奖典礼上提到了我。后来到中国的数次演讲中也提到我，他一直说我应该获得诺贝尔奖。最近十几年，他是不是每年向诺贝尔奖推荐，我不知道。但以他的影响，一直在说我，这是客观事实。

村上春树是个非常有影响力的作家，在全世界读者很多，被翻译作品的数量非常大，而且赢得很多年轻读者的喜爱，很不容易，我非常尊重他。他虽然比我大，但心态比我年轻，英文很好，西方交流比较广泛，具有更多现代生活气质。他写日本历史方面比较少，关注现代生活，年轻人的生活，这一点我是无法相比的。我也是他的读者，比如《挪威的森林》，《海边的卡夫卡》等，他的作品我写不出来。

做歌德，还是贝多芬

南方周末：你曾讲过这样一个故事：歌德和贝多芬在路上并肩行走。突然，对面来了国王和大批贵族。贝多芬昂首挺胸，从贵族中挺身而过。歌德退到路边，毕恭毕敬地脱帽行礼。你说年轻的时候也认为贝多芬了不起，但随着年龄的增长，就意识到，像贝多芬那样做也许并不困难，但像歌德那样反而需要巨大的勇气。

莫言：大家应该领会我的潜台词。贝多芬的这个故事流传甚广，但是否真实谁也不知道。当年的音乐家要依附爱好音乐的贵妇、国王或者有权势的人，他们需要被供养，否则就饿死了。贝多芬见到国王扬长而去是了不起的，而歌德留在原地，脱帽致敬，被认为没有骨气。当年我也觉得歌德软弱可鄙，而贝多芬可钦可敬。就像据说是贝多芬自己说的"贝多芬只有一个，国王有许多个"。我年轻的时候，读到这句话觉得扬眉吐气。科长，局长，成千上万，而我只有一个。我在军队工作时，有一晚上在办公室看书，一位老领导推门进来，说："噢，没有人。"我立即回应道："难道我不是人吗？！"这位老领导被我顶得尴尬而退。当时我还暗自得意，以为自己很"贝多芬"，但多年之后，我却感到十分内疚。

随着年龄增长，对这个问题就有新的理解：当面对国王的仪仗扬长而去没有任何风险且会赢得公众鼓掌时，这样做其实并不需要多少勇气；而鞠躬致敬，会被万人诟病，而且被拿来和贝多芬比较，这倒需要点勇气。但他的教养，让他跟大多数百姓一样，站在路边脱帽致敬。因为国王的仪仗队不仅代表权势，也代表很多复杂的东西。比如礼仪，比如国家的尊严，和许多象征性的东西。英国王子结婚，戴安娜葬礼，万人空巷，那么多人看，你能说路边的观众全都是卑劣、没有骨气吗？你往女皇的马车上扔两个臭鸡蛋，就能代表勇敢、有骨气吗？所以当挑战、蔑视、辱骂权贵没有风险而且会赢得喝彩的时候，这样做其实是说明不了什么的。而跟大多数老百姓一样，尊重世俗礼仪，是正常的。我一直反感那些不把自己当做普通百姓的人，我看到那些模仿贝多芬的行为，就感到可笑。

南方周末：你的名字和你小时候父母对你的教诲有关，他们叫你不要在外面说话。你吃过"乱说话"的亏吗？什么时候开始"不乱说话"了？

莫言：确实吃过亏，那是"文革"时期，人人自危。我现在还是乱说话——按照某些人的逻辑，我经常乱说话，有时候得罪了这一方面，有时候得罪了那一方面。要两方面都不得罪，那只能闭嘴。其实，我一直用文学在表达我内心的话，我习惯把我要说的话写到小说里。

说明：原山东潍坊市文联副主席韩钟亮先生对本文亦有帮助。

（2012年10月18日《南方周末》）

关于股市的通信

吴锦才　丁坚铭　汪洪洋

导言——

　　这是一篇以观点和意见取胜的通讯。在进入写作阶段之前,记者进行了相应的采访,掌握了大量相关素材,包括一系列数据,对股市现状进行了把脉,从而为写作奠定了坚实的基础。与一般的报道有所不同的是:(1)它更多地体现出从政治的高度来观察经济问题和对公众进行引导的追求。它有着不同于一般记者的视野和高度。(2)文中多理性思考和分析议论。记者对于事实的报道,是与对于问题的思考融合在一起的。以由理性思考获得的真知灼见为内核的报道内容,致力于排解公众的疑惑,消除业界的误区,产生了一种纠正误识的良好效果,表现出很强的穿透力。(3)透映出强烈的问题意识。此篇报道为解决问题而作。先是发现和提出问题,然后是分析和探索问题,最终是提出自己对于解决问题的见解。

　　1992年,中国一位大科学家对中国试行股份制的看法有了改变。

　　他40年代在美国生活,那里的许多企业控制在大股东手里,拥有少数股票的老百姓根本没有发言权。根据这样的生活感受,他觉得在中国搞股份制不合适。

　　但是,到了1992年春天,他在全国政协会议的小组会上讲了对股份制的新认识。他说:"我们是社会主义国家,大政方针是党和政府制定的,一个企业的经营管理又是广大职工监督的,所以,在我国股份制只是作为社会主义经济发展的一种手段。这样想,我就想通了。"

　　现在,越来越多的人认识到在我国试行股份制、建立股市的积极意义。中国在股市问题上的实践,打开了许多人现代经济思想的闸门。

　　给股市一个试验的机会。热腾腾的股市消息,刺激无数人的入市积极性。1992年初,邓小平同志南行时谈到了股票的事情,他的话,给了人们解放思想的信心,股票交易成了中国第二轮改革大潮中必然要出现的现象。

　　股市就是拿股票上市场。1986年以后,我国只允许股票一级市场存在,企业发行的股票只能被人们拿在手上,等着收红利。这年9月,上海"飞乐"、"延中"两种股票通过银行办的证券交易柜台买卖,此后深圳几种股票也上了市。人们一方面在指定的交易场所买卖股票,想在股价的变化中赚钱,同时也在"地下"炒买炒卖股票,借全社会看好股票而抬高股价,想从中获利。1990年12月19日上海证券交易所开张,接着是深圳,揭开了中国股票交易二级市场的序幕。1992年春天上海、深圳股市爆热,几个月时间,人们就传开"万元不算富,十万才起步,百万是小户,千万算大户"的说法。

投身股市发财之快,平常人听来,简直是一个现代经济神话。国务院只同意深圳、上海两地进行股票上市试点,但很多地方也都很向往这个"政策特区"式的待遇,有的不经批准就办了证券交易所,有的把企业内部发行的股票推向了市场,有的干脆就擅自向社会公开发行股票,热腾腾的深圳、上海股市消息,更成了人们睁大了眼睛盯着的东西。据统计,上海、深圳已有69家股份公司向社会公开发行股票,股份总额达84.05亿元,其中可上市交易的部分已达30.2亿元。这30.2亿元股票,也就是"原始股",经过上市交易,现在市场总值约有五六百亿元。此外,全国33个省和城市,在没有发行规划的情况下,自行批准247家企业发行了56亿元的股票。更多的企业则在积极争取跨入"股字号"的行列。

一个新的人群概念——股民,很快产生。在上海,几年时间,正式的股民就发展到50万人(上海一位大学教授估计"超过100万人是肯定的")。

中国这么多的人热衷于股票投资,使大量本来用于消费和银行储蓄的民间资金有可能直接投资于生产建设。这是一件大好的事情。有的外国证券商对这种景象真是羡慕极了。

给企业腾挪跳跃的余地。能跃上去也会跌下来。中国的任何事都要一步一步走。股票为什么会在中国的经济生活中火爆开来?答案,其实就埋在日常的经济运行过程之中。

现在归老百姓所有的钱已经超过15 000亿元。老百姓的钱,都去买东西,既不现实,又不应该。他们更应该尽量地把钱用于扩大再生产,不断创造出新的社会财富。这样,就需要有合理的办法来引导。对企业来说,股票是一笔不必还本的资金,而且它只在盈利时才给股民们发放红利,几乎等于一笔无偿拨款。企业预计的效益好,股票还可以溢价发行,发一元股票,企业可以收入三四元,哪个企业看了不欣羡。企业与自己的股民之间实际是一个"信"字在维系着。外国人说,这是股民"用脚对企业投票"。对于经营不善的企业,股民立即抛出股票,与你"拜拜",一点情面也不会讲。对多年来在政府的温暖怀抱中长大的中国企业来说,股票是把企业推向市场的一种有效办法。

一位权威人士把股票的好处概括为三点:第一,为经济增长筹集低成本的资金,分散投资风险,加速经济增长;第二,通过投资大众的监督和市场的压力,促使企业改善经营管理;第三,有利于按照市场的需要,优化资源配置,调整产业结构。

在深圳,几家股票上了市的企业——发展银行、万科公司、安达公司、金田公司,现在都有了极大的社会知名度。靠股票,它们得到了大笔经营本钱,同时也得到了大量关注它的社会公众——这是现代工业社会至为重要的信用资本。天时——改革年代；地利——置身股市试点的深圳；人和——众多热情的股民……这些个因素综合在一起，自然造就它们的成功。

长期在政府的调节下运行的中国企业转入市场调节，远非一朝一夕可以完成。股票一哄而起，与企业转换机制的缓慢速度相比，明显有点超前。个中道理并不复杂——当尚未完全转入市场机制的企业发行股票时，很难保证它把股市当做自己的生死存亡的唯一置放地。有"厉股份"之称的经济学家厉以宁在1992年春天股市大热之际，反而大声疾呼"要吹点冷静之风"，指出股份制企业股票的公开发行与上市必须经过一定的审批手续，并应符合规定的条件，才能避免不规范化的股份制企业乘着"股份制热"而挤进证券市场。

现在的股市上，确实有这类"挤"进来的企业。有的上市公司的国有股被境外的公司非法挤占，利润不实，公布的资产情况也有虚报，甚至有的注册会计师事务所也为之造假账。在这种情况下，公众利益怎么有可能得到保障？道理十分清楚：当社会对企业的管理监督机制尚未健全的时候，股民的正当收益的权利是不可能得到充分保障的；这本身就是一种莫大的风险。

修好渠才能放足水。股市规范必须一步步建立。不要让股票变成"疯狂的君子兰"。股票在我国发展这么快，两三年前，很少有人能料得到。如今，股市进入了一个大胆试验的新阶段。

股市牵动人心。它中间的一起一落，都决定着许多钱财的去向，进而又决定着许多人的命运。正因为此，政府要管一管股市，责任之重，使得一举一动不能不慎而又慎。

股票价格如此猛涨，引起研究者的关注。有一种意见认为"物以稀为贵"，因此可以用扩大股票发行量的办法来缓解人们的求购欲望，平抑过高的股票价格。决策部门注意到这种观点；但是，也有学者认为，股票不像一般的消费品，人们购买消费品是为了满足其一定的消费需求，而这种需求是可以在一定的限度内达到饱和的。所以当消费品供不应求时，只要增加供给，供求便可以达到均衡。可是，股票却不一样，大多数人买它是为了卖它，以获取超额利润，而不是为了保留它以图每年的红利，尤其是在股票市盈率很高的情况下，股民的"正常行为"必然是买到股票后，在有利时机将其迅速抛出，因此，判断它到什么地步才能算"不稀"，是一件几乎无法做到的事情。一位学者用前些年出现过的君子兰热来比拟股市现象——君子兰，当它是一种供人欣赏的花卉时，它是一般消费品，其供求决定的价格，符合一般消费品的供求规律。但当君子兰被某些虚幻的传言奉为可以获取暴利的神奇之物后，一切都变化了。当时抢购君子兰的人，花成千上万的钱不是为了欣赏它，而是企望以更高的价格出售它。是君子兰热潮中过高的流通利润，把人们卷入其中。但是，这场投机的游戏迟早要中止；一旦中止，一万元买的君子兰也许只值一两元。决策部门的一些专家指出，现在想发行股票的企业不少，但用保护公众利益的标准来衡量，能发行股票的企业没几家。特别是我国普通群众的股票知识比较缺乏，大多数买股人根本看不懂企业资产报表，股价一旦出现下跌，政府安定社会秩序的任务之大，远非常人能够想出。因此，中国的股市首先需要有保护投资者利益的立法，需要有健全的注册会计师事务所，需要有负责任的上市委员会掌握上市标准，需要能够行为自律的证券商组织……政府的决策部门正在朝这个方向作出极大的努力，踏踏实实在做着打基础的工作。股市秩序尚未建立，就贸然大量上市股票，对国家、对企业、对股民不一定有利。

在大洋彼岸，美国著名的经济学家、诺贝尔奖获得者萨缪尔逊，也注意到了中国的"股票热"。他认为，市场机制尚未发展到相当程度，股票和债券交易所不应该急于建立。我国决策部门的一些专家指出，从市场发展的一般规律来看，资本市场总是在商品市场（包括消费品市场和投资品市场）发展到一定程度之后才有可能建立和发展。现在我国商品市场还不健全，还有相当一部分商品的价格受到控制而扭曲，企业的盈利在很大程度上受到国家政策的影响。在企业经营的外部环境很不确定的情况下，不能指望股份制和股票市场能很快地发展，只能搞试点。股份制有利于实现政企分开，但是，另一方面，股份制本身并不一定就能解决经营者的自我约束机制。要解决这一问题，必须借助于市场竞争和经理人才竞争机制的形成，以及各种法律法规和各种中介机构的建立和健全。当然，这都不是一朝一夕可以做到的。经济体制改革是一个庞大复杂的系统工程，任何单项改革都不能孤军深入，股份制这种在商品经济发展到比较高级的阶段才产生和发展起来的企业组织形式，也不可能脱离其他方面改革的进程而先期获得成功。

国家体改委副主任刘鸿儒最近评论中国股市说，股份制的基本规范要与我国实际情况相结合，但不能离开基本规范，任意降低标准，搞自己的"土特产"。有些企业的股票要到海外上市，基本规范只有与国际市场统一才能对接，就像各种国际体育比赛，都必须有统一的比赛规则。

不少专家都提出了注意股市负作用的问题。必要的心理准备，有助于人们更好地投身股市。深圳在股价暴涨之后的1990年12月，曾经有一次连续9个月的下跌，不少中小股民已经隐隐约约闻见了西方股市"黑色星期一"的味道，直到1991年9月股价才走出谷底，股民重生信心。

这一段时日里，人们对报上常刊出的"政府忠告市民：股票投资风险自担，入市抉择务必慎重"的字样，有了格外深切的理解。

1992年8月中旬开始,上海股市出现过两次比较大的起伏,"上证指数"在5天中由1 005.95点跌到781.77点。初入股市的股民们,为了捞回一点血本,纷纷抛股,有人为此损失上万元。股民们自己形容说是像热天里手捧冰棍,眼睁睁地看着它化成冰水。

对沪上这次股价下跌,政府主管者表示了很大的关注。但是,股价毕竟主要是市场自发决定的。上海股市的经历,让人们看到股市上不仅仅有鲜花,而且也有眼泪,更让人们看到了股市秩序需要尽快完善的地方。从9月10日开始,上海股价又有所回升,股民的情绪也趋于稳定。

赚得起也要赔得起。闯股市并不只淘黄金。普及股票知识的"ABC"。正常的股票,也就像正常的生意,有亏也有赚,而且,并没太大的暴利。但是,津津有味说股市、闯股市的人们中,有一部分把股市当做了神奇的聚宝盆。一些听来的发财故事,引得许多人艳羡不已。大量连"市盈率"都不知为何物的人,却在梦想掏出千把元钱去买"原始股",等着让它自个儿变成几万元、几十万元……

股市最初发热,很大一个原因出在中国股市光见人赚钱、不见人赔钱。其实,股市本身并不是印钞机,它所产生的效益主要出在一个"炒"字上。有些专家指出,股市上有个重要的指标——市盈率,说的是一张股票的市值去除以每股的税后利润,世界上一般都是10倍左右,在香港最多也就是几十倍。而在我国,由于不少人以为买了股票就能发大财,股市上的市盈率已经达到几百倍,有的甚至达到1 000倍。这显然是不正常的。有专家还指出,股市上的过度投机,也容易造成货币幻觉,形成"泡沫经济",一旦股市崩盘,势必引起社会巨大震动。

股市上怕的是盲目。投身股市,要具备哪些条件,不少人尚未仔细想过。例如,炒股票需要时间,因此最好是闲暇时间多的人来"玩股"。投身股市,对如何运用自己的资金也有讲究。常人见股票趋热,就一下子把积蓄全部投入了股票,价涨便有价落时,一旦股价下跌,这往往使人陷入血本无归的窘境;另外,股价低落时,也往往是吃进待沽的好时机,手中没有后备资金,这时便只有往外抛的份,坐看旁人赚大钱。

股市,在经济生活中,像一匹不驯的烈马,力量很大,但它一旦恣意横行,破坏的力量也很大。我国现在这样刚刚恢复股票手段的情况下,对股票不施予一定的约束,股票必然会强烈地冲击正常的经济秩序。一些地方发行新股时,银行存款一般都被挤提走很多。确实,证券业本是银行业的竞争对手,在一个短短的时间里,如果银行存款向股市来一个"大搬家",那么经济秩序的紊乱可想而知,股票本身还可以溢价发行,它积聚起的资金若是无节制地流入基本建设,无形之中就会大大扩大计划外固定资产投资规模,就会引起能源、原材料、交通的新一轮紧张。中国经济应该避免不必要的大风大浪的冲击!

看起来,在继续坚决进行股市试点的同时,中国股市有可能要经过一段短暂的盘整。眼下,有大量的股份制和股票市场的规范工作需要加紧进行;国家要加强对股票市场的监督,要按国际规范组建一些监督机构,建立符合我国国情的监管体系。因此在股市发展的过程中,一定要注意总结经验,稳步前进,使股票市场能更健康地发展。

现代股市,中国经济发展所需要的低成本集资方式,市场体系中一个最高层次的市场,眼下却是一个再稚嫩不过的婴孩,我们必须慎而又慎地看护它、培育它,时日不会很远了——它在中国的建设事业中会起到举足轻重的作用!

(新华社北京 1992 年 9 月 27 日电)

惨剧真相扑朔迷离:聚焦山西繁峙金矿爆炸案

刘畅　柴继军

导言——

这是《中国青年报》关于山西繁峙金矿矿难事件刊登的系列报道中的一篇,属笔者所说的调查分析型通讯。它注重于报道调查所得的材料。进行此类灾难性事件的调查采访,难度极大。采访者和被采访的死者家属人身安全受到威胁。在这样的情势下,记者无所畏惧,坚持多方采访、仔细核实,在此基础上用事实说话,用通过采访获得的第一手材料说话,对灾难进行客观报道,做到了所言必有据,言之而凿凿。记者注意交代清楚每一个重要材料的出处,使人明了信源的可靠性。调查所得的伤亡人数远远超出当地政府上报的数字,即使这样,记者也没有站出来发表评论,然而记者的观点其实已经隐含在字里行间。这些,都是此报道值得借鉴的地方。

明媚的阳光下,乡村大道旁边的一处大院显得空空荡荡。10多名家属和幸存者仍然执著地坚守在这里。6月22日,一场金矿爆炸事故夺走了他们的亲人。6月28日,许多死者家属都在"私了"协议上签了字,带着2.5至6万元不等的"赔偿费"离去了。而这10多名家属流着眼泪依旧不肯离去,坚持要"最后看死者一眼"。

6月22日15时左右,山西省繁峙县义兴寨金矿松金沟矿井发生一起爆炸事故。6月23日,繁峙县人民政府报告称"死亡两人,伤4人"。而幸存者坚持说"远不止这个数"。当记者赶到繁峙县时,有人一直在驻地"盯梢",外出采访时,服务人员、死者家属都不停地叮嘱记者:"有人跟踪,注意安全。"

这一切,使得这起金矿爆炸案显得很不寻常。

爆炸:一个非常时刻

6月22日,松金沟矿井共有117名工人下井。事故发生前,有20名工人回到地面。13时左右,井口电缆发生短路,冒出刺鼻的白烟。这时,井下有工人要求上来,但当班的工头大吼:"不准上来,谁上来,就把他扔下去。"

之所以如此,幸存的工人们解释说是为了"抢进度"。

田正遥,陕西省岚皋县官元镇古家村人,今年39岁。今年四五月间,他和弟弟田正兵来到这里打工。据他回忆,6月21日和22日,这个矿井共运来170件炸药,每件炸药重24公斤。这样,就有4 080公斤炸药被运进矿井。据介绍,按照常规,这些炸药应储存在地面。6月21日下起瓢泼大雨,22日又是一个阴雨天,这些炸药被违规存储在矿井里。

一个多小时后,爆炸发生了。6月28日,记者在现场看到,还有工人往矿井外搬运炸药,清理现场,爆炸的炸药仅是存贮炸药的一部分。

当时,爆炸产生的浓烟,迅速向井下蔓延,许多人因此窒息。幸运的是,田正遥等20多人在地下一个出口逃生,但是,当他回到地面,怎么也找不到32岁的弟弟田正兵。4个小时后,浓烟散尽,他走下矿井寻找弟弟时,意外地发现一处矿井里有18个人死在了一起。但他没有找到弟弟。

遇难者:神秘"消失"

夜里,依然下雨。子夜时分,工头开始指挥一班人搬运尸体。陕西民工何永青也加入了这一行列。他回忆,井下巷道是完整的,许多死者都嘴角流血。大哥何永春和一个堂弟都在这里。

凌晨4时,工头大喊:"天快亮了,快点。"这一夜,何永青亲手搬运了24个死者,自己触摸过的,还有8人。

据田正遥说,当时,一辆北京吉普车,将座位卸了下来,尸体一直堆到车顶棚,共装了9人。还有一辆车是黑色的客货车,尸体一层层"码"上去,高度都超过了汽车后挡板。

据多位目击者证实,工头当时不准任何人问这些死者"运到哪里"。

第二天,有工人下去,将井内现场全部"破坏"了。

据介绍,爆炸事发后,了解这一情况的金矿工人,每人发了1 300元后被遣散。

爆炸的真实情况,则处于严格的"保密"中。

家人追问:亲人在哪?

来自陕西岚皋、旬阳两个县的死者家属,向记者提供了一份名单,上面共有29个死者的名字。这个名单是他们聚集在一起共同收集的。据他们反映,由于金矿将家属严格分开,仅有两个县的家属居住在这里,其他地方的死者家属被安置在了其他地方。他们说,这份名单并不完整。

对于家属看一看亲人遗体的要求,金矿的态度十分坚决:"见死者是不可能的",还有人威胁家属:"放聪明点,赶紧拿钱回家,否则,你根本走不出繁峙这地界。"

很多家属极为害怕,甚至向记者寻求保护。记者采访时,也有一脸凶相的人在旁监视。为此,记者郑重地向中共繁峙县委常委、办公室主任丁文福反映了这一问题,他用手机向有关领导进行了汇报。但家属那边依然不断打电话给记者,要求"保护我们的安全"。

事故发生以后

6月28日,中共繁峙县委常委、办公室主任丁文福和相关人员接受了记者采访。他说,6月22日17时25分,县里接到砂河镇的报告,称义兴寨金矿发生了爆炸事故。县委书记王建华、县长王彦平等赶到现场,并决定对整个矿区进行停产整顿、疏散作业人员,"确保不漏掉一人,不留一处死角,不放过一个细节"。

6月23日零时,忻州市副市长杨晋生带领市政府办公厅、市安全监察局、市公安局、市地矿局等单位负责人赶到,听取繁峙县委、县政府的汇报,并要求将事故情况迅速上报,由公安部门对死亡、受伤人员进行"伤亡鉴定"。

这时,正是工头指挥矿工下井向外偷运尸体的时候。

6月23日凌晨1时30分,根据杨晋生副市长的指示,繁峙县成立了事故调查组,组长是县长王彦平。就在当天,繁峙县人民政府向市政府交了《关于"6·22"事故的情况报告》。报告说:"经初步查明,井下作业人员40人,死亡两人,伤4人,其余34人安全撤离现场"。

今天,接受记者采访时,繁峙县委常委、办公室主任丁文福改口说,当时的调查结论是"死亡情况不明"。

繁峙县政府报告称,一天之内,为了金矿抢险,出动警车29辆,警力116人次。丁文福主任说,为了调查这起爆炸事故,又出动了警力80人次。但是,众多死者家属和幸存者表示,没有见过出具官方身份证明的人来调查。

后来,有人将情况直接反映到国家安全生产监察局。6月26日,该局领导作出批示,对此事进行调查。

6月28日,国家安全生产管理局派员赶到繁峙县,开始了正式调查。

(2002年6月29日《中国青年报》)

为什么是解振华?

苏永通　许峰　吴晨光　吴娟

导言——

松花江重大水污染事件发生后,国家环保总局局长请辞并获批准。该作就"为什么是解振华"这一问题,进行采访和报道,可谓调查分析并重。灾难发生时,记者不管在不在现场,通过调查采访掌握第一手材料显得十分重要。而要回答标题所提出的问题,一般地报道采访所得的材料就远远不够了。记者带着问题进行采访,又引用知情者以及有关专家和权威人士的意见来对原委加以分析,其中包含了记者自己的思考。这就构成了毋庸置疑的说服力。再则,报道中大量地使用背景材料,不仅能使作品增加厚度和力度,同时也能为受众作出分析判断提供帮助。

埋单:为"轻敌"? 为失察?

吉化公司双苯厂上空腾起蘑菇云的那一刻,解振华并未意识到:他的政治生涯会因此突变。事发当天,这位56岁的国家环保总局局长像平常一样,在北京西内南小街115号从容地批阅着文件;而在11月14日——爆炸后第二天,环保总局官方网站披露了他出任该局"依法行政领导小组"组长的新闻。

但污染不会因人的轻视停止脚步。双苯厂距离松花江只有500米,还有排污管道与之联通。爆炸产生的苯、苯胺、硝基苯等污染物,将混在废水中侵入大江,总量约100吨。"化工厂距离水源太近是污染的最直接原因。"环保界人士评论说。但10月29日,解振华授予21家单位"国家环境友好企业"称号,肇事者中石油吉化分公司名列其中。

长约80公里的污染带顺水而下,速度是每小时3公里。它流过了舒兰、松原、双城等10余个市县,直逼拥有900万人口的哈尔滨。苯及其衍生物是生命的杀手——

致癌、致畸形、致基因突变,并会伤及人的中枢神经、组织器官及造血系统。

吉林省环保局提供的资料显示:在11月13日下午——爆炸5小时后,省环保局以"重要信息快报"的形式,将事故情况上呈总局值班室。由于当时检测数据尚未最终确定,也就没有数据报告。

另据吉林省环保局称:11月14日晚7时左右,省环保局又以"专报信息"的形式将污染情况通报总局。在总局一位副局长的坚持下,此事在当晚又上报国务院。15日晨,一位副总理对此做出重要批示。但此时的解振华似乎还没有觉察事态的严峻,只派了一个专家组赶往现场。直到17日,国家环保总局的应对措施仍未出台。

"这个通报过程是有据可查的,我们尽到了责任。"吉林省环保局一位人士说,他向记者展示了相关文件。

但在12月1日召开的环保总局电视电话会议上,总局副局长王玉庆将过错归结于地方环保部门的瞒报:"11月14日至17日,在松花江污染事故发生后的若干天里,我局没有接到吉林省环保部门关于这起事故的信息,错过了解除污染隐患的最好时机。"

由于环保总局的高级官员均不愿接受采访,针锋相对的两个观点无法得到最终验证。但总局一位人士曾对《第一财经日报》称:"老解确实有点麻痹大意了。他太相信地方上的人了,以为事情并不大。"

关键时刻权威失语

11月21日,哈尔滨宣布即将停水4天时,解振华又一次错过了机会。

吉林石化一度称"爆炸没有造成污染",但公众对此深表怀疑——他们寄希望于国家环保行政主管部门的权威说法,因为它可以超越地方利益。但直到23日,冰城民众为水打破脑袋时,环保总局才召开新闻发布会,直面污染事件。此时距爆炸已经整整10天。

中共中央办公厅、国务院办公厅在12月2日发布的通报中称:松花江重大水污染发生后,环保总局作为国家环境保护主管部门,对事件重视不够,对可能产生的严重后果估计不足,对这起事件造成的损失负有责任。为此,解振华向党中央、国务院申请辞去国家环境保护总局局长职务,这一请求获得党中央、国务院批准。

一系列先兆预示解振华这位"老环保"即将"下课"。最明显的例子是,11月26日,温家宝总理到哈尔滨察看松花江水体污染情况,作为主管环境保护的最高官员,解振华没有陪同。另据《21世纪经济报道》披露:11月28日,周生贤已经到环保总局上班。周生贤此前任国家林业局局长,与解振华同龄。12月2日,新华社宣布了他"接班"的消息。

解局长去职的消息公布后,有人提出疑问:同样是中石油造成的事故,为什么2003年12月23日重庆开县井喷后,辞职的是中石油老总马富才,而这次却轮到了环保总局局长?一位政治学者解释说:"井喷中死亡243人,2 400多人受伤,是安全生产事故，主要责任在企业内部；而双苯厂爆炸只有5人死亡，造成的危害集中在环境上。"

国际压力

污染带在不断前行。专家估计：在12月10日前后，它将进入黑龙江——那是一条国际河流，中国与俄罗斯的界河。对岸的人称之为"阿穆尔河"。而在12月15日之前，污染带可能抵达俄罗斯城市哈巴罗夫斯克。

在位于哈巴罗夫斯克的指挥中心，俄紧急救援部派出了121名工作人员，调运39台技术设备，其中包括两架飞机和18台专用车辆。指挥中心决定：在污染带抵达哈巴罗夫斯克后，城市停止供水的最长期限为3天。据俄地方新闻社报道，在宣布进入紧急状态后，哈巴罗夫斯克、共青城、阿穆尔斯克3个城市的151所中小学、136个幼儿园与学前班将全部关闭，536家食品加工企业也将暂停营业。

俄罗斯官员对中方处理结果表示关注，有关组织希望中国重视生态保护。11月26日，中国外交部部长李肇星约见俄罗斯驻华大使拉佐夫，代表中国政府对此次污染事件给俄罗斯人民可能带来的损害表示歉意。另据国家环保总局官方网站介绍，联合国有关部门对这次污染也表示关注。

"解振华的辞职也是迫于国际压力。"中国政法大学教授王灿发说。作为负责任的大国，在发生影响其他国家安全的事故后，中央政府应该有人承担责任。一个先例是SARS事件，卫生部原部长张文康因瞒报疫情遭到世卫组织批评，最终被免去职务。

事件公开后，中国每天即时向俄方通报水质情况和监测结果。12月4日，温家宝总理就松花江水污染事件致信俄罗斯总理弗拉德科夫。温家宝总理介绍了中方已经并正在采取的措施，表示中方对此次污染持负责任的态度。12月5日，中方无偿提供的150吨净化活性炭运抵哈巴，同日到达的还有6台色谱仪——它可以快速监测苯类污染物。俄总统远东联邦区副全权代表尤里·阿维利亚诺夫说："俄罗斯有可以对水质进行分析的监测设备，但检测要一天多时间。而使用中方提供的色谱仪，20分钟内就得到结果。"

11月30日，已经接到"同意请辞"通知的解振华主持召开会议，要求努力把松花江污染控制在中国境内。"松花江污染事件事关两国人民的饮水安全，"他说，"环保部门要以对人民负责、对邻国负责、对生态环境负责的态度，努力做好污染监测、防控和生态评估及修复工作。"

根据11月29日专家组提出的松花江生态环境影响评估与修复方案，解振华提出了3点意见。除每天向俄方提供污染最新信息外，还要采取堵截、投放活性碳等一切措施，尽力将污染堵截在国门之内。

这是他在总局局长的位置上主持的最后一次会议。

而解振华最后一次以总局局长身份露面是在 30 日晚,"2005 中国环境文化节开幕式暨绿色中国颁奖典礼"现场。当他看到坐在前排的"2005 年度绿色中国年度人物"、太原市环保局局长梁丽明时,马上前倾大半个身子,和梁丽明握手。当晚,解振华一直把颁奖典礼看完,始终面带微笑。

"老环保"的过去和未来

从出任局长到去职,一共 12 年;为环境奋斗则有 23 载。因此,解振华被媒体称为"世界上最资深的环保局局长"。

"他把环保的'冷板凳'坐热了。"《中国青年报》评论说。在其任内,国家环保局于 1997 年升格为"总局",位列正部级单位;今年的首场新闻发布会上,总局向媒体通报将叫停 30 个违反环评法的建设项目——总投资为 1 179.4 亿元。此后,解振华和他的同仁又曝光了 46 家没有配套脱硫装置的电厂,这些雷霆手段一时被称为"环保风暴"。"环保部门要有为才有位。"解振华常用这句话激励属下。

颇具戏剧性的是:今年 8 月底,解振华描述了今后一个时期中国环保工作的重点任务,"以饮水安全和重点流域治理为重点,加强水污染防治"成为首要目标。2004 年 4 月 26 日,他曾经坐上黑龙江省环境监测中心站的监测船,了解松花江水质的采样工作。"松花江不仅是哈尔滨的母亲河,它的水质状况更关系到沿江、黑龙江和吉林几千万百姓的身体健康,保护好它是我们环保工作者的责任。"在现场,解振华对当地官员说。

"这些年来,他把全部的身心都投到环保事业上。"12 月 3 日,全国人大常委会副委员长许嘉璐对媒体称,"但中国政府对官员的要求是很高的,如果工作出现了重大失误,在去留问题上,功不能抵过。"

而在同事的印象中,略显秃顶、戴着眼镜的解振华是一位学者型官员。武汉大学环境法教授肖隆安证实了这个说法,他是解振华的硕士研究生导师,并担任着国家环保总局的法律顾问。

解振华 1977 年从清华大学工程物理系毕业,1993 年拿到了武汉大学研究生院环境法研究所的硕士学位——当时,他已经升任国家环保局局长。"他是个认真的学生,尽管很忙,但基本不缺课。"肖隆安回忆,"也许是位置特殊,他很少流露出个人色彩的东西,给老师的感觉是公事公办。除了课堂之外,其他时间基本见不到他。"

局长的硕士论文题目是《中国环境立法研究》,通过了肖教授和中国法学泰斗韩德培等专家的答辩。活学活用的风格即刻体现出来,毕业后他召开会议,强调环境立法的重要性。

肖隆安对学生的引咎辞职既遗憾又赞许:"这是勇于承担责任的表现。"大部分媒体阐述了相同观点——部长级领导能这样自律自责,体现其"官德高尚",体现了中国政府正向"责任政府"的方向转变。反思者则认为:《党政领导干部选拔任用工作条例》第59条虽已明确了引咎辞职的定义及适用范围,但实际上践行这一条例的官员还不多见,像解振华这样的领导更是凤毛麟角。

"解振华还有东山再起的机会。"中国人民大学毛寿龙教授说,"他虽然在政治上承担责任,但在行政上并没有受处分,而行政上的处分对于未来升迁最有影响。现在对事件有所交代,他的政治形象未必受到伤害。"

中石油前总经理马富才曾因重庆开县井喷事故引咎辞职。今年5月——他辞职一年后复出,任国家能源办副主任。他的经历与解振华颇为相似,都属于业内资深人士、知识型领导人。而马富才在赋闲期间也没有耗费光阴,一直在技术层面为中石油出谋划策。

何况,官至正部级的解振华只有56岁,65岁才是这个级别的退休时间。

问责在继续

下一个问题是:谁还将成为污染事故的埋单者?

12月5日下午3时30分,位于松花江右岸边的中石油吉林石化分公司总部异常紧张。二楼会议厅里,出现"挥泪斩马谡"一幕。

中石油领导充分肯定了吉化公司历年来所取得的成绩,但"鉴于事故后果的严重性和目前的情况,经慎重研究",决定免去在爆炸事故中负有主要领导责任的吉林石化分公司总经理、党委书记于力的职务,于力还将接受国务院工作组和吉林省事故调查组的调查;任命辽阳石化分公司原总经理兼党委书记沈殿成为吉林石化分公司总经理、党委书记;并责成吉林石化分公司免去对事故负有直接责任的双苯厂厂长申东明、苯胺二车间主任王芳的职务,接受事故调查。

相对于中石油系统,吉林市乃至吉林省在这场问责风暴中较为平静——12月1日,吉林省有关负责人曾赶赴北京,向国务院领导说明了该省在这次事故中的作为。

对外界诟病的"吉林利用辖区内的丰满水库调节流量,使得受污染的水体加速流向下游的哈尔滨",吉林方面给出的答案是:调流量是东北电网公司作出的决定,害怕苯溶解在水里,通过流量加大,把苯团打开。

但一个事实是,今年7月投产的双苯厂没有预测一旦出现爆炸,这些苯该转移到哪里?导流池的缺乏导致爆炸发生后,多辆泡沫车、水车先后灭火,结果100吨苯全随水流入了松花江——这个厂子的顺利投产该由谁承担责任?

"地方环保部门又没有参与环评的权力,而地方政府对能够拉动经济增长的中央企业总是一路绿灯。"吉林市环保局办公室的一位人士抱怨说,"如果拿这个问责我们,真是无可奈何。"

目前,吉林省安全生产监督管理局牵头的调查组初步得出结论:是工人操作不规范引发的爆炸。而国务院工作组和吉林省调查组对于事故发生的原因正在做进一步分析,吉化的职工则介绍,投产后的双苯厂没有进行过完整的检修。

吉林省也在等待事故原因的最终结果。"排污口是不是离松花江过近？新厂竣工验收中有没有行政不作为？一旦涉及吉林省方面，肯定也会追究责任的。"吉林省纪委法规室一位官员说。但他们目前还没有这方面的工作安排。

（2005年12月8日《南方周末》）

研究与思考

＝延伸阅读＝

1. 梁　衡：《看稿手记》之一：《遭遇"盲稿"，半夜三更找眼睛》，《新闻战线》2000年第11期；之二：《勿因小巧失大真》，《新闻战线》2002年第9期；之三：《把握准多棱镜的那一道棱》，《新闻战线》2002年第11期；之四：《内核外延说通讯》，《新闻战线》2004年第3期。
2. 王君超：《是耶非也"新华体"》，《报刊之友》2002年第4期。
3. 杨树弘：《好新闻的九道"穴位"——读普利策新闻奖获奖作品随记》，《新闻与写作》2007年第4期。
4. 许向东：《新闻文体：不断创变的新闻报道样式》，《新闻与写作》2009年第5期。

＝问题与思考＝

1. 如何认识新闻文体的特点？
2. 试比较通讯与消息写作的异同。
3. 成功的报道，必须遵循哪些共同规律？
4. 如何理解新闻文体的大致可分性、边界的模糊性和变动性？

第二章 提炼主题

导 论

主题是文章的灵魂,当然也应当是新闻报道及新闻评论的灵魂。要把新闻写好,确立和提炼主题的工作十分重要,但这一项工作又是必须建立在通过深入调查采访、掌握大量真实可靠的材料的基础上的。

一、主题的涵义

主题,就其本质而言,是作者在文本中通过所写的内容所表达的统摄全篇的理念,是作者最想通过语言文字或图像表达的意思。它是整个文本的灵魂,是全部素材、语言文字或图像的凝聚中心,对整个文本起着统率的作用。主题所体现的,是作者在对素材烛照的基础上形成的思想,是对题材的理解和驾驭。

二、相当一部分新闻作品需要有主题

在文学范畴中,主题是一个常用的重要概念。事实上,无论是鸿篇巨制还是精微短篇,文学作品都是有主题的。当然,在各类文学作品中,主题的形态各不一样:有的比较明显,有的则较为隐蔽;有的呈单一之状,有的则包含多个主题。

那么,在新闻作品中需要不需要、存在不存在主题呢?对此问题,不宜作一概而论式的回答。

有些短消息,只是客观地传递社会生活中一相对简单的事实或信息,或仅仅是传播自然界的某一现象,在这种情况下,则未必表现或隐含什么主题。但以社会生活为题材的长消息,以及绝大多数通讯和全部新闻评论,都存在着主题,也都需要有主题。通讯作品有主题,在这一点上,它与一些篇幅短小的消息有所不同。通讯如果没有主题,会带来两个后果:一是文本失之松散,二是立意失之肤浅。

相当一部分通讯的主题,在标题中得到了直接的体现(标题即主题)。例如,由穆青、冯健、周原撰写的通讯《人民呼唤焦裕禄》,中国新闻奖获奖作品《"分"出来的"合力"》、《在历史灾难中实现历史进步——2010年中国灾难警示录》。《人民日报》所刊发的一篇报道,标题为《21天跑20个城市"推销"学生,东北师范大学就业指导老师/你与工作隔座山,我来帮着搬》,标题中的正题也就是主题。

长消息的主题,往往就包含在标题和导语之中,如《天安门事件完全是革命行动》

（既是对事实的报道，又体现了一种真理性的理念和判断）、《青藏铁路：世界屋脊上的钢铁大通道》等等。

新闻评论中的主题，其实就是作品中的论点，而论点有时就是评论的标题。《人民日报》海外版评论《中国不是中东》，人民网舆情监测室撰写的网评《对话"意见领袖"——善待网民和网络舆论》、《人民日报》评论《选择，凝聚在信仰的旗帜下——写在中国共产党成立90周年》，或正题即主题，或副题即主题。

电视媒体播出的节目形态中，有电视消息和专题等，而专题则相当于报媒的通讯。浙江电视台的《温州：让民间资本回归实体经济》，是标题即主题的很好的例子。

三、主题从对采访所得材料的审视和提炼中得来

这是新闻报道的主题与其他文体的主题有所不同的地方：主题从对通过采访所得的材料的观照、审视和提炼中来。记者采访所获得的材料，是新闻报道主题形成和提炼的基础与凭借。新闻报道的主题，不是脱离事实悬空而生的，而是从对采访所得材料的开掘、提炼而来的。新闻报道的主题，又不是在新闻生产过程中自然生成的，而有赖于记者在采访的基础上对新闻事实进行审视并从中确立和提炼主题。

四、主题求新、求深

（一）主题求新

确立和提炼主题，须体现新颖感。这要求记者在观照通过采访获得的素材时，凝神思索，有自己独到的感悟和见解，体现出不与他人的作品主题重复、也不与自己过往的作品主题重复这样一种追求。独到的感悟和发现从何而来？由胜人一筹的发现能力而来。20世纪80年代中期，在党中央倡导加强精神文明建设之际，《哈尔滨日报》刊登了通讯《一个青年个体户说："我们穷得只剩下钱了！"——精神文明建设备忘录》（刊载于该报1986年12月20日），表达的是精神文明建设与物质文明建设之间存在巨大反差的主题，让当时的受众感到眼前为之一亮。这是人们心中有而笔下无甚至心中尚未想到的一层意思，一经点破，受众就会点头称是。《羊城晚报》记者在全国媒体对农村改革所作报道中，独树一帜，刊发了题为《大寨人也不吃大锅饭了》的消息，作品所确立的主题，以新颖别致而胜出同类报道一筹。特定记者的想象力和发现力都值得称道。

（二）主题求深

通讯的深刻的主题，不停留于事物的表层，而每每揭示了事物的本质，因而具

有穿透力和启发性。新华社记者撰写的通讯《在痛定思痛中浴火重生——从瓮安之乱到瓮安之变警示录》,直面瓮安之乱、之痛,表达了这样的主题:"人民,是我们党的根基所在、血脉所在、力量所在。如果根基动摇了,血脉割断了,大地之子'安泰'还会有无穷的力量吗?"这虽然并不是难懂的道理,却是朴素而又深刻的真理。而问世于20世纪90年代初,由穆青、冯健、周原撰写的通讯《人民呼唤焦裕禄》,针对当时的各种社会乱象,针砭时弊,大声呼唤焦裕禄和焦裕禄精神,发出了振聋发聩的时代强音。作为站在时代前列的思想者,记者们在该篇通讯中表达了深邃的主题。

诚然,通讯的主题所表达的是记者的认识,但这种认识既不应脱离事实,也不应游离事实,更不应违背事实。它是记者在反复审视、专心烛照采访所得材料以后获得的。叙事记述型通讯的主题,通常不是记者通过文字直接点出来的,而是通过对人和事的叙写而得以表达的;而调查分析型通讯,是在陈述调查所得材料的基础上,在对此进行分析的过程中使主题得以呈现的;访谈实录型通讯,主题是访者在与谈者的交谈中得到显现的。

被称为改变了中国MBA命运的通讯《命运备忘录——38名工商管理硕士(MBA)的境遇剖析》,写作的缘起是中国青年报社接到了一封求援信:MBA——SOS!但通讯不是仅仅关注这群人的工作安排,而是直面优秀人才的命运,直指背后僵化的人才制度。这样的立意,就比就事论事的立意要深刻和高远得多。此文一出,产生改变中国MBA命运的效果,完全在情理之中。①

(三)求新、求深的过程是不断提炼的过程

报道的主题,是记者根据采访所得的素材确立的,在此基础上要通过不断提炼加以深化。20世纪90年代初期,河南上蔡发生了这样一个新闻事实:新华书店一年售出地图17 500幅,购买者是农民。买回地图的农民,在自己家的中堂位置上,取下神像换上地图。根据上述新闻事实,可以确立和提炼不同的主题:(1)新华书店经营有道,创造地图销售的历史新高;(2)以往对地图没有需求的农民对地图有了较大需求,这表明农民文化素质的普遍提高;(3)地图在上蔡县的热销,折射出农民理念和思维方式的转变、人生视野的拓展和生活水平的提升。《中国青年报》记者正是确立和提炼出了第三个方案的主题,从而显示出了毋庸置疑的新颖性和深刻性。

---

① 请参见《1987命运备忘录:改变了中国MBA"命运"》,http://bbs.tqedu.net/thread-64261-1-1.html。

选文(著述)

浅析新闻报道主题发掘的思想意义

袁 媛

导言——

选自《新闻爱好者》2012年第18期。该文提出了从五个方面发掘主题的见解,分别是:着眼新闻事实的重要性,发掘主题;着眼新闻事实的新鲜性,发掘主题;着眼新闻事实的普遍性,发掘主题;着眼新闻事实的尖锐性,发掘主题;着眼新闻事实的典型性,发掘主题。这些见解,值得重视。

一条新闻,有没有新闻价值,不仅仅在于新闻事实的大与小,更重要的在于它的思想意义,在于记者在报道中提炼出来的中心思想如何,在于新闻的指导意义和舆论导向作用如何。所以,主题是新闻的灵魂。发掘出选题的思想意义,是记者从感性认识到理性认识的飞跃过程,是记者对新闻价值的深入开掘过程。在依据新闻素材"去粗取精、去伪存真"提炼主题方面,笔者提出从10个"着眼"发掘主题的思想意义,与新闻同行们共勉。

1. 着眼新闻事实的重要性,发掘主题

要选择那些具有决策性、方向性和对全局有一定影响、有一定政策思想高度的主题。比如题为《寄去一张贺年卡 吹来一阵廉政风 睢县教育干部过年先过廉政关》的消息,在商丘人民广播电台《商丘新闻》节目播出后,引起了全市各级领导的高度重视,商丘市委、市纪委召开了现场会,推广他们的经验,各县(市、区)纷纷效仿睢县"寄去一张贺年卡"的做法,过一个廉洁自律的"年关"。这个新闻素材的"重要性"就被开掘出来了,新闻就有了指导性。

由此可见,能不能挖掘出选题的重要性,取决于记者的思想水平,取决于记者的立足点,同时也取决于记者敢不敢在重大题材的"响鼓"上下重锤,从而敲出时代的强音。这既是记者个人的"经验之谈",也是许多优秀记者成功实践的经验总结。

2. 着眼新闻事实的新鲜性,发掘主题

一个题材能不能构成新闻,关键在于这个题材新不新,或新问题,或新事物,或新观念,或新习惯。如2008年春天,我们采写的《梨花依旧笑春风》的报道,表现的就是在深入采访、深入开掘中发现的关于宁陵县发展万亩酥梨特色产业的新问题。该县每年都举行梨花节会,但是那年的梨花节会上展示的却是传统"谢花酥梨"之外的诸多成熟后具有色鲜、个大、酥脆、易储等特点的优良品种。正所谓:新闻全靠一个"新"字,记者要善于从"年年岁岁花相似"中抓出"岁岁年年花不同"的新东西,紧紧围绕创"新"开掘主题,你就不会放"马后炮",而且会从"平常事"中写出"不寻常"的好新闻。

3. 着眼新闻事实的普遍性,发掘主题

新闻的指导性寓于普遍性之中,我们衡量一个选题有没有新闻价值,必须从全局出发,看它有没有普遍意义。如我们所采写的《古镇一条街 几家不养爹》这条新闻,说的是宁陵县千年古驿站阳驿集镇上6对因儿女不孝搬到村头居住的老人,经过党和政府的弘扬中华民族的传统美德教育,其儿女们向爹娘真诚致歉,并热情地从地头茅屋接回家安度晚年的事儿。当时我们在该县采访中无意听村民们说出了这条线索,就马上去阳驿乡采访这条新闻。记者对这个事件之所以感兴趣,就是因为这个事件具有普遍性。老百姓说:"村头有间房,不是爹来就是娘。"这种发生在广大农村的"多子不多福"现象非常普遍。所以,记者一听说这个线索,就立即前去采访并以最快的时间播发报道,达到弘扬中华民族传统"孝"德之目的。

4. 着眼新闻事实的尖锐性,发掘主题

记者在新闻选题中要敢于揭露矛盾,敢于尖锐地触及热点、焦点问题,使新闻选题具有较强的针对性。比如《风雨之后过汤庄》的报道,我们就抓了一个受灾严重的涝灾村无人帮扶麦播的典型。2003年秋天,记者驱车下乡采访麦播进度,车过睢县城南5公里处汤庄地段,只见公路两旁风雨之后一片汪洋,地里除少数趟水抢收秋作物的村民外,未见前来组织排水救灾抢种小麦的乡村干部。记者就此问题现场采访村民,当地群众气愤地说:"小麦种不上我们很着急,干部也没人过问!"我们把这个典型很快报道出来,引起了市委、市政府领导作出批示,严厉批评了个别基层干部对于群众疾苦不闻不问的软懒散作风,并要求对于麦播进度和干部的在岗情况加强督查和汇报,促进了麦播工作的顺利完成。

因此,记者对于群众议论或反映强烈的问题,要认真采访和高度重视,不怕问题尖锐,要有针对性的积极慎重的加以报道。所以,选取尖锐性的题材,不光是个能力和技巧问题,就是说发现了焦点问题敢不敢去抓、敢不敢去如实报道,更重要的是一个记者的胆识问题。

5. 着眼新闻事实的典型性,发掘主题

我们在衡量一个新闻事实有无价值的时候,要看一看这个事实有没有典型性。要学会从一点突破,一滴水中见太阳,半瓣花上说人情。比如我们所做的《开展"春蕾计划"培育巾帼英才》、《饲养蛋鸡十八万 家家户户有钱赚》、《农家院里的笑声》等新闻,就是从一件毛衣、一只鸡蛋、一个农家小院等入手,抓住一个典型事例或一个典型细节,来反映一个较大的主题。从某种意义上说,只要抓住典型性,于细枝末节中找出题材的思想含义,题材虽小,同样可以反映大的主题,这就如同"万花筒",聚孔虽小,但却能看到"百花齐放"。

6. 着眼新闻事实的特殊性,发掘主题

所谓"特殊性",就是所采访的题材必须是具有鲜明特点的"这一个"。抓住了人物、事物的特点,主题也就自然突出凸显出来了。如我们报道的《冬天里的春天》,写的是"一场瑞雪过后,豫东大平原上银装素裹。记者来到号称'中州第一棚'的宁陵县农村采访。广阔的田野里,果真是一个偌大的塑料温棚世界。我们看到在一座座温棚内生长着鲜嫩的黄瓜、辣椒、茄子等绿色食品,亲临其境,暖意融融,给人们以冬天里的春天之感"。这本身就是一个新鲜题材。在一些人看来似乎寻常、司空见惯的新闻题材,只要下工夫抓住其特点,找出思想含义,就有可能于寻常中发掘出不寻常的意义。

7. 着眼新闻事实的连续性,发掘主题

事物是动态的、发展的,记者选题也要有动态意识、追踪意识,抓住连续性,不断选出新题目。体现连续性,就总体上来说,就要有连续的意识。比如:像学习雷锋同志的新闻,年年3月5日前后都要进行报道,但要年年都搞出新意来,需要记者在新闻事实的连续性上做文章,细心发掘主题,努力写出新意。例如:记者写的《像雷锋那样做人》的新闻稿件,写的是正营职干部、"沈阳军区学雷锋标兵"巩克明同志转业到地方担任乡邮电所工作,"像雷锋那样敬仰事业,在普通一兵的位置上为人民服务,不讲待遇;不讲享受;不讲辛苦"的先进事迹,赋予这一年年"例行"宣传的"学雷锋"报道以新意,让读者与听众有"今年春光胜往年"之感。

笔者认为,事物在发展,跟踪的连续报道只有选不同题材、写不同的文章,才能不失为新闻选题中的"一锤子买卖",使文章常写常新。

8. 着眼新闻事实的科学性,发掘主题

说到选题的科学性,记者想起了一个通讯员写的一篇《背爹治病》的新闻故事,说的是:一个乡村的年轻小伙子深夜背着突发急病的爹爹到30多里外的县城医院治病的动人事迹。要说生动,这个故事确实有几分生动性,但这个事能宣传吗?我说不能,因为它不科学。宣传出去会说我们国家缺医少药、交通不便,甚至会说明社会不和谐、邻里不和睦,才导致其独自背爹到县城治病的,因此说这样的选题是不科学的。

所以我们在确定一个新闻选题的时候,不妨先问问自己:这个新闻选题科学吗?千万不能由于思想认识的片面性而导致选题定性的片面性。

9. 着眼新闻事实的随机性,发掘主题

这里所说的随机性,指的是要在新闻采访的过程中随时发现新的题材,在不是进行专门采访的时候处处留心,随手抓住新闻线索。记者的新闻敏感许多时候表现为一种灵气,一种随机应变抓新闻的能力。我们所做的许多有点意思的新闻,都是"顺手牵羊"、"无意插柳"的意外收获。说是意外,实则是平常留心的结果。比如:2009年,记者在宁陵县采访新农村建设时,无意中发现一辆商丘市人民医院的救护车,到乡村接一位患者去市医院手术的事情,经了解得知是中央储备粮商丘直属库职工刘晓正,其两岁的儿子刘硕患先天性双侧宽关节脱位病症,股骨头长位异常,压制走路,如果不能及时治疗,长大后就会下身全瘫。但是,如果去北京做第二次手术,资金还差得多。单位领导得知此情况后,积极地为小刘硕捐款,并联系北京的专家,趁来商丘坐诊的机会为小刘硕做手术。我们采写的这篇题目为《笑声绕着田野飞》的新闻故事,就是属于这种随机性选题。此类报道有的是现场发现,随时采访;有的是路边新闻,顺手拈来;有的是邻里闲话,随听随抓。这正是:无意插柳柳成荫,处处留心皆新闻。

10. 着眼新闻事实的逆向性,发掘主题

因为宣传上常常出现一种倾向掩盖另一种倾向的情况,所以这种逆向性开掘就显得格外重要。这就像攻山头,正面攻不破,有时候从反面一攻,事半功倍,效果特别好。一般都是爹教儿女当家理财,我们就来他个《女儿"掌权"全家福》;一般地方评比都是上级评比下级,我们偏偏采写一篇《干部谁能干 群众说了算》;一般的打工妹都是以务工为主,我们来他个《外出打工妹 回乡当老板》。这种新闻选题上的反道而行,正题反做,或者叫"反弹琵琶",需要机智和功夫,题目一旦选出来,往往出佳品,成好新闻。

"文章千古事,得失寸心知。"新闻的选题过程,是一个艰苦的智力运筹过程,一个好的题材,总是"千呼万唤始出来"。没有那种"众里寻他千百度"的不懈追求,没有那种"吹尽狂沙始到金"的艰苦劳动,就想得心应手,恐怕世界上没有那么便宜的事。

(《新闻爱好者》2012年第18期)

新闻发现力:一种历史性概括

刘海贵

导言——

选自《西南民族大学学报》2006年第6期。下文从四个层面分别考察了新闻发现力的内涵:判断力、挖掘力、鉴别力、预见力。在此基础上,作者指明了新闻发现力的培养方法和途径,即高度的责任感,强烈的探究欲,广博的知识面,密切的关系网。这是一篇紧密联系实际、体现了作者的真知灼见和对于实践的指导意义的学术论文。

人类发展史实质是一部人类发现史。任何一个伟大的发现，均会产生巨大的动力，继而推动人类社会的发展。人类所创造的物质文明和精神文明的成果皆源于发现，一切事物都有着发现、发明、发展的规律。因此，从这个意义上说，优秀的新闻作品皆首先来自于发现，一个杰出的新闻工作者也必然是一个杰出的新闻发现者。

经过探索、研究，看见或找到前人、他人未发觉的事实或未知领域，这就是发现。所谓新闻发现力，即指新闻工作者及时识别新闻事实所含新闻价值的能力。也即指新闻工作者通过感官和思维对新闻事实或事件所蕴含的重要性、显著性、时新性、接近性、趣味性等价值要素敏锐感知的能力。古今中外新闻实践证明，新闻工作者需要千种能力，万种能力，而其中最重要的莫过于新闻发现力。新闻工作者能不能在纷纭复杂、浩如烟海的新闻事实中及时察觉和敏锐分辨某个事实有无新闻价值和新闻价值大小，其直接着力点是靠新闻发现力。新闻发现力俗称新闻敏感，西方新闻界则称之为新闻嗅觉或"新闻鼻"。新闻发现力是新闻传播活动全过程的首道工序，也是新闻传播活动的基础和保证。

总结人类长期以来的新闻传播活动实践，本文认为，对新闻发现力的内涵应从四个层面予以考察：

一是判断力。

这通常是指新闻事实的价值呈显性状态，关键是看记者是否具备对新闻价值的快速反应能力。如今的新闻竞争白热化程度日趋激烈，独家新闻很难寻觅，新闻活动也可谓进入了"同题竞争时代"，往往一个新闻事实或事件的发生，数十位、数百位的记者会迅速出现在同一新闻现场，谁的反应能力快速，谁先"一眼"、"一瞥"看出事实的价值，谁就赢得主动和胜利。如2005年11月下旬，哈尔滨市因松花江遭遇严重污染而全市停水，全国为之震惊。远在千里之外的浙江《今日早报》编委会快速认定这一事件的普遍价值，并果断决策，抢在省内、国内其他媒体之前，在第一时间派出记者赴哈尔滨，并在11月24日至11月28日之间，该报共计推出12个整版刊出该事件的相关新闻，在读者中引起广泛反响，也受到省内外同行的高度赞扬。

记者的这种快速反应能力不是与生俱来，也不能指望从课堂上现成学来，而是主要靠平时实践的磨炼、培养和不断总结。许多青年记者感叹老记者眼力好、下手狠，且常常得来全不费工夫，殊不知"纸上得来终觉浅，绝知此事要躬行"，这是他们几十年勤奋实践和科学总结的必然反映。

二是挖掘力。

在物质世界中，有些事实的新闻价值是显性的，能一眼看穿，而有些事实的价值则是隐性的，不易一下子识别。但经验告诉我们，只要记者新闻发现力在穿透力上发挥好，就能够产生意志，从而去排斥表象和一般化的东西，着力挖掘出价值含量较高的新闻事实。

常有记者感叹自己不是当记者的料，要不这么多年记者当下来了，为什么搞的尽是"白开水"、一般化的报道,还常常误把黄铜当金子。殊不知,这些记者的采访可能停留在浅尝辄止上,总被一些表象甚至假象的事物牵着鼻子跑,而忽略了深层次的思考和挖掘。从理论上讲,新闻发现力远远不能简单停留在对新闻价值的判断力上,记者的工作绝非一般的发现新闻、报道新闻,更需探寻和挖掘那些往往是深藏不露但含金量高的事实,追求并实现新闻价值的最大化和最优化。要使新闻发现力达到这一层次,记者就必须具有相当的马列主义理论水平和解决问题的立场、观点与方法,还需要有相当丰富的工作、生活经验的储备。如在第24届汉城奥运会男子百米决赛时,加拿大选手约翰逊跑出了9秒79的新世界纪录,千余名记者和场上数万名观众欢呼雀跃。但上海《新民晚报》特派记者徐世平却异常冷静,他透过约翰逊一双"醉汉的眼神",怀疑该运动员有再次服用兴奋剂的可能,认定这成绩背后有文章可做,于是他跟踪追击,深入挖掘到该运动员检查尿样时的许多第一手资料。三天后,当大赛组委会宣布约翰逊尿样检查呈阳性,三天前所创成绩无效时,徐世平仅用15分钟时间就向编辑部发回《约翰逊再次欺骗全世界》稿件,既抢了个第一报道,又抢了个独家新闻,令各国同行赞叹不已。美国哥伦比亚大学新闻学教授麦尔文·曼切尔在《新闻报道与写作》一书中说得好:"记者好像是一个勘探者,他要挖掘、钻探事实真相这个矿藏。没有人会满意那些表面的材料。"

新闻发现力在挖掘力的体现上,不仅反映在对事实隐性价值的挖掘上,还反映在对这一事实被挖掘后角度和细节等各个表现环节上。有关这方面的理论和方法,留待以后的论文中详述。

三是鉴别力。

新闻发现力如果仅仅是停留在对新闻事实所含价值感知的快与慢、大与小上,则是远远不够的,还反映对价值优与劣、好与坏的鉴别上。新闻实践告诉我们,常常有这么一种情况,新闻事实的价值是大的,但传播出去的效果则却是负面的。因此,我们必须十分娴熟地运用"把关人"理论,对传播效果作出前瞻性的估量,必要时,还应用新闻政策对新闻价值作相应的制约。新闻价值与新闻政策的相互关系是,新近发生、发现的某个事实能否报道,一要看其是否具有新闻价值,二要看其是否符合新闻政策,两者兼备就报道,缺一则不宜报道,两者相辅相成,互为制约。在以往的一些新闻传播活动中,由于把关不严,鉴别不力,我们有过不少教训。

要使自己的鉴别力得以增强,记者编辑还应具有质疑的品质。不要迷信,不要盲从,"怀疑是上帝最大的恩宠"。从一定意义上说,具有质疑、怀疑品质,正是新闻发现力的核心所在。

四是预见力。

这是指记者对新闻事实的发展趋势和本质作出科学分析时所表现出的一种见微知著的预见能力。也即"小荷才露尖尖角,早有蜻蜓立上头"的预判力。在许多情况下,有些新闻事实尚未成熟,在客观世界中一时尚未形成原型,但是,这些事实的构成元素却是存在的,只不过暂时处在分散、无序的状态之中而已。况且,事物一般都有产生、发展到结束的过程以及因果联系,也有从量变到质变、质变的价值大于量变的规律。记者这种预见、预判力的发挥,决非凭空想象,而是在对事物充分采访的基础上,有效地在大脑中建立起由事物发展过程和因果联系构成的事物环链的模型,并凭借自己以往的实践经验和投入相关的智力,那么,当一个事实或事件略显端倪的时候,记者便可循着这一环链,推测出事物的下一环链,直至结局,从而有把握地对事物作出科学预见。

新华社原社长郭超人就很有这种能力,有这样一个堪称经典的个案:上世纪60年代初期,中国刚走出连续三年遭受严重自然灾害的困境,中国老百姓的生活极其贫困。郭超人正在河南农村采访,某天,他从广播里听到了党中央向全国发出的关于大力发展养猪事业的号召,便琢磨开了。他想,中央一声令下,各地农村一定闻风而动,对于报社、广播等编辑部来说,有关"养猪"的稿件一定不少,如果自己再在目前所在地采写这一类稿子,恐怕未必见效。于是,凭借经验和知识,他迅速将视线移至该事物的下一个环链,即猪养起来之后,就必然有个怎样养好猪的问题,其中包括科学、经济地配制猪饲料及猪一旦患病如何治疗等问题。他即以"怎样养好猪"为主题采集素材,当他的稿件虽经千里周折十余天后出现在当时的《人民日报》总编辑办公桌上时,该总编辑拍案叫绝。因为当时关于"养猪"这一环链上的稿件每天如雪片般地飞进编辑部,而"怎样养好猪"这一环链上的稿件则无。新闻传播史上的这一经典案例就真切地反映了作为新闻发现力基本内涵的预见、预判力的极端重要性。

古今中外,许多新闻学者、行家都探寻新闻发现力的培养方法和途径。笔者以为,下述四个方面是尤为重要的。

第一、高度的责任感。

如果从根本上看问题,记者的工作责任感是比新闻发现力还要重要的东西。应当说,新闻发现力是新闻工作责任感派生出来的。有些记者发现不了新闻,首先缺少的恐怕不是"新闻眼"、"新闻鼻"之类,恰恰是高度的工作责任感,即缺少那些对实际工作休戚相关的感情和求"新"若渴的工作态度,对党和人民利益、群众的疾苦和愿望无动于衷。邵飘萍先生所说的"铁肩担道义,妙手著文章",正是采访写作与责任义务的辩证关系。

第二、强烈的探究欲。

好奇心和探究欲是记者的必备品格,也是新闻发现力的重要驱动力。古人云:处处留心皆学问。此话用到新闻工作中来,也可理解为处处留心皆新闻。许多记者抓新闻看似"得来全不费工夫",实质都是"踏破铁鞋"、苦苦探究的结果。

第三、广博的知识面。

实践证明,一个记者是博学多识还是知识贫乏,在新闻发现力的发挥上会产生截然不同的两种效果:若是知识广博,就能及时、敏锐地从客观社会呈现的事物中和采访对象的叙述中判断、挖掘出有价值的新闻事实,若是知识贫乏,有价值的事实即便出现,你也可能视而不见、充耳不闻。

第四、密切的关系网。

不管怎么说,一个记者接触社会生活的广度和深度总是有局限的,而受众、亲友和线人则遍布社会的各个角落,记者若是密切与他们的交往、联系,则社会触角就多,一有风吹草动,他们就会给记者通风报信,那么记者在接受新闻线索的强度上就会增强,于是,新闻发现力也就越强。因此,记者应当广交朋友,记者应该做社会活动家,有效建立起自己及时获取新闻线索的社会关系网。西方新闻界在长期激烈的新闻竞争中深切地感到:记者培养眼线及专家咨询群、媒体培养受众报料积极性是一项具有重大意义的工作。

展望未来,新媒体会陆续出现,新闻传播新载体和新平台会不断涌现,但这一切都是为了更好地传播新闻信息,而新闻信息则靠发现,因此,新闻发现力的研究是一个永恒的主题。

(《西南民族大学学报》2006年第6期)

新闻发现力之"滞后"与"忽视"

南振中

导言——

选自《新闻战线》2004年第7期。作者南振中,男,1942年5月生。高级记者。1964年7月毕业于郑州大学中文系。1981年任新华社山东分社副社长,1983年任分社社长。1985年调新华总社总编辑室任副总编辑。1986年1月任新华社总编辑。1993年4月任新华社副社长、总编辑、党组副书记。2000年6月至2007年8月任新华社总编辑、党组副书记。1996年10月、2001年10月当选为中国记协副主席。2003年3月任十届全国人大外事委员会副主任委员。中共第十三大、十四大、十五大、十六大代表,第九届、第十、第十一届全国人大代表,第十、十一届全国人大常委会委员。现任郑州大学新闻与传播学院院长。该文就新闻发现力问题进行了深入研究和论析。关于"发现滞后"与"忽视发现"的阐述,是文章特别有新意之处。而关于新闻记者应该着重从六个方面去发现的表述,则既是经验之谈,又是理性思考的成果。

"发现滞后"与"忽视发现"

我开始关注"发现力"问题,是 1985 年深秋。当时,我随穆青同志到湖南张家界采访。这里奇峰连绵,怪石高耸,当地同志告诉我们,这一奇特的自然景观是 20 世纪 60 年代才被人发现的。

一根绣花针掉在地上,没有被人发现,比较容易理解。绵延三县的张家界武陵胜景,早在新石器时代就有人类活动,为什么这么晚才被人"发现",简直不可思议。我向当地负责人提出了这个问题。

这位负责人告诉我们,张家界曾经有过繁华的年代。

明朝洪武年间,这里设"九溪卫",辖四大关口,盛极一时。后来撤销了"九溪卫",兵荒马乱,加上山洪洗劫,人烟渐渐稀少,张家界就变成贫穷落后、神秘莫测的地方。1969 年 1 月,张家界范围内的慈利县举办"五七干校",几百名机关干部被下放到距县城 190 多公里的索溪峪。干校驻地虽有 10 户人家,但他们天天砍柴、种地,为衣食而发愁,根本没有闲情逸致观赏景色,也不知道这里的山水与别处的山水有什么两样。下放干部就不同了,他们中间不乏有识之士,劳动之余,苦中求乐,品评张家界的奇特风光,有的说有"桂林之秀",有的说有"华山之险"。"五七干校"撤销以后,这批"学员"大都回到原来的工作岗位,他们成了张家界迷人景色的义务宣传员。改革开放开阔了人们的视野,吃饱了肚子的人需要更加丰富的精神文化生活,越来越多的人意识到张家界的山水不仅具有观赏价值,而且具有旅游价值和经济价值。

直到这时,"养在深闺人未识"的张家界才渐渐为人们所认识。

这件事对我触动很大。从张家界回到北京,我开始琢磨人类的"发现滞后"现象。位于美国亚利桑那州西北部的科罗拉多大峡谷,被人们称为地球七大天然奇景之一。大峡谷以其蔚为壮观的地势、色彩斑斓的天空、风光明媚的景致闻名于世。大峡谷经历了漫长岁月,直到 16 世纪一支远征队来到峡谷的边沿,这个大峡谷才初为人知。19 世纪美国陆军少校约翰·鲍华一行 9 人乘坐小艇,首次穿越大峡谷底部的科罗拉多河,才真正揭开了大峡谷的神秘面纱。

"发现滞后"不仅表现在人们对自然界的认识上,在科学研究领域,也有大量"发现滞后"的典型事例。1901 年,德国物理学家伦琴获得第一次诺贝尔物理学奖,因为他发现了 X 射线。这一发现宣布了现代物理学时代的到来,同时引发了医学革命。

伦琴发现 X 射线的消息传出以后,有人说伦琴是幸运的,X 射线首先来到他的实验室。其实,这种伴随着阴极射线产生的新射线,在全世界上百个物理实验室里已经存在了半个世纪。比伦琴发现 X 射线早 20 年,英国科学家克鲁克斯在进行一项实验时,发现放在实验装置附近的没有打开的照相底片突然变得模糊不清。克鲁克斯没有想到这是一种新的未知射线照射的结果,误以为是照相底片质量有问题,还让生产厂家退了货。"发现滞后",使这位很有才华的物理学家与 X 射线的发现失之交臂。

至于新闻工作者,"发现滞后"的现象更是不胜枚举。震惊中外的唐山大地震发生在 1976 年 7 月 28 日,震级为 7.8 级,震中裂度为 11 度,造成了大量人员伤亡,损失惨重。但是,在这次大地震中究竟死了多少人,很长时间,没有任何一个单位和个人向公众披露。直到 1979 年 11 月中国地震学会成立时,唐山大地震中人员伤亡的具体数字才透露出来。这一数字是新华社采访中国地震学会成立大会的记者从地震学会的报告中发现的。记者从全面介绍地震工作的报告中把这组数字摘引出来,写成一条短讯,题目是《1976 年唐山地震死亡 24 万多人》。作为新闻记者,能够做到这一点,已经很不容易了。但是,从大地震发生到死亡人数的公布,时间相隔 3 年零 3 个多月,这不能不说是"发现滞后"。综上所述,"发现滞后"的确是一种"常见病"和"多发病"。在新闻界,另一种"常见病"和"多发病"是"忽视发现"。新闻界大多数编辑、记者比较重视"发现"。无论是农村第一步改革的时候,还是在建立社会主义市场经济新体制的时候,一大批编辑、记者深入生活第一线,发现了许许多多的新鲜事实,总结了不少对实际工作有较强的指导作用和借鉴价值的新鲜经验。然而,近几年也的确出现了一种"忽视发现"的苗头。有的记者待在办公大楼里的时间越来越多,有的记者抄报纸、等请柬,热衷于参加"新闻发布会"。有一位记者还在文章中写道:"作为文字记者,有时坐在家中根据现场直播写新闻反而比亲临现场效果好,国际互联网络的普及更使得记者可以'大偷其懒'。"他说:"利用国际互联网络记者一天可以浏览成百上千个新闻事件……若是记者亲临现场采访,纵有三头六臂,一天能采访几个新闻事件?"我并不反对适当地利用互联网广泛地了解国内外情况,也不反对适当利用报刊上有价值的文字资料编发、转发部分稿件,但是,用在互联网上抄新闻的便捷,贬低新闻记者采访的必要性和重要性,放弃了新闻记者独立发现重大新闻的天职,这就违背了新闻采访的基本规律,造成了新闻理论上的混乱。

"忽视发现"至少有三个错误:

首先,新闻的一个重要特征是"新"。在大众传媒产生之前,新闻是人与人之间相互传递的最新的所见所闻;在大众传媒产生之后,新闻是大众传媒向广大受众传播的最新的重要信息。"最新"的基本要求是"第一个报道新闻事件"。互联网上的确有许多"第一个"报道出来的新闻,但那是别的新闻记者的劳动成果,"最新"的优势早已被别人占据。如果我们放弃了新闻记者的职责,不到现实生活中去,不到事件发生的现场去积极"发现",整天守着一台电脑抄来抄去,抄出来的新闻充其量是对陈旧信息的再加工,是一种"再生新闻",久而久之,这家新闻单位就会给人一种"专门从二手货市场捡新闻"的印象。

其次,从别人那里抄来的"再生新闻"容易以讹传讹。新闻的传播有一条规律,就是所有的新闻都有一个"起点消息源"。从"起点消息源"到新闻最终接受者的传播过程中，要经过许多个加工环节，每个加工环节都有可能使消息的准确性受到损伤。接近"起点消息源"的记者获取的信息受干扰较小，比较准确、可靠；反之，获取的信息受干扰较大，容易失真。有一次，我看到一则关于美国发现特大蝴蝶的消息稿，说是一个美国人坐在家里，突然听到一种很大的声音，出来一看，是一只特别大的蝴蝶。这只蝴蝶的翅膀有 1 米多长，像一架直升机。我立即同手头保存的资料进行核对，同时让人与中国科学院的昆虫学家取得联系，向他们请教。一位昆虫学家告诉我们，蝴蝶属于昆虫纲、鳞翅目。它的体格大小因品种而异，最小的蝴蝶展翅后只有 1.6 厘米长，大蝴蝶展翅可达 24 厘米，最大的也不会超过 28 厘米，这是由蝴蝶的身体构造特性决定的。昆虫学家断言，这种"直升机"一样的超大型蝴蝶，在地球上是不可能存在的。我把昆虫学家的意见告诉编辑，让他们向我提供这一稿件的"消息来源"。两个钟头之后，核查结果出来了：稿件是根据一张小报刊登的消息摘编的；这家小报上的消息是根据一本杂志上刊登的文章摘编的。至于这本杂志的消息是从哪里抄来的，我没有再追问下去。从这个事例中我们不难看出，东拼西凑，是很容易"以讹传讹"的。真实是新闻的生命。要珍惜新闻的生命，就应该尽可能地接近"起点消息源"，深入到现实生活中去发现最有新闻价值的生动事实。

再次，一些人在写新闻时，往往会有意或者无意地隐藏一些东西、夸大一些东西。新闻记者如果不到事件发生现场去"发现"，单凭别人写的稿件编发新闻，就会成为新闻的"二传手"，这是很危险的。美国一所大学的新闻系曾经做过一次测验：当大街上发生游行示威时，教授《新闻采访学》的老师把学生分为两个小组，一组深入到游行现场进行观察，依据事实来写新闻；一组坐在教室里看游行现场的电视实况转播，根据电视记者的报道写新闻。结果，在游行现场直接观察的学生发现游行队伍稀稀拉拉，气氛并不热烈；而另一组学生在消息中反映出来的气氛要比游行现场的真实气氛热烈得多。出现这种差异的原因是信息传播者在转达信息的过程中对信息进行了过滤，有意或者无意地对信息的某个局部进行了"强化"或者"弱化"处理。我们应该尽可能地到事件发生现场去观察事件，而不应该根据已经"强化"或"弱化"了的"报道"来描绘事件。

医治"发现滞后"和"忽视发现"的方法很多，最重要的是深入实际、深入生活、深入群众。2003 年 12 月，我参加全国人大代表视察活动时，在河南省濮阳市农村参观了一个"无土栽培"大棚。所谓"无土栽培"，就是不用天然土壤，而用营养液进行灌溉的科学栽培方法，它的优点是省地、省水、省肥、省时、省力，缺点是作物的根离开了肥沃的土壤，一旦营养液供应不上，叶子就会枯黄。

站在"无土栽培"大棚里，听着技术人员的介绍，我忽然联想到新闻记者的作风。作为党的新闻工作者，我们有没有"根"，我们的"根"应该扎在哪里？我觉得我们的

"根"应该扎在基层,扎在改革开放和现代化建设的实践中,扎在人民群众中,扎在肥沃的泥土里。"无土栽培"虽然先进,只可惜新闻记者无法采用,因为在现实生活中很难找到瓶装的"新闻营养液"。如果我们偏离实际、远离生活、脱离群众,离开了人民群众生活的沃土,我们就会营养不良,采写的新闻自然会枯黄。要想成为一名合格的新闻工作者,就应该预防"发现滞后"和"忽视发现"这两种"常见病"和"多发病",下决心养成深入调查研究的良好习惯,注意培养自己的发现能力,谨防自己的"根"离开生活的沃土。

新闻记者"发现"的着力点

什么是"发现力"?"发现"是经过研究、探索等,看到或者找到前人没有看到的事物或规律。如果说发现是看到前人没有看到过的事物、找到前人没有找到过的事物,那么,新闻发现就是把前人没有报道过的新的事物和新发现的规律及时准确地传播出去。

我翻阅过一本《发明发现大典》。当时我突然间萌生了一个念头:假如有人编辑出版一本《新闻记者发现大典》,让全国的新闻记者自己推荐入选作品,我们究竟能选出多少真正称得上"有所发现"的新闻作品呢?我们会不会为自己"发现"得太少而感到愧疚和遗憾呢?为了少留下一些愧疚和遗憾,我们应该从哪些方面入手积极开发自己的"发现力"呢?经过一番思考,我觉得新闻记者应该着重从以下6个方面去发现:

1. 善于发现或者找到世界上迄今还没有通过大众传播媒介广泛传播的、鲜为人知的新鲜事实

发现的第一要义是要看到或者找到前人没有看到的事物。新闻发现必须是采访到国内外迄今尚未传播的新鲜事实。1994年4月17日,新华社记者张继民采写《我国科学家首次确认雅鲁藏布江大峡谷为世界第一大峡谷》一稿,就体现了这种敏锐的"发现力"。

长期以来,中外不少地理教科书都把美国的科罗拉多大峡谷作为世界第一大峡谷。1993年10月,由中日两国队员组成的探险队赴雅鲁藏布大峡谷考察,日本队员武井义隆在雅鲁藏布江的支流——帕隆藏布江漂流时,由于江流水势太猛,他乘小艇刚一下水,就被激流卷入江中心,小艇翻了,人也被冲走,直至失踪。为了写这一探险故事,张继民借来有关雅鲁藏布大峡谷的资料仔细研读,其中有一篇杨逸畴、高登义、李渤生3人合写的题为《雅鲁藏布江下游河谷水气通道初探》的论文。当张继民读到文中描写雅鲁藏布大峡谷"形成几百公里长"、"峡谷平均深度在5 000米以上"等处时,猛地一惊。在张继民的记忆中,世界第一大峡谷——美国科罗拉多大峡谷才两三千米深,如果科学家对雅鲁藏布江峡谷平均深度的描述是准确的话,这将是深埋于科

学论文之中的一条重大新闻。张继民把这一发现告诉中国科学院大气物理研究所研究员高登义、中国科学院地理研究所研究员杨逸畴。这几位科学家做了大量极其复杂的测量和计算工作。1994年4月16日,张继民还与几位科学家一起参加了关于雅鲁藏布大峡谷是不是世界第一大峡谷科学论证会。论证结果表明:中国的雅鲁藏布大峡谷深达6 009米,实际上是世界第一大峡谷;而素以世界第一大峡谷闻名的科罗拉多大峡谷,深为2 133米,实际上是世界第五大峡谷。1994年4月17日,新华社向全世界公布了这一重大地理发现。中国科学院一位院士著文指出,确认雅鲁藏布大峡谷为世界第一大峡谷,是20世纪末全球一次重大的地理发现。

2. 善于发现或者澄清社会上众说纷纭、莫衷一是的重大事件的事实真相

1979年春夏之交,全国各地正在贯彻党的十一届三中全会精神。可是在部分地区,社会上出现了一股"倒春寒"。有的说:"三中全会的政策过头了,要纠偏了。"有的说:"过去常说'阶级斗争,一抓就灵'。如今,地富反坏右一风吹了,资本主义的路也不让堵了,丢了纲,往后没个抓手,农业还怎么大上?"有的说:"过去批的,是现在干的;现在批的,是过去干的,这样下去,不就乱了套了吗?"一时间纷纷扬扬,闹得人心惶惶,莫衷一是。

为了弄清事实真相,当时在《辽宁日报》工作的范敬宜同志选择了曾经"插队落户"10年之久的辽西贫困山区建昌县调查研究。他从干部那里听到的几乎全是"现在农村乱套了"的议论,而一到老百姓中间,听到的就是截然不同的声音。一提起三中全会,农民一致叫好,他们认为新政策的最大好处是"活起来了"。回到县城,范敬宜同志又同思想比较解放的几位领导干部座谈,最后得出的结论是:由于受"左"的思想束缚,许多干部对三中全会路线很不理解,错把开头当"过头",错把支流当主流。于是,范敬宜同志写了一篇题为《分清主流与支流 莫把"开头"当"过头"》的新闻述评,在《辽宁日报》上发表后,《人民日报》在一版突出位置转载,并加了编者按语,新华社也转发了这篇述评。范敬宜同志的"发现"对引导干部群众正确理解党的三中全会精神起了积极作用。

3. 善于发现或者提炼出有助于解决当前各种困难和社会矛盾的新鲜经验

1997年,我国农民增收问题越来越突出。为了研究这个问题,我到苏北农村作了专题调查。在1998年3月召开的九届全国人大一次会议上,作为全国人大代表,在审议政府工作报告时,我对解决农民增收问题提出了具体建议。我认为,在社会主义市场经济条件下,中国农民的思想观念发生了很大变化。农民一方面想到要为国家做贡献,另一方面,他们的市场经济观念明显增强,在种植农产品时,不仅关注能不能增产,而且关注能不能"赚钱"。让农民赚钱的有效办法之一就是延长农产品的产业链,把加工环节和销售环节产生的巨额附加值让农民分享。以种小麦为例,从播种到收获,历经耙压、施肥、除草、浇灌浆水和麦黄水、开镰收割等22个生产环节,但每

斤小麦带给农民的纯利润是以角和分来计算的。

可是到了第23、24个环节,即农产品加工环节和销售环节,就开始"赚大钱"了。一斤小麦几毛钱,加工成饼干,能卖好几块钱。如果在面粉里面加上一点黄油、鸡蛋、巧克力,变成"曲奇",400克一盒能卖好几十元。由此看来,种地的农民要想赚钱,必须发展加工业,尽量增加农产品的附加值。我还算了一笔账:我国城镇居民家庭1997年人均消费性支出为4 946元,国家统计局公布的同期"恩格尔系数"即用于食品消费的比例为46.4%,全国城镇居民家庭的餐桌经济规模全年达8 489亿元。于是,我建议国家制定相关政策,大力扶持"餐桌经济"的发展。"两会"闭幕后,我把这个题目交给新华社熟悉经济报道的编辑吴锦才和蒲立业。又经过两个月的深入调研,他们采写了《我国餐桌经济增长潜力巨大》、《我国餐桌经济正处在剧烈的调整期》、《餐桌上的结构调整带起和壮大一批新行业》、《农民要分享农产品加工和销售环节的利益》等系列稿件,餐桌经济系列报道在全国各地引起比较强烈的反响。有的领导干部向新华社索要全套稿件,准备在本地召开的经济工作会议上印发;有的新闻单位还就这组报道召开了专题研讨会。我国著名农业经济学家杨雍哲认为,新华社以发展"餐桌经济"为题,组织系列报道,有利于促进农业面向市场,有利于解决农民增收的难题。

4. 善于发现和捕捉能给人以启迪的新思想,深刻地揭示改革开放大潮中人们观念上的新变化

2000年7月5日,新华社驻东京记者采写了一篇题为《日本计划构筑"失败学"》的科技新闻,我从中受到很大启发。近年来,随着知识经济的发展,我国一些有识之士已经意识到"失败"是一种知识资源,并且开始对各个领域的"失败"进行初步的研究,80万字的《误诊学》和20万字的《失败论》就是这方面的代表作。但是,我国对"失败"资源的开发和研究还停留在无组织、无计划的自发阶段。日本科技厅专门设立"活用失败知识研究会",把科技领域里发生的事故和失败搜集起来做理论上的探讨,构筑一部"失败学",这种做法,对我国是有借鉴价值的。在知识经济时代,许多新的知识和新的发现,都是建立在前人"失败"的基础上的。人们通过对失败的研究,可以开发出新的思路、新的知识和新的财富。我们国家不乏"事故资源"和"失败资源",问题在于要借鉴他山之石,尽快唤起各级领导干部研究和利用这种特殊知识资源的自觉性。我们应该鼓励编辑、记者在这一领域去大胆发现。这种发现可以给人以启迪,进而可以演化成全社会的共同财富。

5. 善于发现和表现最能体现时代精神、对人们有较大激励和鼓舞作用的典型人物

谈起对典型人物的发现,不能不说《县委书记的榜样——焦裕禄》和《领导干部的楷模——孔繁森》。1995年,新华社就这两个典型人物报道专门召开过一次研讨会。大家认为,这两个典型人物的发现,都从宏观上把握住了时代的主旋律,抓住了整个

社会围绕着转动的重大问题,抓住了全社会关注、迫切要求回答的重大问题。为什么说时代呼唤焦裕禄,时代呼唤孔繁森,原因就在这里。典型人物报道的成功离不开时代特色。这两篇人物通讯播发时间相差近30年。

20世纪60年代中期,三年困难时期刚刚过去,在一些重灾区,人们的精神状态很难说"昂扬",这就需要倡导一种蓬勃向上的精神。对领导干部来说,必须弘扬一种为民族、为国家、为人民无私奉献的精神。在这种形势下,穆青、冯健、周原同志发现了焦裕禄这一具有时代精神的重大典型。上个世纪90年代中期,孔繁森这个典型能起这么大的作用,也离不开大的环境和大的时代。在社会主义市场经济条件下,社会生活对人们的人生观、价值观产生了相当大的影响。在这种情况下,作为共产党员,作为党的领导干部,还要不要真心实意地为人民群众谋利益,能不能建立起与人民群众的血肉联系,能不能保持艰苦奋斗、廉洁奉公、廉政勤政的高贵品格,诸如此类的重大问题,全党都在思考,人民群众也在思考。就在这个时候,记者写出了孔繁森,的确抓住了整个社会围绕着转动的重大问题。这两篇报道的成功给我们的一个重要启示是,作为新闻工作者,不能忽视对典型人物的发现。我们要站在时代的高度,不断发现各条战线具有社会震撼力的重大典型,只有这样,才能反映出时代的主旋律。

6. 善于发现能够体现事物发展规律的新的苗头、新的动向,准确地预测和描绘事物发展趋势

有作为的记者大都善于发现苗头、发现趋势。

以综合国力的竞争为例,时至今日,世界各国的决策者都意识到综合国力较量的重要性,可是在20世纪80年代要想深刻地认识这个问题,就不是一件容易的事了。1989年,新华社记者李长久在一篇报道中,就把这个问题鲜明地提出来了。他从综合国力的三大要素开始分析:一是国际贡献力,包括经济、金融、科技和财政实力,对外活动的一致性,在国际社会的活动能力;二是生存能力,包括地理、人口、资源、经济实力、防卫力量、国民意识、同盟国的关系;三是强制能力,包括军事力量、经济实力、外交能力。在对世界各国的综合国力进行了一系列的比较和分析之后,李长久写了一篇题为《综合国力的比较和竞争》的新闻分析。他写道:"和平与发展已经成为时代的主流。今后几乎所有国家都将利用有利的国际环境,加快国内的改革和调整,并且都将把增强综合国力作为发展目标。""随着世界形势从紧张转向缓和,今后相当长的时期内,各主要国家的发展战略,将着重于增强综合国力。"10多年过去了,世界经济发展和竞争的实践,验证了这篇新闻分析对综合国力竞争趋势所作的预测和描绘。如果记者都能从战略全局的高度来认识世界、分析形势、把握规律,那么,我们就会有许多独到见解和崭新的发现。

(《新闻战线》2004年第7期)

选文(作品)

命运备忘录
——38名工商管理硕士(MBA)的境遇剖析

张建伟　蒋峰　陆小娅　郭蓝燕　高峻　宁光强

导言——

　　根据38位MBA的境遇,可以提炼和表现这样那样的主题,例如:抨击人才浪费的现象,批判陈旧的人才观念,呼唤人才使用上的新的观念等等。这样写成的报道,也可以体现出一定的深刻程度和新颖程度。而这篇报道提炼出了如下更能体现出新颖性和深刻性的主题:中国的人才浪费不是观念性浪费,而是结构性浪费,不突破旧的人才结构机制的森严壁垒,任何新的观念都难以发挥作用。作品的锋芒,直指人才结构性浪费和人才结构机制的重大缺陷。这就不是一般的主题所能相比的。当然,这样的主题,并不是与事实相脱离的,也不是唾手可得的。它既来自于对采访所得材料的体察和洞穿,也有赖于作者本身的功力。

　　1984年4月,中美两国政府达成协议:为中华人民共和国培养高级工商管理硕士(MBA)。7月,招生在全国铺开。9月,440名精通外语、有三年实践经验的青年人才被选拔出来,获准应试。10月,440人再次被严格的考试筛选,仅留下40人步入MBA学业的起跑线上。两年后,1986年9月,39人完成学业,赴美实习,被誉为"中国经济管理黄埔一期"学员。同年12月,荣膺MBA学位的38人归国,投入中国的改革大潮……
　　然而,1987年9月,中国青年报社接收到MBA的呼救信号。
　　呼救者声声叹息:
　　——我们,38名高级工商管理硕士,虽年纪轻轻,却无用武之地。报国无门,苦恼不堪。
　　——为培养我们,国家耗资百万,我们历尽艰辛。然而,培养与使用完全脱节。
　　——我们怀疑,国家耗费巨资办这种"国家级人才培训项目"是为了什么?
　　——我们不明白,我们干吗要进行这种劳而无功的努力?
　　痛苦的呼救震撼了报社,六名记者紧急出动,行程十几省,奔波万里路,朝一个个呼救点追踪而去……

MBA：中国的呼唤

1984年4月27日，美国总统里根在人民大会堂发表演说："我很高兴地宣布，两国已一致同意成立一个新的特别训练班，毕业生将获得工商管理硕士学位。这一学位将由纽约州立大学授予。"

早些时候，邓小平同志访美期间，也曾表示，希望美国能为中国的现代化事业培养一批高级管理人才。

在两位叱咤风云的人物的关注下，这个"特别训练班"——中美合作培养MBA计划终于付诸实施。

MBA——工商管理硕士(Master of Business Administration)，是现代西方经济的宠儿。

MBA学位教育，是西方近百年管理经验的结晶。在美国，每5个硕士生中就有一个攻读MBA。哈佛大学的MBA，被称为比"博士还值得骄傲的学位"。拿到这个学位，立即会被大公司聘为经理人员，年薪高达6万美元，决无失业的危险。今天，正是三十岁左右、具有MBA学位的人掌管了半个美国经济，为西方世界的繁荣做出了巨大的贡献。

中国也需要MBA。

据1982年调查：我国县团级以上企业领导中，懂得管理的不到1/3，而具有科学管理知识的人员只占15.2%。

据一次简单的考试摸底测定：我国工商贸等7个行业的520名厂长、经理，企业管理知识平均及格率只有60%，即使有大学学历的企业领导，也有20%不及格。许多人对"网络技术"、"价值工程"等现代化管理观念闻所未闻。

在赶超世界先进水平的改革征途上，我国政府远见卓识，把中国的青年英才推上世界经济舞台，去获取西方最先进的管理经验，实是中华民族刻不容缓的事情。

MBA因此被列为国家级人才培训项目。

为了MBA，国家经委每年拿出全国人才培训费用的一半投入学员受业的大连培训中心。

为了MBA，学员所在单位将为各自的学员提供两万元左右的学杂费。

中国需要MBA，这是毋庸置疑的事实！

为了MBA，中国投入了巨大的财力；为了中国，MBA理应产出三倍的效应！

MBA：命运之剑

当我们6名记者分头与38名MBA毕业生会面时，他们已毕业10个月。

10个月中，他们大多数人一事无成。

对MBA来说，10个月是什么概念？

我们听到了现代世界发出的警告:面对变动不定的现代世界,经过工商管理硕士训练的现代管理人才,他们的知识只在17个月内完全有效。17个月后,他们必须补充新的知识,学习并掌握新的外事经济案例,才能重新适应残酷竞争的世界经济。

10个月已经过去,浪费已成现实。

然而,这还不是我们最为沉痛的感觉。

在与38名MBA毕业生会面的前后,我们还分头访问了他们的单位领导。

没有一位领导认为他们不重视这批人才,相反,他们提出了一套一套的重视人才理论。

一边是重视,一边是浪费。

我们对MBA命运的反思就从这里开始。

命运之一:难以摆脱的怪圈

一切信息都表明,MBA毕业生回国后将被委以重任。

《美国基督教科学箴言报》这样评论:"他们将置身于中国现代化的先锋行列。他们承担了将西方经济学及管理学理论溶于中国改革的使命……他们经过两年的学习而得到MBA学位,他们将处于引导中国工业及政府部门前进的路上。"

在准备返回的几天内,美国一些工商界的首脑人物闻讯赶来,在百忙中分头设便宴款待他们,以期同他们拉上关系。

一个形象的比喻诞生了:中国的首届MBA毕业生不仅要成为祖国改革事业的先锋,还应成为管理革命中的"母鸡",孵化出中国90年代管理革命的春潮。

然而,一接触现实,他们便立刻明白:这一切不过是虚化的幻念。

在国家经委袁宝华副主任接见他们的第二天,MBA学员王川山就乘上北去的列车。这时,是12月28日。30日,他兴致勃勃地回到原单位——辽宁省机械研究院。敲敲院长办公室的门,没人。

他每天来研究院。直到2月份,院长才找他谈话:"院里的意见,你先回室里工作,以后院里有什么用得上的,我们再安排。"

他彻底地凉了。攻读MBA学位前,他是搞设计的。攻读MBA之后,他又转回了设计室。他感到了一种命运的嘲弄。

同王川山一样,盛维民回单位后,也转回了他的原岗位,搞课题研究。面对来采访的记者,他长叹一声:

"这是我自己的选择。所里倒是为我安排了新岗位:搞规划和专业人员的职称评定。可我学的是MBA呀!我想,一个人有效的职业生涯不过二三十年,我再这样晃下去,连过去的专业都丢了,还不如先回去搞技术。管理,以后有机会再说。人还是该现实点,不能好高骛远。"于是,他痛下决心,回到三年前他离开的那个研究室,拣起已经荒疏了的科研课题。

几乎所有的MBA毕业生都经历了这种命运的落差。没有人打击他们,也没有人迫害他们,只是没有人理睬他们的MBA——中华人民共和国以巨大的财力及人才投入才获得的高级工商管理经验和科学理论。

改革进行了九年,许多单位对知识及人才浪费的现状仍如此麻木。他们对记者说,他们没有浪费人才。但对什么叫浪费人才,他们并不知道。

人才浪费的质量指标有三个:(一)被无效率地使用;(二)与人才所掌握的知识相比较,正从事不太有价值的活动;(三)闲置。

38名MBA毕业生在回国后的10个月中,多数处于前两种状态,少数被闲置。

人才浪费的数量指标只有一个:经过特殊培训的人才倘有20%的知识领域与所从事的职业不搭界,即属于浪费。

据38名硕士对自己知识应用比率的乐观估算,他们在10个月中勉强应用上的知识大约有30%,处于浪费状态中的占大头。

我们同他们的领导进行过上百次的对话,他们告诉我们一大堆重视人才的理论,但没有一位领导从这个角度向我们解释人才浪费的根源。

我们有一大堆重视人才的理论,唯独缺乏人才使用效率!

命运之二:"欲穷千里目"——只争朝夕

刘中天,MBA学员曾给这位老大哥起了个外号叫"老枪"。可这把"老枪"遇上了他的厂长,就彻底哑了火:想调走?那不行。你就安心在这里干吧。我既然能供得起你上学,就能养得起你。不信?看我养你20年!

20年?!刘中天今年已四十有二……

正是为了把尚有热乎气的现代化管理知识及时应用到国家经济建设上,他根据原单位几乎没有涉外经营的实际情况,自己联系单位准备调动。他必须只争朝夕。

"谁说用不上?上回毛里塔尼亚外宾来,我看那个翻译就不行。下回再来外宾,你上!"

厂长有厂长的道理。

记者来到刘中天所在的工厂,几番求见厂长,得到的却是专人陪同游览厂区附近风景的礼遇。直到记者通过中间人再三申明:此行绝非问罪,而厂里惜才、爱才的苦心记者也完全明了,才终于得见厂长,并当场得到了一番教益:"刘中天学的东西现在是有点用不上,但我们不能放他,我们厂将来也是要发展的。人家美国都知道重视这种人才,咱就不能欲穷千里目,更上一层楼吗?"

"只争朝夕"的MBA,撞上了"欲穷千里目"的厂长,即使你有一万种"危机感",又能感动谁?

我们在采访中发现,MBA的这种危机感感动了美国人。

8月底,布法罗管理学院院长阿罗托博士来到北京。听中国弟子们谈完回国几个月后的情况,阿罗托说:"听了同学们的发言我非常感动。我发现,你们并不是想找一个薪水高、待遇优厚的工作,而是想找到一个能发挥作用的地方,找到为你们的国家作贡献的机会。但是,这样的机会却很难找到,我感到十分难以理解。"

一些急性子的美国人甚至行动起来,千方百计地找我们的领导人,为 MBA 毕业生摆脱困境而四处奔走。

然而,我们的人却并不着急。38 名 MBA 毕业生中,有一半人都给有关部门写过信,希望帮助他们摆脱困境,希望中国(中国这么大)的某个地方能用上他们千辛万苦学来的知识。

所有的"呼救信"都如石沉大海。其中一位毕业生急中生智,写了一份广告,想通过报纸把自己卖给"识货"人。终于没有发出。接受记者采访时,他把那广告拿出来,苦笑着说,他没有发出,是怕外国人看了笑话。

中国,你已经拥有一大批只争朝夕的人才,然而,你还没有建立起一个只争朝夕的体制。

这是中国人才悲剧的根源。

命运之三:燕窝鱼翅金饭碗

天津新港船厂的厂长非常诚恳地对记者说:"谁家有个金饭碗不会用?我不会总拿金饭碗盛白开水。有了燕窝鱼翅,我也拿它装。"

王海涛怀揣高级工商管理硕士的文凭,回到了对金饭碗、白开水以及燕窝鱼翅之关系颇有研究、曾以改革而名噪一时的新港船厂。

他被"对口"到经营科,给常驻外国专家当生活翻译,兼管杂务。厂长这样解释:"现在厂里有困难,他也得帮帮厂里,当阵子翻译。互相理解嘛。"

大约这样理解了几个月后,王海涛成为本厂与英国某公司洽谈造冷藏船生意的谈判队伍中的正式口语译员。谈判之余,他还要兼管其他专家的杂务事宜。

那天,王海涛拿着电传给外国专家送去,那位老外把脚翘在桌上,高兴地哼了一句:"啊哈,我亲爱的邮递员来啦!"他生气,可还没话说。

可是,当"老外"听说他是 MBA,吃惊地瞪大了眼睛:"小伙子,这可不是你该干的工作呀!"

不该干也得干。只是干了几个月之后,他突然接到一个通知,他不必再参加谈判了,换一个人来顶他的翻译位置。

他不知道换的是什么人,但他确切地知道:谈判已进入确定什么人去英国进行考察的阶段。

他心存疑虑,又不敢问。否则,有争出国的嫌疑。

他不懂,当金饭碗能盛燕窝鱼翅的时候,为什么也要换成白开水。

在采访与写作期间,我们看到听到又有许多引进团出国了,许多人为自己引进了冰箱、彩电,却为国家引进了一堆废钢烂铁。而我们的 MBA 毕业生,有能力、有智慧、有诚心为国家避免损失的人才,却只有看着这一切、听着这一切暗暗垂泪的权利。

在领导决策领域,甚至在引进技术、使用人才这样的决策领域,歪门邪道、任人唯亲比科学、比知识、比人才往往更有力量。

<h3 style="text-align:center">命运之四:MBA 无球跑动</h3>

张小军早有先见之明,他知道在他原来工作的年营业额不过 200 万元的地区邮电局里,他的 MBA 知识很难用上多少。一回国,他就开始联系调动,目标是正在筹建中的安徽省国际信托投资公司。

"请看,这是我的 MBA 学位证书,这是我所学过的专业课程,这是我的学习成绩单。"

平时挺蔫的张小军,毛遂自荐时却衣冠楚楚,镇静大方,侃侃而谈。

国际金融、投资评价、管理战略……副总经理不由得对这个没有来头的小伙子另眼相看了:"好,我们非常乐意接收你!"

谁知,当单位"同意调出"的公函送到上级机关时,却当即被签署了如下意见:"如愿付 2 万元培训费,同意调出。"

张小军不是不知道,他读 MBA,单位是吐了"血"的,学费加上赴美机票,共花了一万多。要不是上级机关"赞助"了 3 000 多元,他也看不见美国的月亮了。可是,他执著地认为,钱是国家花的,我人也是国家的,为什么不能换个地方为国家创造更大的效益呢!

于是,张小军怀着美好的愿望和坚定的决心,一次又一次从巢湖市奔赴省城合肥,企图说服上级领导。

然而这一次,他又没能见到负责人事的副局长。接待他的一位政治部负责人说:"你挑吧,除了局机关,你调到本系统在合肥的任何单位都行。比方说,去学校教书,或者到科研所搞情报,这样,你的两地分居也解决了。"

对于如此慷慨的恩赐,张小军真该感激涕零,然而他却苦笑了。谈了半天,这位负责人还没弄懂 MBA 是怎么回事。

张小军不知道,就在他往返奔波,为向领导解释 MBA 而大费口舌之时,国际信托投资公司已经挂出了"全满"的牌子。

在巢湖,他变成了一个"多余的人"。过去的工作有人顶了,单身宿舍也有人住了。除了偶尔为别人顶个班,他不知道自己该干点什么,他陷入了"在职失业"的困境。

在职失业——单位不放。中国有多少人才在这普普通通的八个字中被窒息了创造的生命?

38名MBA毕业生中,多数人表达了流动的意愿,但"单位不放"四个字成为流动意愿的牢笼。

我们如果只有把人管死的规章,而不建立把人搞活的法律,无论何等伟大的改革,都不能使人才获得最后的解放!

命运之五:权力最有力量

在38名MBA毕业生中,有两个人流动了,而且十分轻巧,一路绿灯。这两个人一个叫陈宪星,一个叫李觉非。

陈宪星原所在的大连重型机器厂是我国重点企业之一,厂长开明,重视人才。听说陈要调走,自然不放。

陈要去的是一家合资企业,中美合办的,听说陈是MBA,如获至宝,抓住不放。当然,也考核了一番。陈有MBA,并不怕考,一考就中。美方首脑当即任命陈为质量部经理,准备让他飞往国外去施展他的MBA"武功"。

然而,陈的单位有充分理由不允许陈流动。对此,美方也无可奈何。

真巧。恰在这时,一位国务委员来到大连,在一次宴会上,那位美方经理向他反映了这件事。这位国务委员当即对大连市市长讲,合资企业需要人才,应该支持一下。不久,市长打电话给大连重型机器厂厂长,请他们考虑。厂长们开了个会,决定执行市长指示。

陈宪星就这样流动了。

事情就这样简单。

李觉非的流动稍稍复杂了一点,但也毫不费力。

年初,李觉非揣着MBA文凭回国,第一次踏进为他付了三年工资、三年学费和赴美机票的一家中型企业。这是他原来所在单位的一个下属厂,因为单位掏不起钱,才千方百计把他"下放"了的。厂子不愿收,局长保证:"李觉非回来至少给你们干五年。"

现在,李觉非果然前来报到了。厂长大喜。"欢迎,欢迎。你看把你安排在哪儿合适?体改办?生产计划科?……"

其实,李觉非早已打定主意了,哪儿也不合适,一句话:调离。

厂长办公会开过了,决定:只要李觉非交回培训费,就可调离。

然而这一次,在"权"这个更大的法宝面前,"钱"这个法宝失灵了。李觉非一分钱来掏,照样起走了自己的人事关系。工厂的一万多元人才投资,不过打了个水漂儿。这一切,据他的同学说,是因为他有某种靠山。

现在,李觉非已经离家南下,去深圳一家进出口公司大展宏图了。

对陈、李的流动方式,MBA研究生班的美方一位负责人极感兴趣。

这位美方负责人从陈、李的流动受到启发,对记者说,看来,只要求助于合资企业,让外国人找你们的"大头",就可以走出困境。

记者问:在美国,人才流动也通过这种方式才行得通吗?

对此,这位谨慎的美国人没有多讲。他只是让一位服务员为记者沏了一杯中国茶,而他本人喝起美国的麦氏咖啡。

记者对这杯"麦氏咖啡"进行了研究。

西方各国人才市场的运行,都是以"单位择优用人,人才自主择业"的双选机制为基础,以用人单位和人才个体间择优汰劣的竞争机制为主导的。在这种双选竞争机制下,用人单位可以招聘自己所需人才,也可以解聘自己不需要的人才;人才可以根据自己的意愿决定就任或辞职,双方以合同互相制约。这一切,有"雇佣机会均等法案"为普遍的法律依据,不必由"谁的官大谁说了算";也不必由"谁是哪个单位的便哪个单位说了算"。

写到这里,我们忽然醒悟到:我国的人才浪费是一种结构性浪费。

官僚主义、任人唯亲造成的人才浪费是可恶的。但仅靠思想教育并不能根除它们,只有一种合理的机制才能根除它们赖以生存的土壤。当双选竞争的人才市场形成的时候,官僚主义者即使想浪费人才也无所用其力。

喝了洋墨水、拿了高等文凭的人也并非一定是人才。但仅靠单位的制约并不能改造他们。只有在双选竞争机制下,用人单位可以择优汰劣的时候,任何庸才都遮不住他的假面。

命运之六:古城之间一条路

从古城太原出发,朝古城西安奔跑。六七百公里的路,李保存跑过多少回,他自己也记不清。

他跑什么?

作为山西太原汾西机器厂经营处生产部的负责人,本厂对他是重视和满意的。他的主要任务是搞对外进出口贸易,工作较对口。所学高级工商管理知识,在中国极度短缺对外经济谈判人才的情况下,正大有用武之途。

在他毕业回厂以前,企业产品也多次参加广交会,但由于缺乏熟悉西方商业贸易的人才,不懂外语也不了解外商心理,从来没有拿回过一分钱的收获。今年4月,李保存杀向广州,一下子谈成了两个项目。对此,企业领导大加褒扬。

然而,在与外商谈判中,谙熟谈判业务的李保存却不过是个"中介",握有权力的西安船舶分公司的中方谈判人不仅英语很差,而且对谈判的基本常识也知之甚少。为此,李保存心力交瘁,在如兵家交战的贸易桌上,他既要权衡本厂利益在外贸中的得失,还得将此化为有权力的中方代表听得懂的意思,谦虚谨慎地告诉他,再通过他的嘴把自己的意向说出来,并翻译给外商。同时,李保存还得把外商的意向翻译过来。如此往复无穷,形同苦役。

尽管如此,意向书还是签订了。李保存还是高兴的。到7月,他接到了有签约权的西安船舶分公司的来函,告知广交会上与巴基斯坦商人谈成的2.5万只洗涤定时器的合同书已寄到了中国,并有一附件。

李保存读信后,立刻明白了。他必须再次赶赴西安,继续充当翻译。

他知道,这是在浪费自己的精力。但他还知道,这并不怪厂长,因为,即使他本人就是厂长,也会这样被驱使、被浪费,因为厂长也没有外向合同的签约权。

另一位MBA毕业生连李保存这种可供驱使的幸福都没有。毕业10个月,他无所事事,只被人当了一次评职称的砝码。

回国后,他被塞进那个人浮于事的科室中当科员。大家都不干事,人们不屑于同这个喝"洋墨水"的MBA人物竞争。有时人们也问一句:"喂,你学的那玩意是干吗的?怎么没见你露一手?"

他只有一个竞争对手,在评职称的时候。

他的对手是那个白头发的科长。他知道自己竞争不过科长,因为他没长出白头发。

"看他们敢不评我高级职称?"科长在造舆论。

"我的能力还不够强吗?全厂唯一的研究生都在我的领导下!"

白头发于是胜利了。

MBA学位终于被派上了用场。

竞争,竞争,这是中国改革者多么偏爱的字眼。但只有竞争的观念,没有竞争的机制,人才永不会在最适点上生存。

命运之七:传统之树现代果

在38名MBA毕业生中,有两位据说是命运最好的人,一个叫陈学忠,已经当上副厂长;一个叫余长斌,毕业后干了几个月的车间工长,九月初被任命为分厂调度股负责人。

可能因为当上了副厂长,陈学忠对记者讲话很谨慎。但谈起MBA学业,仍很兴奋。他说,这种学习,很好,很科学,很开眼界。他推崇美国教学法,不讲书,讲体会,讲方法;美国教授学识渊博,又多在大公司兼职,那案例教学自然深刻而实用。他比喻说,真像吃橄榄,吃时苦涩,回味无穷。

但问及这样有用而伟大的知识他这个厂长用上了多少时,他便谨慎起来。他说,国情不同,观念不同,所有制不同,自然,知识用起来也不同。但他肯定,一定能用上。

余长斌也说不准他的MBA知识什么时候能用上,但也说他的境遇非常好,因为领导非常好,非常开明。采访领导时,领导也说余长斌非常好,非常肯干,举个例子,他虽然学了MBA,但到车间当工长,毫无怨言,"工人身上多少油,他的身上也多少油"。

在38名MBA毕业生中,这两位境遇最好的人最使我们迷惑:无疑,他们的MBA知识也处于浪费中,但他们都活得如鱼得水一般,为什么?

余长斌的一段话提醒了我们。他说,一个合格的企业家,身上蹭的油有多少,并不能表明你管理水平的高低,相反,有时还会标出负值。"咱们中国传统的东西就是强。要讲在现有企业里应用MBA那套管理,咱的企业素质和工人的文化素质、心理状态都还跟不上。但只要改革开放不变,只要领导继续这么开明,我的MBA知识就不会瞎!"

我们终于明白了他所期待的避免人才浪费的出路,那就是——等待。等待中国的传统人都变成现代人。

现在,我们终于有机会向大家介绍各单位领导津津乐道的"重视人才"理论了,这些理论如此博大精深,已成为中国人才环境的传统之树。

这些理论是:(一)种子论。人才好比种子,群众才是土地。人才能不能发挥作用,得看群众是不是满意他。(二)台阶论。是人才也得一步一步地爬台阶,科员,工长,段长,主任,副手,助理,厂长……三五年一个台阶,五十来岁,委以重任,年龄正好。这时,各个台阶上的人对他才都有好印象,他工作起来才如鱼得水。(三)储备论。MBA知识用不上怕什么,先储备起来嘛。知识不怕多,总会用得上。艺不压身嘛!

用不着分析,也用不着说明,这套理论正在中国大地上被最广泛地实践着。它们是如此的正确、如此的合乎规范,以至于无论我们的人才被浪费到何种程度,也不会有人怀疑这种理论的正确!

MBA,这个被移植到中国的现代之果,正被挂在这种无比正确、合乎规范的传统之树上。

大树已经苍老,但还活着。

果实正在腐烂,只留给人们它鲜活时的记忆。

MBA——SOS

11月中旬,我们六名记者在疲于奔命般地采访之后,再次聚会京都。

我们的结论是一致的——

我们可以像过去那样,抨击浪费人才的官僚主义者。然而,政治体制不进行改革,官僚主义不会被彻底埋葬。MBA在中国的命运已提醒我们:中国人才的危机不是什么别的危机,恰恰是以人治为特征的旧政治体制危机的投影。

我们也可以像过去那样,抨击旧观念,呼唤新观念。然而,我们终于醒悟,中国的人才浪费不是观念性浪费,而是结构性浪费,不突破旧的人才结构机制的森严壁垒,任何新的观念都难以发挥作用。MBA在中国的命运提醒我们:全方位、立体化的人才流动市场不诞生,"让拔尖人才脱颖而出的环境"就不会最终形成。

因此,我们决定:不再做这种徒劳的努力,只留下一篇 MBA 在中国的命运备忘录。备忘录的扉页注上两组字母:MBA——SOS。

(1987 年 12 月 2 日《中国青年报》)

人民呼唤焦裕禄

穆青　冯健　周原

导言——

　　这是一篇很有思想锋芒的通讯。在焦裕禄去世 26 年之后,穆青等一行重新踏上兰考的大地。他们在作品中,既报道了兰考所发生的巨大变化、人们对焦裕禄的感激和思念,又联想到现实生活当中存在的各种突出问题特别是党内和社会上正在滋长蔓延的不良风气,从而发出了"人民呼唤焦裕禄"的时代强音。该作品体现出极强的思想穿透力。尤其可贵的是:对人事的叙写与酣畅淋漓的议论,自然地糅合在一起,从而既避免了生硬的说教,又避免了就事论事,主题由此而得到升华。可见,优秀的记者,不仅应当是时代风云的忠实的记录者,更应当是站在时代前列的思考者、思想者。

　　进入 90 年代,在中华大地兴起学雷锋新潮的同时,人们深情地呼唤着另一个名字——焦裕禄。

　　在这声声呼唤中,我们 3 个当年采写焦裕禄事迹的老记者重访兰考,专程到焦裕禄墓前敬献花圈。花圈的挽带上写着"焦裕禄精神永存"七个字,表达了我们对这位忠诚的共产主义战士、人民的好儿子的崇敬和思念。

　　焦裕禄去世已经 26 年了。兰考人民在明末黄河故堤的一个沙丘上,修建了焦裕禄烈士陵园。陵园里,参天的泡桐绿荫蔽日,葱郁的松柏密密环绕。白色大理石砌筑的墓地上竖立着一面屏壁,上面镌刻着毛泽东的题字:"为人民而死,虽死犹荣"。

　　我们默默地站在墓前,望着那高大的墓碑,环顾兰考大地,思前想后,禁不住心潮澎湃,思绪万千——

(一)

　　24 年前,当我们第一次踏上兰考这块苦难的土地,兰考的"三害"——内涝、风沙、盐碱还在猖獗地为害人民。一年 365 天,多一半漫天黄沙飞扬。我们住在县委招待所,清晨起床,被褥总是蒙着一层黄尘。白色的盐碱每年不仅要碱死几万几十万亩禾苗,还侵蚀着千家万户的墙脚和锅台。内涝渍死了大片庄稼,有幸捉住苗的,一亩地打下几十或上百斤粮食就是上好年景。

今天,兰考1 800平方公里大地和98万亩耕地,大变样了。

"看到泡桐树,想起焦裕禄。"这是传唱在兰考的一首新民歌。焦裕禄当年为了防风固沙,帮助农民摆脱贫困,提倡种植泡桐。20多年过去,兰考全境的飞沙地、老洼窝、盐碱滩,都已经长起大片大片纵横成网的泡桐林了。1963年焦裕禄亲手栽下的那棵麻秆粗的幼桐,已经长成双人合抱的大树,人们亲切地叫它"焦桐"。全县半数以上的耕地实行农桐间作,一亩地每年仅桐树就可以增值200到240元。我们一路所见,不仅在兰考,而且在豫东平原,在中州大地,在千里公路沿线,在雄伟的黄河大堤,到处都是亭亭的泡桐英姿,到处都是绿色的海洋。

东坝头是黄河下游一个最险要的地段,从三门峡、花园口奔泻而来的黄河激流,在这里按照人们的意志,回旋了一个马蹄形,从巍峨的石坝脚下乖乖地折向东北,奔向大海。滔滔黄河历史上多次泛滥,给这一带留下了271个大大小小的沙堆。每当刮起5级以上大风,黄沙蔽日,天昏地暗,一夜之间沙丘就能搬家。24年前,我们来这里采访,举目黄沙茫茫,不见树木。这次,我们再访东坝头一带,茫茫黄沙已经不见踪影,眼底尽是一望无际的麦海。农民开着汽车、拖拉机,赶着牛车,正忙着收割麦子。微风起处,漾起层层金色的麦浪,一个个旧日的沙堆,变成了郁郁葱葱的刺槐林,极目望去,宛如飘浮在金色麦海里的一个个绿岛。

我们沿着曲径登上名叫"九米九"的大沙丘。头上绿叶盖顶,脚下青草铺地,林子里阵阵凉风宜人。盛夏的阳光从华盖般的槐叶缝里流泻下来,像撒下一条条金色丝线。24年前,我们曾吃力地爬上这个沙丘,流沙灌满了我们的鞋袜。那时,沙丘顶上刚刚种上稀疏的刺槐苗,迎着寒风有气无力地摇曳着。

邻近"九米九"的下马台,原是临大路的一个村庄。因为沙丘移动,村舍、水井被淹没,村民弃家外逃,这里就变成了一个方圆50亩的大沙丘。焦裕禄从1963年春天开始,组织农民在这里挖泥封沙,栽种刺槐,如今也早已成林了。72岁的护林老人王心茂告诉我们:"下马台大沙丘今天变成了'元宝垛',全靠老焦当年领着大伙种树治沙。"王心茂一家人就住在林中小屋里,年年月月守护着这片焦书记留下的林子。他爱树如命,说:"谁要砍死一棵树,就是砍我一条腿;谁要撅折一根树枝,就是断我一个指头,我决不答应!"这句话,表达了老人对党、对他心目中的焦书记多么深沉的感情呵!

当年受到焦裕禄称赞的"四杆旗"之一的韩村,也许是兰考农村今昔变迁的一个缩影。

韩村周围是洼地,常年渍水,土地碱化。24年前我们来这个村访问时,饥寒交迫的农民含着泪告诉我们:1962年全村27户人家,每人只分得老秤12两高粱穗。贫穷像蛇一样缠着这个村庄。在那许多人感到沮丧的年代,他们人穷志不短,硬是不要国家的救济粮和救济款,自力更生,到老洼窝里割草卖草,换来三头毛驴和农具,忍饥挨饿,坚持生产。就在这个时刻,焦裕禄来到韩村,他从韩村人身上看到了千斤重担不弯腰的志气,深深地感动了。他把韩村的代表请上表彰大会的主席台,号召全县学习他们的精神。这次我们又到韩村,看到人们引来的黄河水把洼地淤高了,低洼的荒草窝长出了一坡好麦子、好花生,昔日的盐碱地也种上了棉花。当年的茅屋都换成了一色的砖瓦房。全村51户,有22户买了拖拉机。

我们怀着急切的心情,来到兰考火车站。20多年前,这里的一切令人触目心酸。那时冬春季节,有多少兰考的灾民在这里啼哭饮泣,有多少家庭在这里骨肉离散。站台上堆着从全国各地运来的救灾粮,站内站外,货运列车的棚顶上,都坐着衣衫褴褛的灾民。这一切,仿佛是我们昨日所见,依稀历历在目。而眼前,车站的一切完全变了。整洁的站台修了花坛,东来西去的客货列车井然运行。75 000平方米新建的货场可以同时装卸100多个车皮。最近5年,兰考火车站每年平均装车外运的粮食、棉花、桐材、油料等有1亿多公斤。焦裕禄深夜到火车站含泪看望农民弟兄离乡背井、外出逃荒的凄苦场景,已经作为历史的一页翻过去了。

焦裕禄临终前曾说:"我死后只有一个要求,要求党组织把我运回兰考,埋在沙滩上。活着我没有治好沙丘,死了也要看着你们把沙丘治好!"多年来,兰考的党和政府抱定"一张蓝图画到底"的决心,领导人民改天换地。焦裕禄用生命绘制的那张蓝图,今天已经成为兰考大地的现实。

兰考人深情地说:"咱焦书记在九泉之下可以瞑目了。"

(二)

曲曲折折的历史没有磨灭刻在人民内心深处对焦裕禄的思念。随着时光的流逝,一种呼唤焦裕禄的激越之情,像江河大海的波涛,在共产党员心中,在人民群众的心中,更加激荡不已。

今年以来,已经有30多万人来到墓前凭吊焦裕禄。

当年那个大雪封门的日子,焦裕禄去梁孙庄推开柴门访问过的那位老人梁俊才已经去世,双目失明的张晴老大娘还健在,已经89岁了。她还记得,那天她用颤抖的双手上上下下摸着焦裕禄,问:"你是谁?"焦裕禄说:"我是你的儿子!"去年,张晴大娘家里收获1 000公斤小麦,750公斤花生。今年清明节,她要人拉着架子车专程送她到焦裕禄坟前,按照农村古老的习俗烧了一堆"纸钱",她说:"如今俺富了,老焦有钱花吗?"

一个又一个农村妇女,从家里带来新蒸的白面馒头,摆在焦裕禄墓前,哭着喊着,要他们的焦书记走出墓来尝尝味道。他们永远忘不了,焦裕禄和他们一起吃糠咽菜的艰难日子;永远忘不了,焦裕禄端起大家凑来的"百家饭",眼泪簌簌滚下来的情景。如今家家过上了好日子,焦书记却不回来了。

土固阳乡刁楼村70多岁的老农马全修,身患关节炎,走路靠双拐。今年清明节,他披着老羊皮,艰难地走了二三十里路,来到墓前,恭恭敬敬行了三鞠躬礼。他对陵园工作人员说:"老焦是万里挑一的人呀!我怕活不久了,趁还能走动,赶来看看他。说不定啥时候死了,想来也来不了啦!"

从葡萄架村来的一位六十来岁的妇女,在墓前哭得很伤心。工作人员问她:"有什么为难事?"她说:"我只有一个儿子,自从娶了媳妇,再也不肯管我了。我生他时,生活多么艰难啊!焦书记关心我,救济过我,还送我一块喜庆的红布。那时候,吃不上,喝不上。如今吃喝都有了,儿大心变了。一生孩子的气,我便想起老焦,想起那块红布。唉,要是老焦在,这种事他能不管吗?"

陵园工作人员还对我们谈了一件事:清明节前,陵园松林里一位来自民权县的老农踽踽独行。问他来干什么,他说来看看。问他的姓名,他不肯说。工作人员又问:"你心里有什么事?"老农哭了。他说:"我心里有话,没有地方诉呀,来跟老焦说说……"

群众过上了好日子,思念焦裕禄;群众有了困难,想起焦裕禄;群众心里感到有了委屈,也要到焦裕禄墓前来哭诉。

兰考人心目中,焦裕禄没有死。在村头、田间,在农舍、牛屋,在农村饭场,在夜半梦乡,他们似乎还在跟焦书记倾诉自己的心里话。

广大群众呼唤焦裕禄,这不是一个偶然现象。他们是在呼唤党一贯同群众血肉相连的好传统,呼唤党的一切为了人民、一切依靠人民的好作风。

(三)

焦裕禄去世26年了。其间,人民共和国960万平方公里土地上发生了天翻地覆的变化!我们走过洒满阳光的坦途,也经历过阴云满天的坎坷。党的十一届三中全会这个伟大的里程碑,开始了共和国历史上一个崭新的时代。

从北京到河南的千里农村,我们看到处处绿树成荫,一派生机勃勃。昔日低矮的茅屋,很少见了,少数富裕的农民又拆去刚住了几年的砖瓦房,盖起了独家独院的小楼。强大的电流给广大农村注入了新的活力,农业生产插上了翅膀,乡镇企业有如雨后春笋,家用电器飞进了寻常百姓家。越来越多的农民不再固守传统的耕作习惯,发出了向科学技术要产量要效益的呼唤。前几年,他们是从城里"抢财神"下乡;近年来,那些先进的农民在庭院在承包田里试验深层开发,自己开始走向农业科学殿堂了。20多年前连捉苗都很困难的黄河故道农村,现在已有成片农田三种三熟、四种四熟了。

特别令人兴奋的是,一批又一批年轻的干部,相继走上了县委书记、县长的领导岗位。他们同千百万农村基层干部一起,长年累月,勤勤恳恳,为党为人民默默地工作着。祖国大地山河巨变,无不凝聚着他们的辛劳和汗水。这些80年代以来成长起来的年轻一代，有从农村基层提拔上来的，更多的是大学毕业生、研究生。在党的哺育下，他们有较高的科学知识水平和文化素养，经过实践的磨炼，身上也闪现着60年代县委书记焦裕禄的精神风貌。

他们是新时代大潮中的中流砥柱！

但是，在新形势新任务面前，也有少数干部经不起执政和改革开放的考验，受到不正之风的影响和腐朽思想的侵蚀。他们把为人民服务的宗旨抛到了九霄云外，背离人民，违法乱纪，成为大潮奔泻中的泥沙。

当前，值得严重注意的是，在有些地方，干群关系紧张，干部作风不正，官僚主义严重，有禁不止，有令不行，甚至滋长了腐败现象。

有的人随意侵犯群众利益，乱收费、乱摊派、乱罚款，一切向钱看。群众气愤地把这"三乱"比做新的"三害"。

有的人挥霍公款大吃海喝，群众指着他们的脊梁骨说："你们把酒杯捏扁了，把筷子吃短了，把椅子坐散了。"

有的人不为群众办事，只顾自己"窝里斗"，对群众疾苦视而不见，充耳不闻。

有的人弄虚作假，文过饰非，还向上邀功请赏，争名争利。

有的人贪赃枉法，胡作非为，不止自己侵吞公款公物盖私房，还为亲朋故旧、七姑八姨谋私利、捞便宜……

有一个老贫困县，十年九灾，被称为"洪水招待所"。全县128万亩耕地，有123万亩旱不能浇，涝不能排，人均收入200元以下，温饱问题一直没有解决。农民形容自己的苦日子是："泥巴房子泥巴床，除了泥巴没家当。"这样一个长期贫困的老灾区，那里的干部本该发扬焦裕禄精神，咬紧牙关，艰苦奋斗它几年，领导群众摆脱贫困。但令人痛心的是，1988和1989两年，这个县一面吃着国家救济粮，用着国家救济款，一面竟然作出决定，让下级机关给领导干部"送红包"；而全县得"红包"金额最多的是原县委书记。

这些腐败现象，使广大群众心不平，气不顺，在干群之间、党群之间无形中筑起一道高墙，它隔断了党与群众的联系，玷污了党的形象，造成了许多不安定因素。

60年代初，我国外有压力，内有经济困难。焦裕禄那种敢于"在困难面前逞英雄"的气概，"心中装着全体人民，唯独没有自己"的情怀，不啻是黑云压顶时一道耀眼的闪电。正是这种气概和情怀，我们的党克服了历史上的一个个危难而一往无前。现在，我们国家也面临着外有压力、内有困难的形势，依然需要"在困难面前逞英雄"的精神，需要同人民群众紧密联系的作风。

这就是成千上万人一往情深地怀念焦裕禄、呼唤焦裕禄的真正原因。

党的十三届六中全会的决定郑重指出："人民群众是我们党的力量源泉和胜利之本。能否始终保持和发展同人民群众的血肉联系，直接关系到党和国家的盛衰兴亡。"决定谆谆告诫全党："在改革开放、发展商品经济的条件下，共产党员更加需要自觉保持清正廉洁,坚决反对腐败行为。如果听任腐败现象蔓延,党就有走向自我毁灭的危险。"

这历史性的决定,像警钟长鸣!

(四)

我们在河南农村访问,同地委、县委的许多干部交谈。他们在学习焦裕禄的活动中,有深切的感受,有各自的经验体会,内心也有些隐忧。

许多干部尖锐地指出,焦裕禄是县委书记的榜样,学习焦裕禄,重点是领导干部学,不能只领导别人学、自己不学。人民怀念焦裕禄,表现了群众对党的干部的殷切期望。绝不能辜负群众的期望!当"班长",要事事、处处与焦裕禄相比,在自己身上找差距;要像焦裕禄那样善于团结"一班人"。搞"窝里斗"的,争名于朝、争利于市的,学不了焦裕禄。

60年代,焦裕禄是领导群众同严重的自然灾害作斗争,让兰考群众吃饱穿暖。今天,新的任务、新的困难正考验着我们的干部,学习焦裕禄不仅要领导群众同自然作斗争,还要同侵入自己肌体的官僚主义和腐败现象进行斗争。从某种意义上讲,这种斗争比起同自然灾害的斗争还要艰苦得多。县委书记们谈到这一点时,强调说,学习焦裕禄,一定要从世界观上学,要付出代价,作出某种牺牲,经历思想上痛苦的磨炼。不能摆花架子,不能搞形式主义。

书记们谈到焦裕禄"心里装着全体人民"时,都很动情。他们举出许多事例说,只要与群众心连心,处处为群众着想,为群众办好事、办实事,群众就信任你、拥护你,工作就会一呼百应;国家有什么困难,群众也会支持国家渡过难关,就是上刀山下火海,也在所不辞。如果你心里没有群众,和群众离心离德,违背群众利益,再大的好事,就是干部喊破嗓子,群众也是百呼不应。这是一个非常朴素的真理。

"千金易求,人心难得。"这是自古以来中国人民的箴言,也是关系我们党盛衰兴亡的一个大问题。

从兰考到开封,我们瞻仰了曾任开封府的府尹,近千年来一直活在人民心中,为人们敬仰传颂的包拯的塑像。这座新建的包公祠里,有一块古石碑,上面铭刻着开封府历届府尹的名字。人们纪念包拯,崇敬包拯,前来参观的人都要站在石碑前抚摸一下他的名字。年深日久,石碑上"包拯"二字被摸出了一片很深的亮光光的凹痕。

我们从包拯又想起了焦裕禄。焦裕禄不是封建社会的"包大人",他自称是"人民的儿子"。包拯在开封府为官只有一年零三个月,但这位妇孺皆知的"包青天",留给后人的是几天也讲不完的清正廉明的传奇故事。焦裕禄在兰考实际上也只是工作了一年零几个月,而他却给人民留下一个共产党人的高大形象和许多无价的精神财富。

"我是你们的儿子"。焦裕禄的这句话,表达了一个伟大的真理。这是一个震撼历史的声音,他喊出了中国共产党人对人民的全部忠诚。

历史将永远铭记这位人民的儿子的英名。

(新华社北京1990年7月8日电)

对话"意见领袖"
——善待网民和网络舆论③

人民网舆情监测室

导言——

在网络时代,众声喧哗是公众舆论的重要特点之一。众声喧哗之中的一种声音是由网上意见领袖发出的。一些意见领袖的意见常常能够影响相当一部分公众。在此情势下,如何正确对待意见领袖和他们的意见,就成为一个十分重要的问题。该网评提出并很好地回答了这样一个重要问题。在论述过程中,既对政府提出了"要有容人之量"的要求,因为政府无疑居于舆论的主导方面;同时也对意见领袖提出了用好"拇指话语权"的要求。话分两边说,说得辩证,说得在理,说得到位,具有相当的说服力和可信性。加之所用的话语系统贴近网民,网评自有一种毋庸置疑的亲和力。

近年来,在"微博打拐"、贫困地区学童"免费午餐"等事件中,一批知名网友起到了重要的动员作用。目前,微博上粉丝过百万的用户超过300名。他们对网民的影响力不可低估。

研究表明,美国微博客"推特"上,前几年2万名"精英"用户,比例不到总用户的0.05%,却吸引了几乎50%的注意力。中国的微博也有类似的情形。互联网虽然降低了民众表达的门槛,但少数知名网友的声音,仍然引领着公众的价值评判。在拆迁、上访、事故灾难等突发事件上,知名网友频频发声,对政府造成了舆论压力。

早在上世纪40年代,美国传播学者发现,大量的信息经某些活跃分子中转或过滤,形成价值判断,再传递给大众。这些活跃分子就是传播学意义上的"意见领袖"。互联网的出现,极大地拓展了言论空间,从学界、媒体、文艺界和其他专业领域(如金融业、IT业)上网人群中,"意见领袖"批量产生,特别是在微博客上各显其能。

"意见领袖"群体的异军突起,改变了过去由政府和官方媒体主导新闻宣传和社会舆论的格局。随着市场经济的发展,中国社会逐渐分化为不同的利益群体,利益表达和博弈走向透明化和规则化。这首先应值得肯定而不是忧心忡忡。中国互联网上的"众声喧哗",其实标志着社会生活的和谐度,也体现了我们党和政府驾驭复杂局面的气度和自信。

"意见领袖"有时能呼风唤雨,不是他们自己有什么地位或特权,而是他们代表了相当数量拥趸的心声。没有民众的意见,也无所谓"意见领袖"。因此,宽容和倾听"意见领袖",也是尊重民意,体察民瘼。当下社会转型期,现实问题成堆,各种矛盾盘根错节。"意见领袖"的批评质疑声,恰恰说明广大民众对政府推行"良政"和"善治"抱有热切期待和坚决支持。

另一方面,"意见领袖"放言立论不乏偏激。网上匿名发言、封闭交流的环境,负面情绪交叉感染,容易让某些极端化的言论占上风。"意见领袖"的勇气和责任感,在彼此呼应和驳难中,有时会与刚愎自用、党同伐异联系在一起。因此,一个健康的舆论生态,是勇于针砭时弊又富于建设性,对不同意见善于包容也善于批评。求同存异,聚同化异,扶正抑偏。

微博客、BBS、博客等本是个人表达的媒介,但"意见领袖"由于公众关注度很高,已然使这种"自媒体"升级为社会"公器",具有公共服务性和社会共享性,议题设置和舆论放大效用明显,在某些情形下甚至有可能掌握着"舆论核按钮"。这种情势下,"意见领袖"们不妨更谨慎地用好"拇指话语权",不失语也不妄言,以法律、公序良俗和专业精神为边界,勇敢而稳妥地为社会代言。近年来,在基层一些地方,社会矛盾有所激化,弱势群体中有人趋于暴力表达。"意见领袖"致力于打捞"沉没的声音",提请政府和全社会警醒,同时仍需坚定地维护有序政治参与,推动和平转型。

"意见领袖"大都有鲜明的个性,既然是沟通,就不可能期待他们百分之百的拥护,在这一点上政府要有容人之量,更不必一听到反对和不理解、不体谅的声音,就认为沟通无效,就恼羞成怒,关闭沟通的管道,转而举起蛮横的权力武器,把"意见领袖"逼成"异见领袖"。史载胡耀邦在延安向毛泽东请教什么是政治,毛主席大手一挥说:政治就是,把支持我们的人搞得多多的,把反对我们的人搞得少少的!要知道,互联网上很多人,拉一拉就是朋友,推一推就可能形同陌路。每一次沟通都会在对方内心留下善意的种子,哪怕这种子一时还未破土而出,但也在成长,而不能粗暴地丢弃。

厦门著名网友连岳曾和市民一道,质疑和批评PX化工项目;南京籍数百万"粉丝"的网友黄健翔、孟非,今年初呼吁制止地铁工程砍伐梧桐树。两地政府都听到并吸纳了他们和广大市民的诉求。厦门组织二次环评和市民座谈会,最后决定PX项目迁往漳州;南京紧急出台《关于进一步加强城市古树名木及行道大树保护的意见》,

规定原则上工程让树,确需移植需报市政府备案,移一棵补两棵。一触即发的官民对峙,在官民谅解中轻松化解。

给不同网民群体,包括"意见领袖"言说与辩论的空间,就是给社会压力多一条出口,给解决问题多一种可能。

(见 http://opinion.people.com.cn/GB/15143969.html)

刘铁男带来的启示与警示

人民微评

导言——

传统媒体的微评,是在自媒体时代出现的一种利用网络发布的短小评论,所评对象大都为热点、焦点乃至敏感事件。以下一组微评论,都是媒体就原国家发改委副主任刘铁男因被实名举报而落马一事发的简短评论。这类评论,重要的是及早发声,发有见地之声,发犀利泼辣之声。写法上是亮明观点,直奔主题,痛快淋漓,言简意赅,发人之所未发,道人之所未道。

从被实名举报,到新闻办负责人否认严斥,再到今天证实接受调查,刘铁男的"剧情"跌宕起伏。实名举报在先,组织调查在后,这再次说明,创造条件让公众监督,是反腐制度化不可或缺的正能量。同时也要警醒:新闻发言人本是公职,怎会沦为"家奴",为个人背书?

不造谣体现的是底线,不传谣体现的是智慧

新华微评

国家发改委副主任刘铁男涉嫌严重违纪被调查,除因实名举报以外,微博也功不可没。微博之所以能成反腐利器,在于公开,更在于真实。失去了真实,微博难免堕落为中伤谩骂的角斗场。不造谣体现的是底线,不传谣体现的是智慧。

"辟谣"成造谣，该当何罪？

河南日报微评

正被组织调查的国家发改委副主任刘铁男，此前被媒体人罗昌平实名举报，国家能源局当天即回应："纯属污蔑造谣。"如今"谣言"却成真，当初未经调查的"辟谣"无异于造谣，受伤的又是政府公信力！近期多名网民因造谣被处理，然而替刘铁男"背书"者，该当何罪？

（以上三则微评均见 http://www.360doc.com/content/13/0513/17/1705919_285173927.shtml）

研究与思考

＝延伸阅读＝

赵新乐、晋雅芬：《从获奖作品中感受真实的中国》，2013年1月9日《中国新闻出版报》。

＝问题与思考＝

1. 确立和提炼主题与发现新闻之间存在着怎样的关系？
2. 阅读了本章所选例文，对你在新闻写作时提炼主题有哪些启发？
3. 在通讯和新闻评论中，主题的存在形态存在什么样的差别？

第三章 精选角度

导 论

报道角度对新闻写作而言至关重要。精选角度可以使新闻作品牢牢吸引住受众的眼球,可以使之"超凡脱俗",与平庸划清界限,从而进入一种比较高的境界。然而要找到好的报道角度,又绝非易事。灵感突降的情况固然也有,但在多数情况下有赖于记者勤于思考,进行百折不挠的努力。

一、选取角度的重要性

(一)展示事实隐含的新闻价值

古诗云:"横看成岭侧成峰。"可见对同一事物,从不同的角度观察会获得不同的认知。新闻报道要想取得不俗的效果,就必须探讨如何精选报道角度的问题。不精选报道角度,报道就会显得很平庸,就不可能凸显事实的新闻价值,就无法展示事实的最具新闻价值的部分,也就不可能获得受众的好评。

(二)体现对事实意义的独到发现

对所报道事实的意义有独到的发现,方能使受众在获得有价值的信息的同时得到相应的启示,觉得确有所得。独特发现有赖于观察事实时所取的独特角度。《北京青年报》记者报道背着生病女被告上法庭,取用的观察事实的角度,是把被告当作普通人来对待的独特角度,因而就有了在执法过程中执法者尊重被告(犯罪嫌疑人)人格这样的发现。

(三)展现一片全新的认知天地

一般性的报道角度,只是把人们带进一般性的认知天地。当年关于大兴安岭火灾的新闻,多侧重于报道灾难本身,这在当时也是必要的,但大都没有给人留下太深的印象。与对此次火灾的通常报道有所不同的是,《中国青年报》的"三色"报道(《红色的警告》、《黑色的咏叹》、《绿色的悲哀》),着眼于对灾难进行反思,致力于追寻灾难产生的深层次原因。这组系列报道角度新颖,提高了人们的认知水平。

新华社记者郭超人,当年没有就事论事地写我国运动员攀登珠穆朗玛峰。他以中苏关系恶化、许多人担心我国的建设事业受挫为社会大背景,由此切入来展现此次登山的深厚内涵。而苏联人也确实曾经扬言:没有他们的参与,中国人单独攀登世界最高峰,在80年代以前是不可能的事情。此次登山活动,实际上成了中国人能否经受严峻考验的一块试金石。基于这样的考虑进行报道,我国运动员攀登珠穆朗玛峰也就有了特殊的意义。应当说明的是:如此这般的意义,是隐含在新闻事实中、经发掘即可被认知的,并不是记者强加给新闻事实的。

（四）防止走进误区

新闻报道讲究角度的选取,理所当然。但应当避免进入误区。新闻事实明明不包含某种意思,却要变着法儿强扭事实、改变事实,通过它来表达记者的某种主观意图。这是断不可取的。游览黄山的人们,常常发出"移步换景"的慨叹。其实,与"移步"相联系的,是角度的转换、视域的变化;但黄山景色从各个角度看都非常秀丽、能给人以不同的观感,这才是问题的本质。因此,报道角度的变换和选择,必须以新闻事实为依据,而不能离开事实,任意而为。

二、结合采写流程选取角度

（一）精心选取接触事实的角度

新闻写作的原材料来自采访。通过有目的的采访,记者对于新闻事实,由知之甚少到知之甚多,由一般了解到深入了解。而在采访中,有一个接触人物、事实的角度问题。不可能接触所有与新闻事实有关的人,那么就要有所选择地接触人。要接触的人选确定以后,紧接着要确定在什么场合接触（办公地点,抑或公众场合,还是征得同意后进入私人空间）。接触时谈什么话题,也是事先必须考虑好的。最后是在后期的写作或制作中摄入现场的哪些内容。以上各点,都与接触人物、事实的角度密切相关。

（二）精心选取观察事实的角度

在采访中,进行观察至关重要。狭义的观察,是通过眼睛静观默察;广义的观察,则须借助各种感觉器官去接受、体察来自外界的信息。为便于观察和及时捕捉到有用的信息,记者须精心选取观察事实的角度,这主要是指选择观察点和选择观察窗口。

观察点是记者据此观察事件和场景的视点。记者可能取用不止一个观察点,例如写中国对香港恢复行使主权、中英举行交接仪式的通讯《别了,不列颠尼亚》,就取用了不止三个观察点:(1)报道下午4点30分,末任港督彭定康告别港督府,降下港督旗帜,以港督府为观察点。(2)报道晚上6点15分开始举行的象征英国管治结束的告别仪式,以添马舰军营东面广场为观察点;报道子夜时分举行的中英香港政权交接仪式,米字旗在香港最后一次降下,五星红旗冉冉升起,也以此为观察点。此观察点的深意在于:"156年前,是一个叫爱德华·贝尔彻的英国舰长带领士兵占领了港岛,在这里升起了英国国旗;今天,另一名英国海军士兵在'威尔士亲王'军营旁的这个地方降下了米字旗。"(3)报道7月1日零点40分,查尔斯王子和彭定康登上"不列颠尼亚"号离开香港,以码头为观察点。记者通过在三个观察点所作的观察,对查尔斯王子和彭定康在香港的最后时刻做了富于深意的展示。

观察窗口,相当于摄影时所设定的取景框,由此可以透映出精彩的景观和丰富的内涵。比如,反映新疆在改革开放之初发生巨变的通讯《从邮局看变化》,可以理解成是记者以乌鲁木齐邮局为观察窗口,引导受众由外入内体悟乌市的变化,许多反映变化的信息又巧妙地借由窗口而从里向外地散发。

(三)精心选取解剖事实的角度

一个新闻事实,可以被解剖为若干部分或若干方面。这些部分或方面,并不均具新闻价值或并不具有同等的新闻价值。因此,报道者应当学会"砍刀子"。一刀或数刀"砍"下去,事实的最具有新闻价值的部分,得以保留(无新闻价值的部分则被舍去)和展现。"砍刀子"有两种"砍"法:"纵砍"——对事实进行纵向解剖。由事实的结果出发,回溯原因。如《北京酱油为啥脱销》、《菜价跟踪》等报道。"横砍"——对事实的横向解剖。由新闻事实发展过程中某一个时间点或跨度不大的时间段入手,将"刀子""砍"下去,将无新闻价值的部分删去。

(四)精心选取表现事实的角度

1. 选择让受众感到贴近的角度

西方新闻价值理论中,接近性是不可或缺的要素。"贴近"与"接近",意思相近。贴近,既体现出报道者的主观努力,同时也应当是受众的认同性的实际感受。让受众产生疏离感、隔膜感的报道,不可能受到诸多受众的关注和好评。因此,选择让受众感到贴近的角度,是报道的成功之道。例如,面对各省纷纷到北京办餐饮业这样一个新闻事实,报道的角度该怎么选?可以从政府的角度进行报道,也可以从各省餐饮业经营的角度进行报道,还可以从老百姓的角度进行报道。要想引起普通受众对报道的关注,报道者就必须选取让受众感到贴近并乐于接受的角度,而不应写成居高临下的指导工作的报道。

2. 选择利于凸现事实的新闻价值的角度

有些报道者,在无意间将事实的新闻价值湮没在不作取舍的情况罗列和不得要领的泛泛叙述之中。如果报道者不能从精选角度方面考虑问题,那么在报道中就难以凸显事实的新闻价值。而不少新闻作品,在通过精选角度凸显事实的新闻价值方面就做得很出色。如《南京药交会开幕式成了闭幕式》、《26名同学资助病逝同学父母15年 称承诺无期限》等等。在前一篇报道中,新闻事实的新闻价值不在于南京举行了一个"药交会"(这个会那个会太多,一般性地报道会议已不易显现其新闻价值),

而在于"药交会"闭幕式与开幕式合一,这是前所未有的,也是新闻事实的最大亮点。在后一篇报道中,26名同学已资助同窗的父母15年,而未来还将无限期地资助下去——事实的新闻价值在这儿得到了充分体现。

3. 选择能体现趣味性的角度

新闻事实中往往不乏趣味性的因素。如果新闻事实具有趣味性就不要轻易把它舍弃。而应当选择恰当的角度将它展现出来。

2003年5月,胡锦涛担任国家主席后首次出访的国家是俄罗斯。此举受到世界各国普遍关注。抵俄当晚,普京总统在私人别墅举行家宴欢迎胡锦涛夫妇。按常规,对此次晚宴只能是用寥寥数语(而且是程式化的语言)进行报道。

中央人民广播电台在现场的记者郭亮,注意到了晚宴过程中的一些细节并作了报道:晚宴就像朋友间的私人聚会,两对夫妇各自带着一个翻译,没有任何随行和外交官员参加。这在国际交往中是一种非常高的规格。它既表示中俄关系的特殊性和亲密性,也表明包括俄罗斯在内的国际社会对中国当时的新一代领导人、对中国政策未来走向的一种关注。当天下午,胡锦涛和普京都穿着衬衣,外套西装,而衬衣最上面的扣子都没有扣,也没有系领带,显示出一种很随意的样子。普京手里还拿了一束鲜花,面带微笑地站在那里,像一个等待约会的年轻人。当胡锦涛夫妇到来时,普京把花束献给了刘永清。

就这样,这一涉及两国国家元首的时政报道,显得很有趣味性和人情味。可见,时政报道也是可以做得很有趣味性的。

4. 选择能给人以新颖感的角度

上海电视台关于世贸组织部长级多哈会议审议中国"入世"的报道《十五年前进15米》,在我国媒体关于"入世"的报道中,角度最为新颖。参加世贸组织部长级会议的中国代表团正副团长石广生和龙永图,此前一直被安排坐在后排,以观察员的身份参会;而在多哈会议的后半程,情况发生了引人注目的变化,他们被安排到前排就座。空间距离前进了15米,经历的时间距离是15年。两个"15",包含着丰富的意味,给人以新颖之感。

新闻《羊城千余青年做"不掌印的市长"》,报道的是"假如我是市长"提建议活动的颁奖仪式,市长出席大会并作了讲话。如果按会议报道的通常套路来写,势必枯燥乏味。记者落笔于"千名青年以'不掌印市长'身份,为广州的城市建设和管理出谋献策"。且以"谁说人微言轻?"的设问开篇,牢牢地抓住了受众的眼球,效果不同凡响。

再说《经济日报》"香香臭臭话广东"系列报道。1989年1月16日至2月2日,该报以《香香臭臭话广东》为开篇,推出了一组反映部分省市改革开放和经济发展形势的专题系列报道。在半个多月时间里,先后刊出深度报道《穷穷富富话江西》、《高高低低话北京》、《进进退退话上海》、《大大小小话浙江》、《虚虚实实话安徽》、《真真假假话福建》、《上上下下话山东》、《多多少少话天津》、《快快慢慢话江苏》等,最后以《风风雨雨话龙年》为收篇,共计 11 篇。这组报道的新颖之处表现在:(1)对改革开放形势的评价,打破了非黑即白或非白即黑的思维模式,体现了难能可贵的辩证观点,辩证的观点集中地体现在标题中包含着矛盾对立的叠词上。(2)各篇报道的标题在整齐中而有变化。其中"话"字是不变的,前面加叠词和后面加地名的格局也是不变的。而叠词的内容则是变化的,是根据各地的实际量身而定的,地名揭示了作为报道对象的不同地域,因此也是变化的。这组报道给当时的受众以眼前一亮的感觉。

5. 选择符合本媒体特色的角度

每个媒体都有自己的受众定位和对特色的追求。记者在选取报道角度时,应顾及本媒体相应的限定和彰显的特色。

三、在广阔的空间中选择新闻写作角度

(一)在受众的关切点上寻找角度

受众(公众)的关切点,本身就值得新闻记者去加以关注,而对此所作报道在刊播后又会受到受众的更大关注。抓住公众关切点进行报道,有利于充分体现记者的人文主义情怀,有利于引起公众的强烈共鸣,有利于提高新闻作品的受关注度,有利于得到受众的广泛认可和接受。

(二)在别人的报道未及处寻找角度

1. 报道别人未报道过的事实,体现新颖性

《昆山 31 万农民刷卡看病》,报道的是 31 万农民这一庞大的群体,享受医保、可以方便地刷卡看病的事实。该作突出的是这样几点:(1)农民看病和城里人的待遇一样甚至更好。在这里,城与乡之间已不存在传统意义上的差别。(2)关键是刷卡看病。农民看病刷卡,卡上有钱。这是从未有过的新鲜事。(3)享受医保的农民,计有 31 万人,数量巨大。此事含义深刻。该作刊出后"一炮打响",完全在情理之中。

2. 找别人没有采用过的角度,体现独创性

《河北日报》刊登的《我省交通图五年七变》,是一篇成就报道,但跳出了此类报道的窠臼。它不是一般性地列述新建了多少条高速公路,长度达多少公里,创造了历史新高;而是从全省交通图 5 年更新了 7 版这个新视角入手,反映道路交通建设和交通行业所发生的喜人变化。受众读后,会不由得发出赞叹。

(三)在他人不经意处选角度

社会生活中的一些事情,平常得不能再平常,人人都可能遇到,几乎所有人包括记者,即使遇到了,也不会把它当作新闻来加以报道。如果有记者就他人不经意的这

类事实加以报道,并从中凸显其丰富内涵和深刻含义,其他记者和广大受众就会深表佩服。范敬宜就是这样的高手。他曾在公社秘书办公室睡过一夜,结果抓到了"夜无电话声、早无堵门人"这样的折射出农村发生巨变的鲜活新闻;他能信手拈来,从辽宁农村拥有电视机农户统计方法的变化,从侧面巧妙地进行成就报道。范敬宜所选的报道角度,常让人感到妙不可言。

(四)运用逆向思维寻找角度

在选择报道角度时,可适当运用逆向思维法。司马光砸缸可给人以思维方法方面的启示。人掉入水缸,如何从水缸中救人?一般人都是顺着"如何使人离开水"这个方向考虑问题。司马光却是反其道而思之,想到了以砸缸的方式让水离开人。相对于"如何使人离开水","如何使水离开人"体现了逆向思维的魅力。

1994年,湖南衡山县遭受到百年未遇的洪灾,在兴修水利现场,出了一件让人意想不到的事。

新上任的代县长邹大华在电视中说,要动员县城几千名机关干部修防洪堤。农民何文新一是想看县长长得啥模样;二是想来查一查,看县长到底上了工地没有。县长查农民,算不了什么新闻,而农民查县长,则新闻价值大着哩!

他爬过几座山,来到现场,向一位干部模样的人打听:"邹县长来了没有?"

"来了,正在干活哩!"

顺着那位干部指的方向一看,一位中等身材、满脸慈祥的中年人挑着一担百多斤重的泥土走了过来。何文新经过"一看"、"二查"、"三问",一个为农民办实事的县长形象在他眼前凸现出来。

一记者以白描的写作手法,没作任何加工,将这特定环境下的特殊细节原汁原味地写了出来,《人民日报》几乎没改一个字,发了个二版头条。后来此稿获得全省报纸系统好新闻一等奖。①

不是报道县长查农民,而是报道农民查县长,与通常的思维套路和报道套路完全相反,作品的新意就得到了充分显现。这篇不落俗套之作,得益于事实本身的非同寻常和作者写作过程中的逆向思维。

再说新闻评论。有一篇新闻评论,以《精官简政》为题写就,针对各单位官职超编、无兵可精简的时弊,与历来所提"精兵简政"持论相反,说出了人人心中所有而笔下所无的意思,读后让人感到所言极是。《"吹毛求疵"有什么不好》,为受人贬抑的"吹毛求疵"的做法正名,很能给人以启发。《杞人忧地》,属反弹琵琶式的言论。《应该杀猴给猴看》,与"杀鸡给猴看"反其道而行之。以上各篇,均因逆向思维、标新立异而出彩。

---

① 成新平:《新闻报道:逆向思维出佳作》,《对外大传播》2005年第3期。

（五）围绕特点寻找角度

找到了特点也就找到了比较好的报道角度，因此，记者应致力于寻找新闻事实的特点。关于3·15的报道年年有，不少已成例行公事式的报道。《南京日报》的一篇报道就很有特点：过去拎着商品找商家　如今空着两手问政策/3·15焦点大转移。由"拎着商品找商家"到"空着两手问政策"，今昔的对比，巧妙地折射出消费者心理的成熟度和智慧的提升度。

选文（著述）

找到新闻视角的八种方法

陈　辉

导言——

选自《中国记者》2007年第7期。下文是一位一线记者对寻找新闻报道视角的方法的经验总结。其可贵之处是：避免了泛泛而论，没有仅停留于感性的层面。文章既有很强的可操作性，又体现出理性思考的品格，能给人以诸多启发。

提炼新闻、在纷繁复杂的情况中找到新闻点甚至是独家新闻，是记者应该具备的本领。经过近20年的记者生涯，笔者总结出许多捕捉新闻的方法。

旧文里面提炼新闻

新闻突出个新字，但旧闻经过提炼、改造也能变成新闻。有的旧闻有了新闻由头，就能变成新闻；有的新闻刚刚发生，没有事实加以证明，采用旧闻的材料，可以使新闻更加丰富、可信。

1997年9月，江泽民在党的十五大报告中指出，在80年代裁减军队员额100万的基础上，我国将在今后三年内再裁减军队员额50万。我抓住这一时机，针对新中国成立后的9次大裁军，采写了《中国军队在新中国建立后裁军七百万》的消息。其中95%的材料都是旧闻，却以新闻的面貌出现。我拿第九次大裁军作为新闻由头，在消息导语中画龙点睛。接着，从解放军1950年第一次大裁军一直写到1985年第八次大裁军。这八次大裁军都是几十年前的旧闻，但把它提炼成新闻后，受到报纸的普遍青睐。

旧闻变新闻需要具备三个要素：

一、新闻由头。没有新闻由头，旧闻很难改造成新闻。

二、新闻背景。裁军是读者普遍关心的问题，而旧闻又能满足这样的需要，这样才能出新。

三、新闻事实。1997年9月，江泽民在党的十五大报告中指出："我国将在今后三年内再裁减军队员额50万。"当时只是口头宣布，没有成为事实，而前八次大裁军已经具备丰富的事实。利用宣布裁军50万，突出新闻的"新"字，用前八次大裁军补充新闻的"实"字。

单一新闻中提炼对比新闻

对比新闻往往是把新闻与旧闻对比，提炼对比新闻，必须寻找到同类的旧闻，对相同事物进行对比。通过对比，可以强化读者对新闻的感受。

《中国军队展开新的"三打三防"训练》是2000年8月11日我采写的一篇对比式新闻。这篇消息在导语中写道："中国军队正在全军展开'打隐形飞机、打巡航导弹、打武装直升机，防精确打击、防电子干扰、防侦察监视'的新'三打三防'训练，以提高适应未来高技术战争的能力。"

接着，消息在主体中写道："1970年初，中央军委曾在全军掀起'三打三防'训练的高潮，当时'三打三防'的内容是'打坦克、打飞机、打空降，防原子、防化学、防生物武器'。"通过这篇对比新闻，读者在30年前后的两次"三打三防"训练对比中，感受到我军在现代化建设上的巨大变化，这样比单一地介绍新"三打三防"训练要丰富得多。

大新闻里提炼小新闻

大新闻提炼小新闻，实际上就是分解新闻，把一篇新闻分成多篇新闻。

分解新闻的常用方法有四种：

一、按时间顺序提炼，就是按照新闻的发生、经过、结束进行提炼，可提炼出连续报道的许多题目。

二、按新闻的内容提炼，就是按照新闻的不同方面进行提炼，比如报道军兵种联合军事演习，可以按照装甲兵、炮兵、工程兵、防化兵等不同兵种的演习科目进行提炼，每个兵种都是一个报道题目。

三、按体裁提炼，就是根据新闻事件和人物提炼出消息、特写、通讯、述评等多种体裁，一件事和一个人物可用消息、特写、通讯等不同的新闻体裁进行报道。

四、按人物的类别提炼，就是按照人物的性别、年龄、职业进行提炼。

共性新闻里提炼独家新闻

提炼独家新闻是记者的硬功夫,这需要长期经验积累和独特眼光,但也有些规律性东西可以遵循:

一、采访时细心观察,在共性中寻找个性。采访时每个记者都在对人物、事件进行观察,选取角度,而独家新闻,就必须观察仔细,角度新颖,别人平视,你可以站得高一点,进行俯视,或者趴在地上进行仰视,寻找别人看不见的角度,找出个性的东西。

二、采访中不随大流,独立思考。人云亦云,众人写的东西你也写,永远出不了独家新闻。

三、采访中既要抓住独家,也要提炼新闻。

譬如,1997年7月平津战役纪念馆开幕式,有30多家媒体记者参加,大多发一篇开幕式的消息,我除了发消息外,还仔细观察,在平津战役纪念馆的"烈士墙"上,5 889名烈士有姓名和籍贯记载,此前我了解到平津战役共牺牲了7 030名烈士,也就是说有94%的烈士有了下落。我登时觉得这能成为一篇有价值的新闻。

于是,我抓紧采访了纪念馆的同志,迅速整理出《平津战役牺牲的7 030名烈士有6 639人有了下落》的消息,被全国上百家媒体采用。

分散新闻里提炼组合新闻

组合新闻的价值就在于把含新闻量不高的新闻进行合理组合,达到100%的新闻价值。

一、同类事物的组合。《中国军队后勤正在进行三大改革》的消息,就是把我军后勤领域的"三军联勤、社会化保障、提高野战机动保障能力"组合在一起。不是同类事物很难组合在一起。

二、并列关系的组合。形式逻辑把事物分为属种关系、并列关系、交叉关系,而组合新闻采用的是并列关系。采用并列关系,文章表述逻辑性强,层次分明,便于读者阅读。

三、具有新闻价值的组合。组合新闻的每个组合体,尽管新闻含量不高,但必须具有一定新闻含量,而且经过组合后能达到一定效果。

同类新闻里提炼系列新闻

如何在同类新闻中提炼系列新闻是在新闻写作中经常遇到的问题,譬如围绕"我军官兵文化素质的变化",从这一同类出发,按职务分:可以写义务兵、士官、军官文化素质的变化;按干部的类别分:可以写专业技术军官、指挥军官的变化、文职干部的变化;按照学历分:可以写中专学历、大专学历变化、大本学历变化、硕士和博士的变化;按性别分:你可以写男军官和士兵的学历变化,也可以写女军官和士兵的学历变化,在"三八"妇女节时,写女兵的变化,会很受报纸的欢迎。同一类事物中,要善于分类,善于跟踪,合理区别,就能提炼出系列新闻。

局部新闻里提炼全局新闻

笔者作为新华社驻战区的军事记者,长年接触的是局部新闻,而局部新闻的价值与全军的全局性新闻相差甚远。要想增加局部新闻的含金量,就必须站在全局新闻的角度去提炼局部新闻,也就是站在全军新闻的角度审视战区新闻,具备了全局意义的局部新闻,可以成为"赤金"新闻。

2001年12月3日,我采写的消息《北京军区494名退役军官为国分忧选择自主择业》,被《人民日报》等全国80多家报纸采用。北京军区494名转业军官与全军数万名转业军官相比,仅是个局部,但2001年却是我军首次实行转业军官自主择业,它是我军退役军官安置的历史性变革,用一个局部新闻反映我军安置政策的重大变革,便使局部新闻上升到全局新闻的高度,成倍增加了局部新闻的含金量,受到报纸的普遍欢迎。

典型新闻中提炼后续新闻

典型人物和典型事件报道,已经成为新时期新闻报道的一个主要方面,典型报道通常在一篇主通讯之后,要进行大量的后续报道。于是,如何提炼后续报道,成为摆在记者面前的新课题。

现在典型人物的后续报道形成了一些读者已经看腻的报道模式,其主要表现在三个方面:一、同一手法反映不同典型。典型人物的主通讯发表后,往往接着就是:××眼中的××。二、雷同的巡回报告报道。典型人物大都要进行巡回报告,而巡回报道内容又是千篇一律,报道的内容也跟着千篇一律。三、学习、接见、反响、称号的模式报道。

在"人民的好军医华益慰"的宣传中,我们进行了一些改革尝试。在华益慰的主通讯发表后,我们选择了许多新的视角:人事档案,是人物成长经历的镜子,于是有了《三寸纸袋看丹心》——干部档案中的华益慰;家庭影集,是人生经历的缩影,于是有了《历史铭记往日的辉煌》——老照片中的华益慰;家信最能体现人物的真实内心世界,于是有了《家书抵万金》——书信中的华益慰;师生朝夕相处,学生对老师看法是独特的,于是有了《终身为人师表》——学生眼中的华益慰;患者是医生的最权威的评论者,于是有了《生命的回音》——患者眼中的华益慰;群众的口碑是金碑,于是有了《楷模在我们身边诞生》——北京军区总院医护人员谈华益慰。

华益慰的后续报道多达 52 篇，由于精心选择了许多不同视角，所以人物刻画有声、有色、有血、有肉，为主通讯锦上添花，感动了读者。

(《中国记者》2007 年第 7 期)

选文（作品）

两家子公社干部开始睡上安稳觉
夜无电话声　早无堵门人

范敬宜

导言——

　　这虽是一篇 30 多年前的新闻作品，但它对今天的新闻写作仍有启示。从平常中发现异常，特别是从别人不易觉察的地方发现新闻事实，用特殊的视角举重若轻地报道新闻，待新闻展现在受众面前时，引起了他们的共鸣，得到了他们的认可。在文中，新闻事实仅仅是一件很小的事情（夜无电话声，早无堵门人），然而受众却能从中读出社会所发生的巨变。这比一般性的叙事效果要好得多。作这样的报道，对新闻发现力有极高的要求，而这与记者的新闻敏感和过往积累密切相关；对报道角度的精选，也是其成功之道；适当地穿插背景材料，为现实的事实巧妙地提供参照系，是又一成功经验。

　　本报讯（记者范敬宜报道）3 月 3 日、4 日，记者夜宿辽宁康平县两家子公社秘书办公室，发现从就寝到次日早晨，没有来过一次电话，也没有一个社员来报案、告状或要钱要粮，公社干部睡得安安稳稳。

　　据当过六年秘书的公社干部赵富权说，前几年情况大不一样，经常刚刚睡下，电话铃又响了，不是下达播种指示，就是追生产进度。冬天只好把电话机搬到枕头旁边。随着领导作风的转变，上面这种靠电话指挥工作和搞形式主义的现象大大减少了。

　　一年前，两家子还是全县最穷的公社之一，一年到头，生产队干部和社员来公社要农贷和救济粮、救济款的推不开门，往往天不亮就有人来堵公社党委书记的被窝。现在已经看不到这种情景了。去年他们实行了包干到户的责任制，全社人均收入由历年六七十元增加到一百六十五元。社员生活好转了，不但不再向国家伸手，由于"穷泡、穷蘑、穷打、穷闹"造成的民事纠纷和家庭纠纷也越来越少。

4日深夜,记者步出敞开的公社大门,遥望沐浴在银白色月光下的远方村庄,显得分外安谧,不禁遐想联翩,成诗一首:劫后灾痕何处寻?月光如水照新村,只因仓廪渐丰实,夜半不闻犬吠声。

(《辽宁日报》1982年3月15日第一版)

昆山31万农民刷卡看病
每人每年缴纳50元 最高可得到1 100倍补偿

高 坡

导言——

昆山市农村基本医疗保险工作进入全面运作阶段,对这样的题材进行一般性的报道(或是作为一个过程进行程式化的报道,或是对面上的情况进行泛泛式的报道),很可能会是了无新意、乏善可陈。记者高坡对此事进行报道,讲究角度的选取。他在上述整个过程中,精心选取了一个点——该市7个行政村的上千名老百姓在发放点上领到了一本墨绿色的《昆山市农村居民基本医疗保险证》和一张IC卡,报道从31万农民从此可以像城里人一样刷卡看病切入。事实非同一般的新闻价值浓缩至农民人手一张的IC卡上。小小一张卡蕴藏着丰富的含义(城乡之间的差别在这里已经悄悄地消失)。报道角度的巧妙,令人赞叹。

本报讯(记者高坡报道)从昨天起,昆山31万多农民也可以和城里人一样"刷卡"看病了!

昨天,该市7个行政村发放点的上千名老百姓都领到了一本墨绿色的《昆山市农村居民基本医疗保险证》和一张IC卡。此举标志着昆山农村基本医疗保险工作开始进入全面运作阶段。凭着这张IC卡,昆山的农村居民在该市的任何一个医保定点医疗单位都可以自由"刷卡"就医。根据该市的具体实施办法,农村居民每人每年只要缴纳50元,如果不幸遭遇大病,最高可以得到近1 100倍的补偿,也就是说,最高可以报销到接近55 000元!

昨天下午,在该市周市镇市北村的社区卫生服务站,村民张燕君拿着刚刚领到的医保IC卡开始了自己70岁生涯中的第一次"刷卡"看病经历。经过一番"望闻问切",社区医生给她开具处方,一盒是感冒清胶囊,一盒是珍菊降压片。收银处是一套崭新的电脑设备,输入处方,卡一刷,随即打出一张清单,显示划卡消费9.5元,卡上余额140.5元。老太太开心得合不拢嘴:"没想到政府为我伲老百姓考虑得这么周到,送钱给我俩看毛病!"

根据昆山的农村医保施行办法,筹资标准为每人每年200元,这个标准目前是全国最高的,其中市镇两级财政各补贴65元,村集体补贴20元,农民自己支付50元,今年该市财政将拿出6 000万元用于医保补贴。

据悉,昆山农村医保覆盖包括居住在农村的小城镇户口,其中16岁以下的儿童4.3万多人,17岁到60岁的18.9万多人,60岁以上老人7.7万多人。另外还有6 000多名人均年收入在2 000元以下的农村低保人口,均采取倾斜政策,不用缴纳一分钱,无门槛进入这个保障体系。为60岁以上的老人建立个人账户,由保险基金每年自动注入150元。

昆山医保中心工作人员介绍说,昆山的农村医保,除了筹资标准低于城镇职工,因而报销补偿的具体数额不一样外,在运作管理模式上已经与城镇职工的医保没什么两样,就连报销的医药范围和5 000元报销起付线都是一样的。

(2004年3月4日《苏州日报》)

长江隧桥带来商机,海内外企业纷纷上岛考察欲投资发展
短短一个月 "拒资"十亿元
崇明婉言谢绝三十多个不符合产业导向和能耗、环评审查的项目

陶健　张敏

导言——

在经济社会发展中,要GDP与要保护生态环境有时构成了不可调和的矛盾。在崇明岛成为投资热土后,县政府抵拒GDP诱惑,短短一个月,婉拒十个亿,硬是将30多个不符合产业导向和能耗、环评审查的项目拒之于门外。其理念和做法无疑具有示范意义。该报道所选的题材相当不错,值得称道。而记者对题材的表现同样值得称道。这得益于主体部分有层次感的结构。消息将婉拒不合环保要求的项目的做法,形象地称之为设置"三道防线",并逐一写出其具体内容,做到了眉清目秀、了了分明。但消息的标题略嫌冗长,这不能不说是一个瑕疵。

本报讯(记者陶健、张敏报道)长江隧桥开通,崇明一夜间成了投资热点,海内外企业纷至沓来。面临前所未有的招商机遇,面对一个个诱人的投资项目,是"拣到篮里就是菜",还是宁缺毋滥?崇明选择了科学发展之路,短短一个多月,已婉拒了30多个不符合生态岛定位的项目,涉及投资10多亿元。

长期孤悬在长江口的崇明,GDP 的贡献仅占全市的 1%,发展速度远落后于上海的其他部分。岛上有 70 万居民,他们希望吸引投资以增加就业、改善生活。然而,崇明岛的定位是世界级现代化生态岛,注定不可能走"先污染后治理"的老路。如何协调生态保护和经济发展?崇明县委、县政府决定执行更为苛刻的"招商选资"标准。早在隧桥开通前,崇明就公布了规划布局,对进入岛内的投资项目设置三道"防线"。

第一道防线是产业导向。崇明编制了工业产业导向目录,被列入禁止和限制类的项目一律不允许上岛。一家大型造纸企业不久前上岛洽谈投资上亿元建造纸厂。虽然这个劳动密集型项目可以提供大量岗位,还能为岛上盛产的芦苇找到市场出路,但造纸业明显属于目录上的禁止类领域,被招商部门婉言谢绝。

第二道防线是能耗。崇明制定了能耗每年下降 4% 的指标,近两年已关闭了 40 多家高能耗企业。职能部门联席会议制度对投资项目进行严格评判,其中一个重要考核指标就是能耗。据介绍,30 多个被婉拒的投资项目中约有三分之一属于"能耗不合格"。

第三道防线是环境影响评价。通过前两道防线的项目如果对生态环境会产生不良影响,也不能上岛。有一个投资 3 000 万元的电子产品加工项目在最后一道防线上被县环保局拦停,原因是其生产过程有一道镀锡工序会影响环境。

崇明县县长赵奇告诉记者,崇明建设生态岛是一场"持久战",不可能毕其功于一役。放弃一些能够快速增加 GDP 的产业项目,会影响崇明经济一时的发展速度,但生态岛建设必须关注长远,其后发优势将会慢慢显现。

(2009 年 12 月 4 日《解放日报》)

勋章背面的未了情
——记黄河水利委员会绥德水保站总工程师徐乃民

金振蓉

导言——

这其实是一篇报道人物先进事迹的通讯,即典型报道。但它却选取了一个异乎寻常的、独特的角度,从而与以往以展示人物事迹为主的一般典型报道有所区别。对获得"功在禹上"勋章的总工程师徐乃民进行报道,可写的事迹当是不少的。然而此作避开通常套路,从他挥之不去的"未了情"落笔,写他对驾鹤西去的爱妻的歉疚之意,触及了他的内心世界的深处。在此过程中,折射出其不平凡的业绩。该通讯着力写先进人物的情愫，着力写其真实的情感，在当时不乏创新意味，在今天仍然不失借鉴意义。此外，写徐乃民的妻子，仅让她说出一句"台词"，可谓"此处无声胜有声"。报道所采用的叙事方式，融入了许多文学元素值得玩味。

　　这几年，黄河水利委员会绥德水保站的总工程师徐乃民怕出差，尤其怕去大城市出差，因为每一次的启程，都会勾起他伤痛的回忆——那一段绵绵的未了情。

　　他觉得他和她的命运，有些像文学作品中的男女主人公。那是50年代，新中国百废待兴的岁月，刚满20的徐乃民，和伙伴们一起，怀着创业的激情，按着毕业分配通知上的路线找到了黄河管理委员会绥德水保站。他是学水土保持专业的，想在治理黄土高原水土流失方面大干一番。放下行囊一看，傻眼啦。这是"站"吗？一个5平方米的破庙就是站址，更没有什么仪器设备，出门是望不到边的黄土荒沟。当地十七八岁的大姑娘，因为没衣穿而出不了门……

　　她来了，扎两条大辫，一脸纯真浪漫的学生气。她是学师范的，正幻想做个苏联电影中瓦尔瓦娜式的乡村女教师。来这儿一看，哪有学校的影子，有的只是遍地荒芜，满目凄凉。她哭了，她要走，还要他一起走。见他不说话，她一气之下自己扛着行李翻山越岭到了长途汽车站。就在她最后告别黄土地时，远远地见他跑来，四目相对，她哭着央求："一起走吧！"他也满眼噙泪。良久，他痛苦地摇摇头："你走吧，走得远远的，我只是想来送送你。"从这时起，她就意识到，他已铁了心，他的事业、他的生命都已属于脚下这片黄土地。她扑过去，两人紧紧抱在一起。

　　徐乃民有了一个家。从此，她用瘦弱的双肩挑起了生活的重担，又用关心和体贴支撑起他事业的精神支柱。

　　徐乃民常年在黄土沟里滚打。他不知道妻子是怎样安排日常生活的，也不知道儿女们是怎样长大的。但是，他还记得那一个寒冷的春节，他在离驻地几十里外的山沟里搞试验，干冷的风飕飕地刮着，她带着过节才舍得吃的白面馍，领着孩子去和他团圆，可没走多远就被黄沙迷了路，直到两天后，冻僵的娘儿俩才被一位牧羊人发现送回了家。

　　他总是忙，难得有时间和妻子、孩子一起享受天伦之乐。他常常愧疚自己是个不称职的丈夫和父亲。有一次，他深情地对妻子说："等我退了休，我们一定要好好清闲一下，到外面的大城市去看看。"他看见，妻子的眼里闪着兴奋的光。他知道，那是妻子想了很久的事情。

　　时光飞快流逝，一晃30年过去了。经过徐乃民和同事们的共同努力，他们开辟的水土流失治理的试验田——无定河畔韭园沟，如今已是泥不下山，水不出沟，成为全国治理水土流失的十大样板之一。昔日的荒山沟已成为当地有名的"花果山",梯田绕山腰,果树满山坡,满目青翠欲滴。为此,徐乃民多次被评为优秀党员和先进工作者。

徐乃民明白,没有妻子的帮助,他就不可能取得这些成绩。他在心里盘算着,再过几年就该退休了,他要满足妻子的最大愿望,带她去看看外面的世界。然而,命运对他们俩似乎过于残酷。几年前的一天,正当他奔波在外搞试验的时候,妻子突然病危,当他得到消息赶回来时,跟他20多年进了山沟再没有出过山沟的妻子已经离开了人间。他欲哭无泪,只是拉着她的手,喃喃地说:"你为什么走得这么急,我们不是说好再过几年……"妻子已经听不见,她带着永远无法实现的梦去了,却将终身的遗憾留给了徐乃民。

去年,当水利部把一枚镶嵌着"功在禹上"四个大字的勋章授给他时,他默默地将它放在"花果山"边妻子的坟前,他在心里轻轻地和妻子交谈着:"这几十年我对不起你,让你受苦了,但我知道,你是能够理解我的,我是心里急啊,恨不能一天当两天用,早日让黄土高原变绿洲。"

风轻轻地吹动他发白的双鬓,像妻子温柔的抚摸,又像她的低诉。他又听见她说:"这辈子嫁给你虽苦无怨。"

他擦擦眼泪转身离去,又要去着手制定下一个治理目标,像平时的每一次出门一样,他觉得妻子又在目送他远行。

(1991年8月8日《光明日报》)

应该杀猴给猴看

直 言

导言——

多少年来,"杀鸡儆猴"都是人们认同之理,少有人对此提出过异议。然而,这篇评论的作者,却是旨在根据反腐败的现实,欲颠覆这一人们习见常闻之理。在此过程中,评论体现出了逆向思维和标新立异的特点。在人们未想到、未论及处落笔,从与成语语义相反的方向上立论,新意由此而生。评论据题而进行了令人信服的论述。可贵的是作者不是在故作惊人之语,不是在胡搅蛮缠,也不是在玩弄概念游戏。他的观点站得住,说得也很在理。这就很值得称道了。

中国有句古语"杀鸡儆猴"。然而笔者反复推敲,发现"杀鸡"未必能够"儆猴"。

日常生活中,猴见鸡被捕杀的事经常有,头一回看到淋淋鲜血,心也许会"格登"一下,好厉害！多了也就不以为然,不过尔尔,怕什么？

思来想去,为啥只是儆猴而不是杀猴,理由恐怕有这么几种：A 是怕猴,不敢杀；B 是爱猴,不忍杀；C 是留着猴有用,不舍得杀。

然而,用法律的眼光看"杀鸡儆猴",却越看越不对劲儿。不是说"王子犯法,与庶民同罪"吗？不是说法律面前人人平等吗？如果"鸡"与"猴"都触犯了法律,就应都量刑治罪,谁也无权豁免谁,谁也不能替代谁,为何要以鸡之性命大开猴之眼界？鸡如若犯了死罪,固然定杀不饶,而猴若犯了死罪,恐怕也是不杀不足以平民愤。如此这般,未必只是"杀鸡儆猴"便可了之了。

是以事实为依据,以法律为准绳,莫管"大圣"嫡亲,还是猴族后裔,只要作乱犯科,不管它是老的猴、新的猴、大的猴、小的猴,厉害的猴,还是一般的猴,量其罪之轻重,当罪者罪之,当诛者诛之,这才是正道。

目前,从披露于报端的情况来看,有些地方反腐败存在这样一种怪现象："鸡"是抓了几只,而"猴"则"放之四海而皆悠"！这就不能不令人深思了。

窃以为,严惩就要像个严惩的样子,该杀"鸡"就杀"鸡",该杀"猴"就杀"猴",不能再心慈手软,不痛不痒。否则,"猴"看了犹如吞下定心丸。它会说："这不是杀鸡,是拔鸡毛！俺浑身是毛,别说拔几根,全拔光何妨？到时会长新的,怕它做甚？"于是大翻跟头,你奈猴何？

这等事例举不胜举。比如税务大检查年年搞,偷税问题却岁岁出。其中一个重要原因就是,一些偷漏税大户以贿赂、搞人情网等种种不正当的手段拉拢讨好执法者,以求蒙混过关；而个别执法者得了"好处",就昏了头,对其姑息纵容,只抓了一些"小鸡""杀"了凑凑数。如此"检查",能无恙乎？

"杀鸡儆猴"是为了给"猴"看。但猴看不看呢？这个问题当然也无从考察。但"逮住谁谁倒霉,逮不住的照样干"。一语点破："杀鸡猴不看"。事实是,那些坏猴子并不以此为惧。由此来看,"杀猴给猴看"这才是正理。

猴群中并非清一色,有好也有坏,有善亦有恶。惩恶扬善才是对"猴族"的最佳政策。

(2006 年 8 月 25 日《新文化报》)

从"高晓松醉驾"和"王功权私奔"看自省离自律多远

武雪梅

导言——

　　高晓松醉驾肇事后一再自责并向社会致歉;王公权携妙龄女郎私奔后,也表明过"深深的内疚"的态度。两件相继发生、粗看无甚内在联系的事情,被评论的作者用来论述一个道理:人犯错以后,光是自省是不够的,还必须自律。而上述两人恰恰只是停留于自省的层面。评论发出了"从最具智慧的自省到付诸行动的自律到底有多远?"的撼人心魄之问。该文不仅提出了一个发人深省的问题,而且逐层深入地进行了富有说服力的论述,道理说得颇为透彻。而论述过程中的广征博引,不仅使评论的说理性得到增强,而且使之更具备文化底蕴和可读性。

　　最近人们关注两件事:"高晓松醉驾"、"王功权私奔"。
　　富有才情和疾恶如仇,创作出唤醒时代温情《同桌的你》的高晓松,5月9日醉驾英菲尼迪,造成四车追尾的事故。投资推动多家著名企业上市,被誉为中国风投巨子的王功权,5月16日高调在微博中宣布自己离家与女友私奔。
　　高晓松第一时间连说12个对不起,向社会公开道歉,郑重承诺永不酒驾,并拒绝无罪辩护、拒绝探视、放弃上诉。王功权坦言犯有错误被第一任妻子开除家籍,被第二任妻子连声质问,但无法忍耐没有自我的婚姻,抛开一切携手红颜私奔而去。微博上直播前后两位妻子的隔空声音,写下"深深的内疚"几个字。
　　真诚深刻的自省让我们叹服精英的坦荡磊落,但他们在现实中的肤浅自律却让人疑窦丛生。高晓松在美国就曾留下酒驾的不良记录,王功权之前就有过对妻子的深情忏悔。我们不禁要问,从最具智慧的自省到付诸行动的自律到底有多远?《礼记》中说:"鹦鹉能言,不离飞鸟。今人而无礼,虽能言,不亦禽兽乎?"这话可以理解成人身上残存很多进化过程中"先辈们"的随意性,人与动物不同的地方绝不在"言",而在于"行"。自省的话语很真诚感人,可参照自省的自律又做得怎么样呢?人有自我规范和社会规范,这是人最重要的智慧。每个人都对尽性而为心向往之,可孟子说:"人之所以异于禽兽者几希"。可以解释为人在适者生存中胜出成为统治世界的先进物种,就是因为人是有群体原则和公共底线的,以自我约束和管理来遵守共同的规则,是人之为人的关键。想做什么就做什么,怎么舒服怎么来,那恰恰不是所谓的"人性"。究其实,自律是上苍赐给人类的统领苍生的秘籍和宝典。
　　我们能想象高晓松在举杯畅饮、酣畅淋漓的时候,会从尽情尽性的生活中得到创作的动力和灵感,但必须自律,这种个人快慰不能危害他人和社会的利益。我们能体会王功权在风险投资中几度冲杀,在剪不断、理还乱的家庭生活中,需要在情感世界里闪转腾挪时的放松,但必须自律,这种个人惬意不能以让围观者产生群体困惑为代价。自律的基本动机应该是:自静己心、自安己家、自省己生、自警社会。

曾经有记者采访一位被认为私人生活无懈可击的政治人物,问:你为什么能坐怀不乱?回答说:我坐怀也乱,只是不给别人坐怀的机会而已。看来谁也逃不出人类基因中与生俱来的弱点,唯有了解自己的弱点,谨慎面对自己的弱点,从容调整规避自己的弱点,才能从自省走向自律。自省容易,自律甚难,需要和内心的自己谈判,需要和本能的自己抗争。和谐社会需要人们的自省,道德国家更需要人们的自律。

从自省到自律其实并不遥远,它只需我们心动的时候,头脑再想一想,心再痛一痛。在做每件事之前问问自己,这是否是我们乐于承受的,是否是我们所能担当的,是否触及我们心灵和社会公众的底线,然后再告诫自己,永不触碰或永远坚守。

自省只是态度的表达,自律才是问题的"解药"。从自省到自律实际上就是从"口"到"心"再到"脑",从"血性"到"感性"再到"理性"。我们期待着全社会都能从容地由自省迈向自律。

(来源:人民网-观点频道,2011年06月03日00:30)

研究与思考

＝延伸阅读＝

陈力丹、张 晶:《评中国新闻奖一等奖消息〈昆山31万农民刷卡看病〉》,《新闻与写作》2006年第1期。

董天策、章琴丽:《媒体定位与灾难新闻的报道视角——简析〈人民日报〉、〈南方都市报〉对日本大地震的报道》,《今传媒》2011年第6期。

＝问题与思考＝

1. 请对以下个案进行评析。

新闻的角度

温宁小区口马路上的地下水道井盖昨晚又被盗了。除了偷者和市政部门外,小区居民谁也说不清这到底是第几回。因为井盖常常时有时无,居民们早就见怪不怪了。

但这次井盖被盗却闹出了点事。何老爷子一大早骑着自行车从小区出来，迎面正碰上一辆疾驶而来的摩托车，老爷子一慌急忙下车，不想跌跌撞撞一脚踩到没了盖的深井里去了。小腿骨折，牙磕掉了三个，鼻血牙血吧嗒吧嗒地流着。接到报信的何老爷子的家属赶来了，在路人的帮助下，费了好大的劲才把老爷子从井里拉了出来，拦了辆出租车直送医院去了。

也不知是哪位好事者拨了市报的报料热线，报社实习生小陈接到这个电话，直奔医院找当事人采访，接着又马不停蹄地赶往温宁小区，察看出事井道，走访居民。然后以最快的速度写出了这一事件的新闻稿，题目是：井盖被盗，老伯落井险遭不测。

稿子送到科长手里，科长扫了一眼，对小陈说：写新闻要善于挖掘深层次的元素，要善于从坏事中发现好事，而不能就事论事。况且，市里正召开重要会议，新闻更不能添乱。再深入采访一下，换个角度来写。

小陈本来有点得意自己的"快"，没想到被科长泼了一盆冰水，便懒得再去关注这个"小事"。

没想到过了个把月，科长竟又追问起这篇稿子，小陈只好不情愿地又来到温宁小区挖掘"元素"。

一去方才知道还真有"好事"：何老爷子的家属出于对偷盖者的深恶痛绝，自发组织家人几个深夜蹲守，前几天真的把小偷给逮着并递送有关部门。据查这个小偷已是第十次偷盖了。

小陈向科长做了汇报，科长说道：好，我们正缺这样的新闻。于是如此这般地对如何选好新闻的角度以及哪些情节需要特殊处理做了一番指点。

科长要求小陈当天交稿，明日见报。第二天，这篇报道就登在了报纸显要的位置上，题目是：社区道德建设结硕果，窃贼偷盗井盖终落网。

2.《工人日报》曾经刊登过如下文章。对文中所批评的"选错了角度的新闻"，你怎么看？请加以分析评述。

选错了角度的新闻

这两天有关领导干部用车的新闻不少，有公车使用改革的，也有干部廉洁自律的。不过，有两则报道却怎么看都不大对味。

先说某市领导节后上班坐公交车。按照那位领导的说法，这是"为缓解交通拥堵带个头"，话挺实在，也符合实际。事情若到此为止，挺好。偏有好事者，领导上车，跟着十几个人，还扛着摄像机，又拍照片，这就有些哗众的味道了。偏又有人追踪采访当班司机，说他开始如何紧张，想着一路上有没有犯什么错误，最后又说"领导和普通乘客一样"云云。挺好的一件事弄得走了味儿。

再说某市纪委下令春节封存公车。这确是廉政之举，弄得市领导节日期间走亲访友都自己打车了。如果报道定位于封存公车，也挺好。偏偏大做领导打车的文章，还说这是"得民心之举"，于是引来歧义。走亲访友本来就是私事，自己打车理所应当，怎么不坐公车就"得民心"了呢？倘若不是因为公车封存，领导们是否还有这份自觉？不是矫情，实在是"斗气儿"。

报道官员廉政是得民心、顺民意的，也是对官员们常敲警钟。但报道站错了位置、选错了角度，往往适得其反。在有关领导活动的报道上，总有人下意识地坐歪了屁股，这是个啥问题呢？

3. 应当如何处理精选报道与尊重新闻事实两者之间的关系？

第四章 优化结构

导 论

对新闻报道和新闻评论的结构加以精心考虑,是新闻写作中的一个重要问题。结构巧妙的新闻作品给人以赏心悦目之感。结构巧妙是这样一种境界:作品中的各个部分都是必不可少的,相互之间存在着紧密的内在联系,前后关照和呼应,所有的材料都被放置到了最为合理的地方。

一、新闻作品的结构

新闻作品的结构,即其内部构造,涉及各构成部分设置及内在联系、内容的顺序安排、材料安置使用等问题。

新闻作品的结构,因文体不同而有差异。这里不想一般地谈论结构的形式、原则和方法,而想着重探讨新闻作品结构优化的问题。

新闻作品的结构与文学作品的结构是存在着一定差异的。

差异之一:结构作品时所具有的自由度不一样。文学作品的作者在考虑一部作品的结构时,有比较大的想象空间和创造空间,而且人和事都是可以虚构、可以创造的。结构艺术化的程度会比较高。结构服从于表现人和事的需要,最终服从于表现主题的需要。而在新闻作品中,人和事是不能虚构的,为表现人和事服务、最终为表现主题服务的结构,在自由度方面远不如文学作品。

差异之二:结构作品时所追求的目标感不一样。文学作品为供人欣赏而创作,以提供审美对象为旨归。面对文学作品,人们可以反复地把玩、品味、咀嚼。结构成为作品艺术构成的一个部分。而新闻作品以提供有新闻价值的信息为己任,不以满足人们的审美需要为目的的。因此,新闻作品的结构以能有效地传播新闻信息为旨归。

差异之三:结构作品时所体现的适切性不一样。欣赏文学作品,通常可以不是一次完成的,因此,复杂的结构不成其为阅读和欣赏的障碍。当今时代,信息总体过剩。受众接触新闻作品,通常只接触一次,而且不一定完整接触,在这种情况下,新闻作品的结构如果不以吸引受众和实现有效传播为目标并与之相适切,就不可能是明智之举。

二、新闻作品结构的一般要求

（一）有利于信息有效传播

新闻作品的要务是有效传播新闻信息，其结构应服从于此。举凡有利于有效传播新闻信息的作品结构，都是符合要求的结构；举凡给受众有效接收新闻信息带来不便甚至障碍的作品结构，都不是好的结构。有效传播信息，对于新闻报道（消息、通讯以及其他报道）来说，就是把人和事报道清楚、报道准确并为受众所乐意接受；对于新闻评论来说，就是把道理讲明白、讲透彻并能得到受众的认同。因此，一般而言，新闻作品的结构方式通常应是一目了然的。

（二）有利于体现文体特点

不同的新闻文体，对结构的要求有所不同。消息通常会采用重心前置的结构方式，把最重要的信息和最重要的内容放在最前面。在消息的结构中，标题和导语通常会发挥最重要的作用。通过标题，作者已经把想要报道的人和事说得很清楚。而消息总是把标题做得很醒目，用以吸引受众的注意力。在消息中，导语以简短精练的话语，道明了新闻事实中的精髓之处，可谓"浓得化不开"的部分。通讯的结构方式会比较多样。由于空间比较大，作者选择结构方式的余地相应也比较大。通讯结构可以有纵式、横式、纵横交错式等结构方式的区别。评论的结构，必须服从和服务于确立论点、证明论点的需要。它看起来并不复杂，但又并不一概都是简单、单调的。

当然，新闻作品的文体要求，只是大致如此，而并非一概如此和必须如此。事实上，新闻写作的创新空间还是比较大的。而其中就包含了在结构方面进行创新。别出心裁，在新闻写作中永远是需要的。

三、优化新闻作品的结构

（一）平中见奇的结构

在写作中，"平"似乎总是不可取的，例如，"平铺直叙"、"写得很平"，都属于对文章写作的批评。"文似看山不喜平"，则属于写作经验之谈。一般的"平"固应避免，但经过特殊处理的"平"、内中蕴含了一些不一般的"平"，却能收到"看似平常却奇崛"的效果，对此就不能一般看待了。用不起眼的结构，去巧妙地承载报道的内容。这往往就能产生非同寻常的效果。

通讯《默默芬芳最动人/——献给"把脉江河"的水文工作者》，采用了再平常不过的结构方式：为了写把脉江河的水文人，采用了相互之间平行的四个版块的结构方式。第一个版块——A. 水文人说："一天一个点，一年一条线。"第二个版块——B. 村民说："水文人是鸭子变的吧？"第三个版块——C. 孩子说："发大水的时候，我爸爸能上电视。"第四个版块——鹦哥说:"小郭,测流!"

作者采用这样一种结构方式,实际上是从四个不同的方面记事、写人,取用的是水文人、村民、水文人的孩子三种不同的视角,展现水文人的思想行为和平凡而又不平凡的作为。第四个板块出人意料地借用鹦哥的口吻引出故事,使整个叙事显得非同一般。四个板块之间构成了互补关系。也许,除第四个板块外,单独地看每一个板块都没有什么特别之处;但四个板块构成的整体,则绝不可小觑。

新闻评论结构的平中见奇,可以艾丰撰写的《名牌是民牌》为例。文章的标题即中心论点,颇为醒目,也很有见地。为了说明这一中心论点,作者又将此分解成了四个分论点,即:名牌是民定的;名牌是民创的;名牌是民护的;名牌是民享的。这里所采用的是并列式的结构,虽然并没有层层推进,但每一个分论点都很有道理、极为精辟,又是围绕中心论点展开的。它们合起来,就把中心论点阐述得非常透彻。

(二)妙不可言的结构

有的记者在通过深入调查采访、获得大量素材的基础上,精心安排新闻作品的结构,使之妙不可言,体现出相当的艺术性。在这一方面,新华社记者集体采写的《守望精神家园的太行人/——红旗渠精神当代传奇》堪称典范。写太行人的红旗渠精神,可写的内容很多,报道如何进行结构,才可能达到最优化?作者进行了周密的运思,最后确定了如下文本结构:分设五个部分,先后写"梦"、"气"、"力"、"爱"、"魂"。每一个字都是一个文眼,每一部分都凭借丰富的素材,揭示和展现了红旗渠精神的深厚底蕴。

选文(著述)

优化新闻作品的结构

张永红

导言——

选自《新闻与成才》2003年第1期。下文从新闻作品结构的概念谈起,谈到结构的一般要求,再谈到结构如何优化。论文以此顺序,探讨了关于新闻结构的一系列问题,特别是对"优化结构需把握的几个问题"的论述很能给人以启示。

生活中同样一件事，出自不同人的叙述，其效果会大相径庭。有的能将其讲得有声有色，有的却讲得平淡无奇，甚至不知所云。新闻写作也是这样，结构设置不同，表达效果也会有所不同。许多新闻作品之所以具有较强的表现力、感染力，与其结构的精心安排有着很大关系。

新闻结构是指新闻作品内部的组织构造和总体安排。它包含新闻素材之间的内在联系、联系过程中的过渡与照应，以及新闻素材的取舍和详略安排等。结构设置得好，就会增强新闻作品的表达效果；反之，就会削弱作品的表现力。因此，优化结构是增强新闻作品表现力的一个重要手段。

新闻作品结构的基本要求

每一篇新闻作品的结构，都会因表达内容的不同而不同。但这并不是说，结构设置可以随心所欲，它有着自身固有的表达规律。只有遵循结构设置的基本要求，所表现的新闻作品才能取得良好的表达效果。

全面地反映新闻事实，保持结构的完整性。每一个新闻事实都是完整的。即使是事实的某一侧面或局部的一个过程，也有其相对的完整性。这就要求我们在结构安排上，必须力争将新闻事实或局部的新闻事实表达完整。当然，这里的完整并不是说要面面俱到，而是围绕文章表达的主题或叙述的线索，借助最典型的新闻素材表现新闻事实，确保结构相对的完整性。结构的本质是以一统多。应通过一定的结构，使作品形成寓一于多、以一统多的整体，形成各个部分互相依存、互为因果的有机整体。否则，我们的结构设置就会出现疏漏，在反映新闻事实时就会犯片面性的错误，给读者接受新闻信息设置一定的障碍，甚至很难使读者接受到确切的新闻信息。

客观地反映新闻事实，保持结构的严密性。任何新闻事实的发生过程，都是由事实本身的众多细节组成的。而每一个细节，又都是客观世界的真实反映。细节之间也存在着固有的内在联系，反映了事物运动的客观规律。因此，新闻结构的设置，都应客观反映新闻事实的本来面貌和内在联系，保持其固有的严密性。尽管结构设置中允许出现时序的颠倒和空间的跳跃，但这些变化只能是更有利于读者接受新闻信息，加深读者对新闻事实的认识，更好地体现新闻事实内部的必然联系，增强结构的严密性。否则，这种变化就会变得毫无意义，影响读者对新闻事实的接受。有些新闻作品的材料本身是真实无误的，在表达中却出现了漏洞或自相矛盾的问题，反映在新闻结构上，主要是设置不够严密，要么只说其一，不说其二；要么就是违背了新闻事实内在的、固有的逻辑关系，干扰人们对新闻事实内在规律的正确认识。

能动地反映新闻事实，保持结构的完美性。结构设置达到以上两个要求，就可以对新闻事实作出正确反映。但新闻作品是给人看的,记者、通讯员在传达新闻事实的同时,有义务选择完美的表达方式,帮助读者更容易、更轻松、更自然、更明白地认识和接受新闻事实,使新闻传达的渠道更为畅通。这就要求我们的记者、通讯员更充分地发挥自身的主观能动性,运用多种手段,选择表达新闻事实的最佳结构,做到结构与内容、统一性与多样性的完美统一,增强新闻作品的表现力。

优化结构需把握的几个问题

优化新闻作品结构除应遵循结构设置的基本要求外,还应注意把握以下几个问题:

首先,优化结构应有利于主题思想的表达。

结构设置是为表达主题思想服务的,因此必须有利于主题思想的表达。哪些材料先写,哪些材料后写;哪些详写,哪些略写;哪些可以组合,哪些可以分散叙述,都要根据主题思想的表达需要来安排。也就是说,只要你的材料安排有利于主题思想的表达,你的结构设置就是合理的。但如何安排素材才能达到优化结构的目的呢?这就要根据新闻事实的具体情况来决定。就新闻事实而言,它可能是单一的突发性新闻,也可能是故事性新闻,还可能是经验性、综合性新闻。对这些不同性质的新闻事实,只有借助与其适应的结构形式,才能有利于主题思想的表达。

在优化结构的长期实践中,新闻采编人员用得较多的结构形式概括为三种:倒金字塔式、并列式和时间顺序式。倒金字塔式结构,主要适合于时效性强、事件单一的突发性新闻,可以将最重要、最新鲜、最精彩的新闻事实放在消息的最前边,将次要的放在后边。这样做,有利于记者写作,也便于编辑对稿件的处理。但由于它打破了传统的叙事常规,对新闻事实内部的过渡与衔接便提出了更高的要求。并列式结构,是把新闻事实的几个内容并列起来,主要适合于经验性、综合性新闻的写作。这种结构形式便于叙述,条理清楚,但也有主次不明、形式呆板的缺陷。时间顺序式结构,是按照事件发生的时间顺序来写作,适合于故事性较强的新闻。其特点是有头有尾,叙述完整;缺点是容易拖拉,将主题淹没于事实的叙述中。在实际运用中,更多的是这三种形式穿插使用。比如:在并列式的局部叙述中运用倒金字塔式,以便分清局部内容的主次;在时间顺序式的开头运用倒金字塔式,以设置悬念调动读者的阅读兴趣。

其次,优化结构应注意反映新闻事实的内在关系。

任何新闻事实之间都存在着必然的联系,其发展变化也有着内在的规律。结构无论如何设置,都应在客观认识新闻事实的基础上,通过对新闻事实的分解和组合,引导人们正确认识事物的本质,解决事物运动的主要矛盾,客观反映新闻事实之间的内在关系。这些内在关系具体表现,可以是时间关系,也可以是逻辑关系。比如,倒金字塔式结构,体现的就是新闻事实内部的主次关系;并列式结构,体现的就是新闻事实之间的并列关系;时间顺序式结构,体现的就是新闻事实之间的时间关系。新闻写作中,经常出现"先分别叙述再总体概括"的写法,这里体现的就是点面关系。此外,在逻辑关系中还有递进关系、因果关系等。许多情况下,还有时间关系与逻辑关系并用的现象。需要认清的是,这些关系不能被看做是作者强加于作品之上的主观意图,而应认识到是新闻事实本身所固有的。只有树立了这样的认识,我们在优化结构时,才能自觉遵循新闻事实固有的内在规律。

最后,优化结构应注重读者的阅读需要。

新闻作品是写给读者看的。我们的结构设置应充分尊重读者的阅读需要,要研究读者的阅读心理、考虑读者的阅读需求,使我们的结构形式体现人性化的要求,更好地为读者所欢迎、所理解、所接受。

这里我们不妨研究一下读者的阅读状态:

一是读者不可能带一大堆工具书。读者阅读新闻,可能是在客厅里,也可能是在地铁上,身边不会老装着一本字典。就是在书房里,也不可能备齐所有的工具书。

二是多数读者不会是方方面面的专家。读者中绝大部分是老百姓,即使是某一方面的专家,也不可能对各个领域的事情都了如指掌。

三是带有一定的休闲性。一般来说,读者阅读新闻是为了消遣,不会去主动接受说教,更不会主动去接受训斥而"花几毛钱买回一个爹"。

四是往往带有一定的随意性。读者阅读新闻,与搞学问时的状态也有着很大差别。阅读新闻大多是随兴所至,有兴趣就看,没兴趣就不看,能明白多少就明白多少,很少花时间去"钻研"新闻。这就要求我们在新闻作品的结构设置上考虑这些因素,在条件允许的情况下,尽量在结构内容上多安排一些必要的说明性材料、与读者关系密切的材料,结构叙述方式上更流畅自然一些,使作品通俗、易懂、可亲,适应读者的这些阅读状态。

对一些本身可能产生疑问的新闻,作者应有针对性地补充必要的材料,客观反映新闻事实的本来面目,起到解疑释惑的作用。几年前,我在采访时曾发现这样一件事:一位志愿兵转业后,被地方公安机关破格录用为公安干警,比一些转业干部安排得还好,原因不是他有什么技术特长,而在于有较强的组织纪律观念。当时,不少干部战士为了转业退伍后能找到一份好的工作,争相学习民用技术,以至于对包括纪律观念在内的军人特有素质的培养有所忽略。我感到这件事对即将退伍的兵有一定的教育引导作用,准备就此事写一篇报道。在设置稿件的结构时,我特地站在读者的角度设想了一下读者可能对此事产生的疑问:

这位志愿兵在部队是不是一个纪律观念较强的兵;

守纪律是不是他被破格安排的直接原因;

他在地方是不是有什么特殊关系；

地方公安机关为何如此看重他的纪律意识。

按照这一结构写成的稿件，既对新闻事实作了深入的报道，也有针对性地回答了读者可能产生的种种疑问，增强了稿件的可信性和说服力。稿件发到报社后，很快被安排在专版头条位置作了加框处理。

提高谋篇布局能力的有效途径

布局谋篇能力如何，是对记者、通讯员业务能力的一个检验。根据多年的新闻写作体会，我感到，对一些初学新闻写作的同志来说，要提高布局谋篇能力可以有以下几个途径：

第一，多对一些新闻名篇的结构作专门分析，并总结其结构特色。

当我们对一篇优秀新闻作品反映的新闻事实作了基本了解后，不妨设想一下：如果自己来写这篇作品将如何安排其结构。然后，对这篇新闻作品的结构作认真的分析。看作品分哪几部分内容，用了哪些材料，怎样运用，为什么这样用，还有没有更好的办法；段落之间是怎样过渡与照应的；每一部分又分哪几层意思；段落之间、层次之间反映了事件内在的什么关系。分析一下稿件的主题思想是如何提出的，如何通过材料反映的，选材上有些什么特点。还可将稿件的结构与自己设想的做一比较，看人家的结构设置有哪些高明的地方，有哪些特色。相信这样分析上几十篇稿件，对自己结构设置能力的提高会有所帮助的。

第二，可"照猫画虎"地对一些常用的结构形式作必要的套用，掌握结构设置的基本方法。

俗话说，熟能生巧。要提高结构设置能力，光靠分析还不行，还要在写作实践中多加运用，对一些基本的结构形式，作必要的套用，在熟悉基本结构形式的基础上再作进一步提高。

第三，力争使每篇稿件的结构设置都有所创新，有自己的特色。

套用结构只是提高布局谋篇能力的第一步。要提高必须有所创新，力争使自己每篇稿件的结构设置，在遵循基本要求的同时，都有自己的特色。对同样的新闻事实，不妨多设想几种结构，然后比较各种结构的长处和短处，以取长补短，选出最佳的结构形式。这些要求对初学者来说也许有些苛刻，但坚持时间长了，就会大有收获。

(《新闻与成才》2003年第1期)

选文（作品）

默默芬芳最动人
——献给"把脉江河"的水文工作者

何平　韩寒　王国平

导言——

　　这是一篇在结构和叙述方面都颇有特色的通讯。写水文人群体，通过几方面人士"说"（水文人自己"说"、村民们"说"、儿子"说"）及能学舌的鹩哥"说"，以此来展开对新闻事实的叙述。许多生动的故事被融化在每一个方面的人士及鹩哥的述说之中。而"鹩哥'说'"，其实只是学人所说，折射出水文人平时的生活，是文中的特别有趣之处，在这一部分，还特别写到了许多生动、富有情趣的事情。这样的结构方式，使有用的素材每每被安放在最恰当的地方。整个通讯，显得素材丰富而不杂乱，资讯厚实而无堆砌之感。看来，对素材进行精心的梳理，按结构最优化的理念进行整合是该作的一大成功之处。

　　11月3日，青海循化水文站。入冬的黄河上游冷风刺骨，测船上，小伙子吴兴摇着100公斤重的铅鱼，小心地把它浸入水中，准备测量流速。等他直起身来，才发现油污沾了一身；

　　11月4日，重庆两河水文站。深秋的大山里雾霭重重，正在吃晚饭的站长李峥嵘突然起身，拿上手电筒就去河边观测水位。晚8点，工作时间到了；

　　11月7日，广西南宁水文站。邕江水面的气温接近30摄氏度，年过五旬的站长韦广龙在测船上熟练地操作着电脑，监测江水的流量。在他的身旁，广西民族大学的学生们正在进行龙舟赛事训练。什么时候举办龙舟赛，韦广龙提供的数据将是重要参考；

　　11月9日，江西棠荫水文站。风很大，雨在下，个子不高的"80后"站长吴兆福一个人背着下水裤，踩着泥泞，走向湖水中央的水位观测点，一条小狗静静地陪伴着他；

　　11月11日，山东崂山水库水文站。夕阳下，入口处，镌刻在石墙上的"饮水思源"四个金色大字格外醒目，干了十几年水文工作的站长李振苓自豪地说："我们要负责市区200多万人的饮水安全"……

　　看水位、测水量、报水情，日复一日，年复一年。水尺是与他们日夜相伴的知音，小舟是他们抗击洪流的战友,水涨水落牵动着他们的每一根神经。

他们,就是"把脉江河"的水文人。

A. 水文人说:"一天一个点,一年一条线"

循化水文站位于青海省海东地区循化撒拉族自治县积石镇东门滩村。站长蓝云龙在这里工作了20年,家安在几十里路开外,一年也难得回一趟。今年暑期把儿子接到站上来住,宿舍的墙上还贴着蓝云龙给儿子定下的作息时间表:9点钟起床,10点练琴,11点练字。

儿子怎么长大的,蓝云龙没有多少印象,他的心思都在水文站上。谈及自己的愿望,他黝黑的脸上有些泛红:"想多拿出一点时间陪陪家人。"他想了想,上一回和妻儿出去旅游,已经是7年前的事了。

在水文站值班室的墙上,贴着一张图,红色的格子上用铅笔细细地画着三条曲线。蓝云龙解释说,这是水位流量关系曲线图,一条代表一年的流速,一条代表一年来河流断面面积,用流速乘以断面面积,就得出一年的流量。每一条线都由365个点构成,每一个点都代表了一天测得的数据,每一个数据都要经过初作、初校、复核三道程序。看似简单的一张图纸,却汇集着蓝云龙和同事们整整一年的心血。

循化是全国唯一的撒拉族自治县,海拔1 850米,在青海省海拔最低,所以蓝云龙基本上不存在高原反应问题,但玛多水文站站长张红兵却没有这么幸运。玛多水文站海拔4 000多米,高寒缺氧、交通不便、物资匮乏、人员不齐,恶劣的环境始终困扰着张红兵,他却在这里一干就是十几年。

艰苦不只是属于高原地区。位于鄱阳湖腹地的棠荫水文站地处江西省九江市都昌县,从县城出发,驱车一个半小时,到周溪镇虎头下换乘渡船,伴随柴油机"突突突"的声音,40分钟后才能到达棠荫岛——一个四面环水、1998年才通电的小岛。

为何要把水文站设在这么偏远的地方?鄱阳湖水文局副局长王仕刚说,棠荫岛相当于鄱阳湖的"肚脐眼",这里提供的数据对全面掌握鄱阳湖流域的变化至关重要。

水文站的老职工熊海在这里工作了20个年头。他说"棠荫"其实是"苍蝇"的谐音。因为湖边的苍蝇特别多,夏天吃饭,把白米饭端上桌,人稍微离开一阵子,就会变成黑米饭了。

蛇也来凑热闹。熊海记得,有一回发现房间里盘着一条银环蛇,他赶紧穿上高筒橡胶套鞋,喊起同事,一起把蛇赶跑了。

青岛市城区水文局局长雒义全是基层水文站走出来的,在观测水位时,他还曾跟蛇"对话":"我是来看水位的,不会伤害到你,你也不要伤害我,好不好?"

与此相比,想家的苦更是熬人。棠荫水文站的吴兆福、熊海、郭章亮的家都在九江市星子县,从站上回趟家都是个"系统工程":先要赶上早晨八点从岛上到周溪镇虎头下的渡船,再租车去周溪镇,换乘客车往都昌县城,再坐客车到九江市,随后坐客车到星子县城，一个白天的时间都要耗在路上。

这样的情况，青岛市崂山水库水文站的水文人体验不到。这里已经实现了水文观测的全自动化，只要坐在办公室里点点鼠标，基本的水文数据一目了然。不过，在这里工作了33年的毕文质大姐还是经历了很多艰辛。有一回，暴雨如注，她要出外观测水位，电闪雷鸣，她看见一个大火球就在眼前，电话也断了，她穿起雨衣就往外跑，整整跑了四里多地，才到镇上的邮局发了电报，把水情报出去。

"一天一个点，一年一条线。"重庆市水文局副局长廖凯鸿引用民谣，形象地画出了"把脉江河"水文人的人生轨迹。

B. 村民说："水文人是鸭子变的吧？"

下雨的时候是工作的时候，大雨的时候是工作最忙的时候，水文人就是这样与众不同。李峥嵘经常被村民的打趣："你们水文人都是鸭子变的吧？"

早晚8点的水文作业，是雷打不动的，不论刮风下雨，酷暑严寒。在防汛抗旱的关键时刻，为了向政府部门提供最新数据，水文人更要加大观测频率，8时、11时、14时、17时、20时、23时……

"晚上10点多准备睡觉，一看要下雨了，就干脆不睡了，因为等一会儿就要工作了。"在循化水文站，新来的潘祖莹说，这是经常的事。

雨中作业，甚至有生命危险。

水文站，都是傍水而建，遇到山洪暴发，别人都跑了，水文人却要坚守。蓝云龙说，山洪来了，从上游会冲下来老树根、房梁，甚至还有牛、羊的尸体。黄河水急，这些漂浮物会冲击测船，甚至会缠住船桨，使测船丧失动力。曾经有同事在测船上被急流掀翻，再也没有回来。

黄河上水急，鄱阳湖上雾大。棠荫水文站的观测点离水文站所在地来回有两个小时的路程。冬季，大雾弥漫，辨不清方向，容易迷路。小伙子郭章亮说，遇上这种大雾天，他们两人一组，一个人去湖中观测水位，另一个人在湖边守着，不停地敲着搪瓷脸盆，好让同事顺着声音回到岸上。

慢慢有了经验，他们会留意自己的脚印，跟着脚印一路回来。湖草疯长，容易藏蛇，所以穿套鞋出外作业是纪律，"这是安全生产的重要内容"，站长吴兆福严肃地说。

棠荫水文人的必备工具是套鞋，崂山水文人则要多准备几块手机电池。

毕文刚是个临时工，但工作起来也有板有眼。他印象深刻的是在2005年"麦莎"台风期间，水库水位1小时就上涨了1.5米。毕文刚穿着雨衣，拿着手电，一直蹲在水尺的旁边，每6分钟用手机上报一次水位，顾不得此时野外通话有生命危险，一蹲就是五六个小时，事先准备的三块手机电池中两块已经耗光了电量。

女站长李峥嵘和李振苓尽管没有过这样的遭遇，但内心的酸楚并不少。

"低水位的时候，需要趟水到河中间去观测。观测点旁边就是茅厕，气味不好闻，但没有办法。"李峥嵘戴着眼镜,全身透着质朴与干练。

现在,李峥嵘全家都成了水文站的"编外人员",老公公、丈夫、儿子都会进行简单的水文作业。儿子是由父母带大的,上学是寄宿的,偶尔回家,李峥嵘都来不及给儿子做点好吃的。

谈及孩子,李振苓也满怀歉意。她和丈夫都是水文人,女儿宫梦骄今年两岁半,但已经养成了一个习惯,每天晚上6点50分准时收看山东卫视的天气预报节目,如果听到要下雨,女儿就不高兴了。"妈妈,要下雨了,爸爸妈妈要上班了,没人跟我玩了……"说到这里,李振苓停了停,有些哽咽,"每次听到她这么说,心里挺难受的"。

C. 孩子说:"发大水的时候,我爸爸能上电视"

"水文是国民经济和社会发展的一项重要基础性、公益性事业。"广西壮族自治区水文局会议室里的纸巾盒上,写着这样一句话。

南宁水文站职工劳高尚的儿子今年刚上初二,恐怕还难以理解这句话的意义,但是,他知道父亲的工作很重要。"同学问你爸爸是干什么工作的?他说发大水的时候,我爸爸能上电视。"

每到下雨涨水时,劳高尚所在单位的值班电话俨然成了热线。站长韦广龙是一位壮族同胞,手机每天能接到30多个电话,都是来询问水位的,"附近的渔民打电话来问,水到多少米了?家里的鱼塘会被淹不?下游的三家水厂,每个小时都会打来电话问情况,因为他们要根据水位的涨落调整水泵的高度,确保供水稳定。"

吴兆福今年才30出头,可在拥有700多人的棠荫村,他却是村民家宴和酒席的贵宾,"谁家有个喜事,都会来请我,坐在村支书旁边。"他憨厚地笑了笑,嘴角向上翘,露出洁白的牙齿。

熊海也很享受这种感觉。"路上遇到村里人,都会主动跟我们打招呼,没时间做饭了,临时去村民家吃,总会加几个好菜招待我们。"

在南宁,自治区水文局副局长韦定国介绍说,2008年6月7日,一辆装有33.6吨粗酚的槽罐车在云南省富宁县发生翻车事故,大量粗酚液体流入者桑河,并向下游的广西百色水库方向扩散,威胁数座城市的供水安全。广西水文人立即开展工作,对水情进行准确分析,为相关部门采取应对措施赢得时间。他们的努力获得了水利部部长陈雷的赞扬:"广西水文及时应对,显现成效。"

对于荣誉,水文人很是珍惜。在两河水文站,李峥嵘将一张照片摆在办公室的显要位置,那是她获得"第四届全国优秀基层水文职工"称号时与水利部副部长刘宁、水利部水文局局长邓坚等领导的合影。

D. 鹩哥说："小郭，测流！"

距离棠荫水文站 2.5 公里处有一座蛇山岛，上边建有一座水量水质水生态自动监测站。这里也是棠荫水文人工作的地方。

在监测站的办公桌上，放着一本今年第 2 期的《江河潮》。在这本水文人自己的杂志上，记录了棠荫水文站王平的一段话："最难忘的还是每年汛期最紧张的那些天，总是刚从雨中回来，又奔入雨中……20 多年的成果都是些阿拉伯数字，枯燥无味，很不起眼。"

"水文人最大的敌人就是枯燥、孤独。"熊海这般总结道。但是如今，他用自己的意志战胜了工作和生活的单调，"每天去观测水位，只要不刮风下雨，能顺顺利利地回来，心里就好高兴。这就是我们的幸福。"

小狗是棠荫水文人的忠诚伴侣。它们叫"嘟嘟一代"、"嘟嘟二代"……每次去观测水位，"嘟嘟"们都会跟着。

循化水文站的郭建林也养了一条可爱的小狗。他是个心态乐观的"老水文"，他说自己当初在青海省果洛藏族自治州玛沁县拉加镇军功水文站工作时，海拔有 3100 多米，见不着蔬菜和水果，后来见到一种水果时，怎么也想不起来叫什么，只好跟家人说要吃"那个"。过了好长一段时间，他才想起，"那个"就是香蕉。

"你说我傻吧？"他一边说一边哈哈大笑。

他还养过一只鹩哥，模仿人说话惟妙惟肖。到了工作时间，同事会喊一嗓子："小郭，测流！"日子久了，鹩哥记住了，一见到他，就会主动"吩咐"开来——"小郭，测流！"

蓝云龙能干也能玩。他是循化县的象棋冠军，还喜欢月季花。在水文站的空地上，他栽种了上百株月季，可是工作忙没太多时间打理，存活率不高。但红的、黄的、白的花朵点缀其间，让这个水文站有了生机，散发出默默的芬芳。

11 月 4 日傍晚，记者在赶往重庆市忠县白石镇中坪村两河水文站的途中，车辆受阻于明月山隧道前。等待通行时，重庆市水文局许豫轻轻地哼起了"水文人之歌"：

"我们像繁星一样，
镶嵌在共和国蓝图上。
山高路远，坚强守望，
见证江河的消消涨涨。
我们像哨兵一样，
坚守在风口浪尖上。
雨打风吹，一如既往，
预测水势的闲闲忙忙。
共和国知道水文，

祖国腾飞有水文的热和光。

共和国夸赞水文,

水文人,水文人,为共和国铸造辉煌。"

我们问她,这首歌叫什么名字,她说,叫《默默的芬芳》。

(2011年11月16日《光明日报》)

守望精神家园的太行人
——红旗渠精神当代传奇

李从军　刘思扬　朱玉　赵承

导言——

写太行人的红旗渠精神,面对浩如烟海的素材,如何进行谋篇布局,这是一个难题。但在这篇通讯中,难题得以顺利化解。这得益于通讯精妙的结构。通讯现有的结构,从"梦"写到"气",再写到"力"、写到"爱",最后写到"魂"。其间,"神韵"是一条贯穿始终的内在的红线。作者用这一条红线,将精彩丰富的素材和生动感人的故事贯串起来,娓娓而叙,侃侃而谈,显得不枝不蔓。而在每一个小标题下面,恰到好处地援引的古文典籍中的词句,则使报道增加了文化底蕴。整个报道写得十分大气,不仅感人至深,而且能给人以启迪。

太行山,富有传奇色彩的山峦,这里产生许多动人的远古神话:盘古开天、精卫填海、愚公移山……几千年来,这些神话以其永恒的魅力昭示着后人,续写着感天动地的新篇章。

半个世纪前,中国林州的十万开山者,历时十年,绝壁穿石,挖渠千里,把中华民族的一面精神之旗,插在了太行之巅。

今天,无数的太行儿女在拓荒创业,执着地守望着自己的精神家园,书写更为壮丽的当代传奇。

人类历史的天空,总有一些相似的星光交相闪耀。

12世纪中叶,日内瓦湖畔,瑞士西都会教士们从山坡最为陡峭的德萨雷开始,背石垒墙,堆土引水,开垦了最古老最壮观的葡萄园梯田。

诗人们对着前人留下的美丽吟唱:德萨雷有三个太阳照耀着,一个在天上,一个在湖面,一个在古老的石墙上——那是石墙闪烁着的精神之光。

太行山,不止是三个太阳,那里有无数个太阳在照耀,那是太行人自强不已、奋斗不息的精神之光!

太行之梦——一个永不坠落的理想

　　"女娲游于东海,溺而不返,故为精卫,常衔西山之木石,以堙于东海。漳水出焉,东流注于河。"

——《山海经》

　　太行山,是一座有梦想的山。

　　远古的祖先们,怀揣着五彩的梦想,在这里首试稼穑、聚族而居。他们开石凿壁,在溅起的火花中,燃起那堪比太阳、映照万世的火种。

　　人类不能没有理想,就像不能没有太阳。一旦胸怀理想,每一个人都会成为太阳。

　　在林州市委书记郑中华心里,红旗渠就是一条理想在淙淙流淌的渠。

　　郑中华不是一个语言表达很流畅的人,一着急甚至有些口吃。但每当讲起他的理想时,分外流畅,一连串诗意的语言从他口中冲出,妙语连珠,文思泉涌……

　　那是在一个会议上。郑中华几乎连气都不换:机遇珍贵,不能不干;现状堪忧,不得不干;民心所盼,不可不干;精神之源,必须先干,大干快干实干苦干拼命干……

　　听会的人怎么记录也追不上他飞快的语速和奔跑的思想,只好回去传达:郑书记说啦,干干干干干!

　　1965年,当水从红旗渠总干渠一泻而下时,郑中华只是襁褓中的婴儿。小时候,红旗渠是他的太阳。

　　理想的太阳一旦升起,就会放射出耀眼的光芒。

　　郑中华的办公室,挂了一墙蓝图。这些图往大说,就是他和林州人的理想:林州要由交通末梢向三省通衢转变,由三省边缘向区域中心转变。

　　今天的林州,把宽阔的红旗渠大道,伸展到太行山脚,让太行山变成都市之景;出太行的高速公路,在群山之间蜿蜒向前伸展……

　　半个世纪前,一张关于林州的蓝图被铺开。面对这张图的县委书记杨贵,把实现理想的手,指向了太行山。这张红旗渠工程图,被珍藏了50年。

　　"渠道网山头,清水遍地流;旱地稻花香,荒山果树沟……崖头建电站,夜晚明如昼……"那是一个多么浪漫的理想啊!

　　然而这个浪漫的理想,距离现实是那么遥远——

　　晋、冀、豫三省交界的林州,地处太行山腹地,山多水少,石厚土薄,远近闻名的"特产"是:旱!

《林州县志》载,这里自明朝建县始便"旱、大旱、连旱、凶旱、亢旱……"老天不公,没有给林州安排一条像样的河。那时候,林州有些人家会有这样一口水井:井口非圆非方——为的是只有自家自制的水桶,才能伸进水井。

水,是林州人生生世世的想,年年岁岁的盼哟!

难道只能如某些人所说,人类只能安于宿命,既生于此,必终于斯?

林州取水于邻省的浊漳河,是古籍《山海经》上赫赫有名的河流,传说中衔西山之木石而誓填东海的精卫鸟,就产生在这里。

精卫衔微木,将以填沧海,以弱小之身撼博大之物、抗冥冥之天,中国古人的想象力是多么充沛,理想又是多么高远!

远古的思绪难以追寻,但昨天的记忆仍十分清晰。

那是1960年,杨贵带着大伙一头扎进茫茫太行,舍生忘死,苦干十年,硬是在太行山腰凿开了一条长渠——红旗渠。

山的地图上,从此多了一条代表水的蓝色曲线。

这条在悬崖绝壁上"抠"出来的水渠,是在共和国最困难的时候,林州人勒紧裤带创造的奇迹。那是一部昔日太行人的英雄史诗!

唯有憧憬梦想的大脑,才能酝酿这样的史诗;唯有洋溢激情的人们,才能谱写这样的史诗!

石板岩乡大堖村党支部书记许存山,就是个有梦想、爱做梦的人。他的梦是一张张叠加的蓝图。

大堖村是林州最高最偏僻的一个村,海拔1 750米,四面都是一眼望不到底的悬崖。

许存山接村党支部书记担子时才26岁,他扛起了全村人富裕的梦想。

村委会全部资产摊在他手心上——三个硬币,一共9分钱的积蓄,18 360元的欠账也摆在他面前。

当兵时,许存山常常梦到家乡,梦到孩子们进了学校,梦到路修到了山下……

但他想不到,梦想的实现,竟是这样艰难。

摆在他面前的有六难:行路难、吃水难、吃穿难、照明难、通讯难、娶妻难。

太行山的石头多是石英岩,这种红脸蛋的石头,出了名的坚硬。但红脸蛋的岩石这次碰到的是黑脸蛋的许存山。

他召开支部会,全村12名党员在党旗下发出梦想的誓言:"握紧拳头不松手,卒子过河不后退。"

很快,蓝图摆在村民们面前:两年通电,五年通路,三年通水,十年之中大植树,二十年兴科技……

有人说,爱做梦的许存山,这次是在白日做梦。

然而,理想的太阳一旦升腾,就能激发出精卫填海般的无穷力量!

架电,重 500 多公斤的水泥杆往山上运,要绕过几道悬崖;两三千米的山路,全靠人抬,小孩棉衣当垫肩,肩膀还是肿得馒一样。

一百多根电线杆,24 个壮劳力,整整抬了两年。

电终于通了,村里的小太阳,照亮了太行。从来没用过电的山里人,把烟袋架到灯泡上——老汉们抱怨说,灯什么都好,就是点不着袋烟。

再之后,又修了 4 年,大垴村的人,把路修通了。一个村子的人,挖了 48 万土石方。

黑脸蛋最终胜了红脸蛋。

看到汽车开到山顶的第一眼,许存山一头倒在地上,晕死过去。

如今,大垴村依然不能算是富裕之地,人均收入只有两千多元,但它一步步前行,正在实现自己的第六个蓝图——太行山石板垒就的大垴,要变成药材之乡、生态旅游之地。

许存山和大垴,是郑中华墙上蓝图中的点和线,只有每个人发出理想的蓝光,蓝图才能变成美景。郑中华和许存山,是绘着同一张蓝图的人。

阿尔卑斯山畔的葡萄园,映照着三个太阳的光辉。中国的红旗渠却映照着更多太阳,每一块在渠上砌着的太行山石,每一个修渠者的躯干,释放出来的都是太阳的滚滚热量。

面对着墙上的蓝图,郑中华感到一种无形的压力——在林州,谁干了多少事,都要与红旗渠比一比。

他经常穿梭于红旗渠的干渠支渠上,有时长久地抚摸着渠壁上的方石,就好像紧握着前辈的大手。

一个国家,一个民族,如果失去了自己的精神索引,就会失去方向。

郑中华不断追问自己:

饿着肚子,可以号召大家为吃饱而奋斗;但吃饱肚子,要为什么而奋斗?

上世纪 60 年代,十万大军战太行,修建了举世闻名的红旗渠,解决了林县人畜饮水的生存困境;

上世纪 80 年代,十万大军出太行,大力发展建筑劳务,解决了林县人的温饱问题;

上世纪 90 年代,建筑大军用挣回来的钱扶持家乡企业发展,实现着"富太行"的梦想。

进入新世纪的今天,作为全省 108 个县市综合实力前 8 强的林州,虽然不用像修红旗渠一样开山,但发展中的无形之山,如何开凿,怎样翻越?

"精神立市、工业强市、和谐兴市"——接过红旗渠的大旗,郑中华这些人把精神举得更高,把梦想也举得更高。

太行之气——一派正大沛然的气概

> 盘古氏"左手执凿,右手持斧,或用斧劈,或以凿开,自是神力。久而天地乃分"。
> ——《开辟衍绎通俗志传》

太行山,是一座有豪气的山。

那是神话中盘古开天辟地的地方,盘古是先天之气的化身。当英雄撑开天与地时,中华民族的正大沛然之气,自天地不再混沌的那一刻勃然而生。

世界上从未有一个民族像中华民族这样,历经五千年,无论浸泡在怎样的苦难当中,始终不绝这口绵绵之气。

豪气是脾气,也是勇气。而在林州人身上,一个民族的脾气、勇气和豪气,表现得尤为强烈。

很多人把林州人引水开山,比作盘古开天地。想必当年一手执凿、一手执斧的英雄面对茫茫的混沌,如同林州人面对高高的太行,胸中涌动的正是那一股天地间正大沛然之气。

中国很少有城市,把专门为小推车写的歌,作为自己的市歌——当年修红旗渠,小推车是最重要的运输工具。歌中唱道:"山里人生性犟,后边来的要往前面放。"意思是大家一起推车,歇脚时,走在后面的一定要把车放到前边才停下来,就为了不居人后。

——这是一首林州人都会唱的歌,是一首在他乡的林州人都感到骄傲的歌。

唱到那个犟字,林州人都心领神会:没有这点犟劲,敢在太行山上动土?

林州人脾气犟,就像太行山上的那枝"虎口椿",挤在虎口般的岩石间,有一点薄土,就倔强地吐出一簇新绿。

有人感叹,是太行山造就了林州人的脾气,犹如苦难磨砺出中国脾气。如果林州人没有这样的脾气,必不能在如此恶劣的环境下生存;如果中华民族没有这样的脾气,也熬不过千百年的艰难,挺立在世界东方。

林州人的脾气又叫"红旗渠脾气",特点有三:干得苦、看得远、想得大。

李广元,林州的钢铁大王,是一个典型的具有"红旗渠脾气"的人。

我们在凤宝特钢厂门口见到他,这是个表面看来温和,甚至有点腼腆的男人,和传说中的印象判若两人。一辈子没有离开钢铁,他把他的事业变成了最简单的口头禅——干事。

李广元喜欢干事,他喜欢在钢铁中干事。

26岁时,他干的事是接过了铁匠铺,那是个专门打造红旗渠所用工具的小铺面。少年的李广元就是在这里,目送着父辈们的背影,走向红旗渠的。

但是,不甘于一辈子在铁匠铺打铁的李广元有一天提出搞汽车配件。

村委会上举座哗然。

李广元不慌不忙:"我领着干。成了,是咱村儿的;砸了,是我的。"

现在,汽车配件已是林州的支柱产业之一,这一产业大部分起源于李广元当年不起眼的小小铁匠铺。

外在的是羞涩,但钢铁,才是这个林州男人的真正性格!李广元终于干成了事,把一膛打铁的小火炉,变成了产钢的高炉。

2001年,曾经的铁匠铺开始发展钢铁产业,进而进军特钢及无缝钢管。目前,正在建设50万吨油井管项目。

水火相济,融于一身。谁也说不清这个温和的男人,心里藏了多大的一把火!他成为林州最大的利税大户,一年纳税过亿。他说,人不能只为钱活着,我生在太行山,长在太行山,红旗渠的精神已经长在我的骨头里。

在太行山许多村落都可以发现李广元这样的传奇人物。郭变花就是这样一个人。见到她也让我们颇为吃惊,她并不像朵娇柔的花,更像棵大树,神气活现地立于太行山上。

郭变花的脸让山风洗得黑红,脚下穿的是那常年不变的解放鞋。

15年前,一个电话把在外地承包工程的她催回了家乡,乡里领导对她说,干吧,石大沟就交给你了。

"石大沟,石大坡,荒草连成窝。"有人泼冷水:"男人们都没把石大沟干成景,你个妇道人家能干出个啥?"

可是,生就红旗渠脾气的郭变花偏要干出个啥。

郭变花治路,治穷,更要治山。治山就要种树,种树就要爬山。从此,长在平原的郭变花和山"粘"在了一起。

之前,这个女人恨山。第一次去婆家石大沟,她就跟丈夫怄气:早知道你家在这儿,不嫁给你了。

现在,全村人眼巴巴、直勾勾地盯着她,她不得不逼自己爱这些山。

从来女人干事难,九分苦一分甜。这个之前在城里穿高跟鞋的女人,从此只穿解放鞋。一年穿破十几双,只为爬山。

荒山没人管,拍卖没人要。郭变花揣了一兜子钱去了,这个女人响当当地拍着自己包嚷着:没人要这山?我要了!

她一口气承包了万亩山林。在山上挖个窑洞,支起个灶,就着山水吃饭,听着山风过夜。

每一年,她种十几万棵树,一年上千亩。一干就是五年。

印度诗人泰戈尔说,只有经历地狱般的磨炼,才能炼就创造天堂的力量。

我们问郭变花:难不难?

她想都不想地回答:"老一辈吃野菜修成了红旗渠,还有比那更难的吗?"

面对着绿油油的承包山,郭变花说,这树我一棵都不要,一棵都不砍。砍一棵,我都是石大沟的罪人。

她让荒山一片翠绿,把石头变成致富资源,用山货打造销售品牌,穷村改变了模样。

全村人做了个红绶带,给她披上。

18世纪初,从未到过中国的黑格尔,收集到了他能收集的所有中国文献,认真研究后认为,中国是一片还没有被人类精神之光照亮的土地。

事实并非如此。

沿着中华民族的精神之河逆流而上,生于太行山的人们深知,在这里,人类的精神之光一直照耀着太行人的心灵,民族的精神火把,从来没有在历史的天空熄灭过。

太行之力——一种滴水穿石的坚韧

"夸父与日逐走……道渴而死。弃其杖,化为邓林。"

——《山海经》

人类总是对英雄怀有天然的崇敬。

传说中追日的夸父因缺水而亡,至死不悔;太行山人为引水而战,生生不息。

这,就是中华民族的韧性。

1960年,红旗渠开挖不到两个月,张买江的父亲张运仁就牺牲在修渠的工地上。

取水,这个往日男人承担的重活,落在了母亲肩上。女人力气小,被抢水的人群挤落在水中。母亲扛着空桶,穿着湿透的棉衣,一进家就撵张买江出门:"你上渠!渠里不来水,你别回家!"

通水的那天夜里,她坐在渠边,整整守看了一夜。

第二天早晨,她拦住了前来挑水的人群。她要先于别人打第一桶红旗渠水,因为她贡献了丈夫,又把13岁的儿子送到渠上,她比别人更有资格。

这是为内心一口气,坚韧地活着的女人!

又是一年的桃花盛开了。

不是在春天,而是在千里冰封的雪天里;不是在温室,而是在高耸巍峨的绝壁上。

有桃花的艳丽,又有梅花般的品格。冬季每有游人来到林州,石板岩乡桃花洞村是必去的地方——那里冬天可以看桃花。

申兰英与原海生,青梅竹马,就长在那个冬天里桃花烂漫的村子。

2000年,原海生掉入山谷。当支书的他,是死在发展旅游的道路上。

就在他走后,桃花洞村的旅游开始热起来。

就像莫邪当年铸剑七七四十九日,以身赴铜水,血凝剑气,其志感天动地,因而铸就名剑。原海生以冬天的离去,为这个小村带来了春的生机。

丈夫留给申兰英两个孩子：儿子上大学，女儿刚刚初二；还留下了点账面上的钱，是一直没有领到的村主任工资，每年700元，一共欠了10年。

咬咬牙，申兰英支起了桌子，搭起了棚。过路人吃她一碗面，丢下两块钱。

一张桌变成了十张桌，棚子变成了面馆。

吃面的人开始直接叫这个爽快麻利的女人"桃花嫂子"。一位画家给她写了几个字贴到了屋里："桃花嫂子面，好吃看得见。"渐渐地，她把"桃花嫂子"的招牌挂在了外墙上。

当地人说，桃花谷里桃花店，桃花嫂子桃花面；桃花乡里桃花香，桃花溪漂桃花瓣。"桃花嫂子"成了太行山里的品牌，老粗布、杂粮，都追着赶着标出桃花嫂子的名字。

人们看到申兰英脸上总是挂着笑，可她内心却有不为人知的苦楚。她把自己与丈夫结婚时的一张照片镶在镜框里，天天守着。

当我们提到原海生时，她说，只有一张合影，11年了，还是想他……

一语未了，掩面而去。

总是有一些英雄没有来得及戴上红花，就悄然隐退到历史的幕后。

原海生坠下悬崖的地方，后来是一道有名的景点，两道飞泉夹石而过，取名"含珠"……

所有的光荣与梦想，都是付出了血与泪的代价，如同追日的夸父，"体解而未变""虽九死其犹未悔"！

谁也不敢说上天亏待了林州。但是，这个大山里的地方的确没有得到上天厚爱。一个缺水之地，一个守着一堆石头的穷县，凭什么50年前让漳河之水天上来？凭什么改革开放30多年来，让自己的经济社会发展水平在河南108个县市处于前列？

一个国家真正的财富，不仅在于拥有有形的物质力量，还在于、某种意义上说更在于是否拥有无形的精神力量。经济的发达，可以为一个国家贴上强大的标签；而唯有精神的力量，可以让一个国家扛得起伟大的字眼。

太行山下，一个曾在井下挖煤的汉子，在韧性的坚持中获得了不止一次的重生。

桑中生从来都拒绝谈起他最艰难的时候。

记者试着问他，他回避：不提这个。

笑着拒绝，然而泪水就在瞬间流下。

——"谁意百炼钢，化为绕指柔"？

他是一个亿万富翁，也是一个穷得没钱吃饭的人。最苦的时候，机器全趴在厂房里，家里拿不出一分钱，门口站满要账的。

2008年，桑中生投资搞起了用于太阳能的多晶硅，当年就缴税1亿元。2009年，投资27亿元扩大产能。国际金融危机的风浪扑到了中国的山区，原来300多万元一吨的多晶硅,降到10万元也没有人要。

只得停产。

置之死地,能否后生?没有资金寸步难行,情急无奈之下,如同秦琼卖马、杨志卖刀,桑中生决意出让企业股份,换来帮他进行技术改造的团队,以作最后一搏。

桑中生能否走出困境?没有人知道;这一搏就是最后一搏?没有人能回答。可桑中生说,林州人认死理,一条道走到黑,就得成功。

大凡英雄志士,往往浸染着浓烈的悲壮色彩。他们历尽艰难险阻,忍受常人难以承受的巨大痛苦——明知力不能支而殊死搏击,直到最后一息。如同不顾一切逐日的夸父,最终倒在实现理想的途中。

曾战太行,曾出太行,曾富太行,但是,林州人不允许自己安卧太行,这是一群虽然吃饱了饭,还要为自己理想逐日的人!

太行之爱——一首奉献当代的颂歌

"往古之时,四极废,九州裂,天不兼覆,地不周载……女娲炼五色石以补苍天。"

——《淮南子》

太行山,一山高于一山,一山险于一山,一山难于一山。没有人告诉我们,太行山是不是女娲补天后留在人间的神石,补上去的是天,遗留下的是爱。

请告诉我们,太行山边的人们,为什么具有如此淋漓尽致的大情,俯仰天地的大性,炽热如火的大爱?

临淇镇白泉村支部书记张福根的一生,就是对太行人这种大情大性大爱的最好诠释。

盘山而上一个多小时,我们见到张福根,此时已是傍晚。如同故友重逢,客人与主人相见甚欢,相拥而坐。

群峰壁立,星空寂寥;山风拂面,松涛有声。

一落座,张福根就滔滔不绝地向我们畅谈他的白泉创业史:

劈山修路,修通了白泉通往山外的22公里大路;

打旱井,52年打了1 685眼,没让百姓去远处打过水;

植树造林,凭借一双手两个肩,一把镢头一张锹,绿化了2万亩荒山;

发展旅游,建了个白泉山庄,开辟景点搞旅游致富……

他说,这就叫创业四部曲!

在海拔800米的悬崖上,张福根口若悬河,激情四溢,迎风开怀,顾盼神飞!

眼前的张福根,哪里像一只眼睛失明的72岁的老人?

哪里像大字不识几个的土生土长的农民?

畅谈"四部曲"后,老人意犹未尽,又吟诵起他早年的励志诗作。那诗句着实让我们吃了一惊——"蹬破地球闯开天,单手举起太行山"!

此刻,我们不禁受到感染,这是太行儿女用山的气魄与山在对话!

太行山,你的孩子为什么这般神勇?谁给予他们补天之力?谁给予他们造地之能?

张福根有双蒲扇大的手。掌上的老茧铜钱厚,十指粗糙像钢锉,带着累累伤痕。有的客人与福根握手,瞬间被那双大锉锉痛。松开后,看着他的手,情不自禁地感叹:你是真正的劳模啊!

白泉村硬化了村民家门前的道路,到其中一家时,福根拦住了要修这条路的人。路的尽头,是福根自己家。

村民们不答应,终于,5年后,路通了。

我们一共见到福根三次,每次福根都穿着同一身衣服,村里人说,那是他见客人的体面衣服。

我们问,老支书困难到买不起身衣服?

福根说,不是困难,是整天穿着好衣服,就不想干活了。

福根每天都要下地干活,开会误了活,也一定要补上。他说,我一天不干活就不得劲。

当了52年的村支书,但每次选举乡亲们还选他。每次选举,福根都是全票。他们说,福根活到一百岁,就让他把支书当到一百岁。

临别时,福根偷偷对我们说了句心里话:是的,我还想再干20年支书,因为为乡亲们要做的事还没有做完。说了之后,他不好意思地笑了,他觉得自己有点贪心。

春节,村民们自发在村委会贴了副对联:"半生辛劳富白泉,一腔热血为百姓",横批:"不忘福根"……

一百多年前的欧洲,一位伟人说,历史把那些为了广大的目标而工作,因而使自己变得高尚的人看做是伟大的人;经验则把使最大多数人幸福的人称赞为最幸福的人。

这个人是卡尔·马克思。

林州人是幸福的,他们被如此创造而不求回报的氛围包孕着,被如水的爱拥抱着,被英雄的精神滋润着。就像幸福的德萨雷,它的葡萄园,被三个太阳拥抱着,天上的给其温暖,湖里的给其滋润,石墙上的给其坚强。

无论是德萨雷的太阳,还是林州的水,都是爱的光芒,是无法言传的内在力量。

万福生,林州企业家。父亲参加过红旗渠修建,改革开放初期第一个踏出太行搞建筑,创业刚赚了点钱,就在当地捐建了一座中学。临终前,父亲把万福生叫到床前说,吃不饱肚子的时候要千方百计吃饱肚子,吃饱肚子的时候,要想到还有没吃饱肚子的人。

万福生怎么能忘记那个播一口袋种子,只有一兜收成,曾用火柴盒分配粮食的年代!他接过父亲的事业,更记住了父亲的遗训。迄今为止,他捐献的善款达到1 000万元,被称为"林州好人"。

一次下乡诊疗,林州市人民医院院长秦周顺让突如其来的锣鼓声震撼了。那是村民们听说大夫要下乡来看病,自发组织起来欢迎他们,那一天,变成了乡亲的节日。

从那时起,秦周顺就在办公室挂了一张林州地图,每到一个村庄义诊,就在地图上画上一个圈圈。十几年来,他来回于红旗渠的怀抱中,行程4万里。林州地图上的543个行政村,已经被他画了434个圈圈。

他的目标是,利用双休日和节假日把林州市每个村庄都走遍。让一生没有到医院看过病的老人,享受哪怕一次正规医院大夫的医疗服务⋯⋯

还有一个老人的捐款仪式,感动了人们。

当年曾经修过红旗渠总干渠的申满仓,为重修红旗渠拿出了两捆现金。一捆10万元,一共20万元。老人说,咱打拼挣了钱,不能光装在自己兜里。

老人是地道的农民,钱是头天晚上打电话,让在太原工作的儿子邮过来的。

今年2月20日,一场别开生面的慈善颁奖晚会在红旗渠畔举行。谁也没想到短短数小时,晚会现场便收到上千万元的捐款。

父亲3年前病故,母亲2年前下岗。少年魏于皓被确诊为尿毒症,透析、换肾,巨额医疗费用让这个原本就贫困的家庭几近崩溃。

少年得到了资助。

少年的母亲站在台上。她说,我是个要强的女人,我从来不让别人看到我的眼泪⋯⋯

一语未了,女人蹲在台上放声大哭。

原来没安排讲话的市委书记郑中华,此时为激情所动,走上台来,即席演讲。他说,感谢新时代,感谢共产党。因为改革开放,才有了新时代,才有了这么多富人,他们应该回馈社会⋯⋯

台下鼓掌!

郑中华又即兴朗诵起现场写下的一首诗:

"今晚,热泪盈眶;今晚,爱心飞扬;今晚,让我们感受爱的力量⋯⋯""林州,一个创造奇迹的地方,英雄的人民侠骨柔肠⋯⋯"

有大爱无疆,就有大美难言!

太行之魂——一曲民族精神的咏叹

"太行、王屋二山,方七百里,高万仞⋯⋯北山愚公者,年且九十,面山而居⋯⋯率子孙荷担者三夫,叩石垦壤,箕畚运于渤海之尾。"

——《列子》

登上红旗渠，仿佛能听到太行山的呼吸。

无论是从地理方位，还是从时空坐标，这都是一座展现巍巍中华气象的山脉。

山上，是站立的中国。

地下，是深藏的中国——林州辖于安阳，是中国最早的甲骨文发现地，16 万片甲骨在历史的土壤中深藏不露，整整等了现代的人们 120 万个日夜。

如果寻到那根绳子，不知是不是可以找到远古人们面对太行山，结绳记事，系在一条绳索上的记忆？

时间的甬道，走出来了一位叫愚公的老人。他带领后代挖山不止的声响，今天还鸣响于历史的回音壁上。

太行、王屋二山，虽然已从愚公的门前搬走，但是中国的未来之路上，还有渡不完的河流，搬不完的大山。

今年，杨贵和郑中华应中直管理局之邀，同时参与了一场讲座，两人一前一后讲演，主题就是红旗渠。

多么奇妙的搭配——

同一职位，不同年龄。

皓首，黑发。

一个建设红旗渠，一个重修红旗渠。

神奇的传承把两人联系在一起。

这不只是一次沿着历史痕迹的寻访，也是面向历史的发问，和面向未来的作答。

台下一片寂静，一片模糊的泪眼。

一个大国，一个强大的民族，必须具有展望未来的眼光，和追问历史的能力。一个时代，不能只留下飞速发展的数据，还应该为后人保存丰富的精神食粮。

当人们访问当年开挖红旗渠的那些"愚公"时，突然发现，岁月无情，他们已经在逝去中慢慢凋谢。

毕竟，近 50 年过去了。

当年叩击太行的前辈离去后，愚公移山的故事，是否还会有人讲述？人们担心的是，红旗渠精神，这种可以感觉却无法触摸的至真至宝，是否可以传承？红旗渠精神，是否会因物质生活的丰裕而被窒息？红旗渠的精神家园，乃至中华民族的精神家园，是否有人守望？

岁月可以风化坚硬的太行山石，唯有精神不可随风而去。

1934 年，当中国工农红军开始长征时，无数的人们放下手里的锄把和书本，眼睛放光地追随着这支戴着红星的队伍而去。

在当时的条件下，这支队伍能给热爱它的人们什么呢？

鲜血，饥饿，危险，甚至死亡。

还有，饱满得闪闪发光的伟大精神。

中国人喜欢用万里和千里这种极宽广的距离,来形容诗意和伟大,譬如用脚走出来的万里长征,用手凿出来的千里红旗渠。

两个事件都是在环境极其恶劣,物质极度困窘,在几近不可能的状态下完成的。唯一可以找到的共同点,是完成它们的人,都具备中华民族共同的精神气质。

当这种精神成为文化,当这种精神成为传统,当这种精神融入血脉,自然就有了与苍穹比阔的力量!

中国的道路,是走出来的;中国的江山,是打出来的;中国的富强,是干出来的;中国的精神,是几千年来的日月,积攒出来的!

林州的发展,与当代中国前进的节奏,是那么的吻合。

20世纪60年代,林州解决了水的问题;

20世纪80年代,林州解决了粮的问题;

20世纪90年代,林州逐渐开始解决钱的问题;

现在,吃饱了肚子的林州,执著地甚至倔强地守望着自己的精神家园;而兜里有了钱的中国,越来越多的人抬起头,仰望未来星空,在扪心自问自己的精神归宿……

抗战最艰苦的1940年,徐悲鸿用他的画笔,画出了愚公移山;

解放战争的前夜,毛泽东用他的思想,讲起了愚公移山;

三年自然灾害期间,林州人用铁锤敲出了愚公移山;

今天,我们又在中国前进道路上的一座座有形和无形的大山前,想起了愚公移山……

在林州,我们听到一串串意蕴深远的小故事:

这是一口水的故事。

张买江的父亲去山西打工,临走之前的一顿饭,就是没有一口干净水,只好用给牲口喝的雨水澄清后做饭。

林州人因为喝不上这口水流落他乡,曾经为了这口水战天斗地。如今,他们不再为一口水而担忧,但他们只要永远记住这一口曾经喝不上的水,追求幸福、超越自我的理想就不会停步。

还有一碗面的故事。

林州人最爱吃的,是家乡的面条。一位林州籍的将军回乡,家里没有大摆宴席为他接风,而是在院子里支上了两口大锅,一口炖菜,一口煮面,人手一碗。

林州人即使富甲一方,腰缠万贯,最留恋的还是那碗面。就像林州那首脍炙人口的《推车歌》所唱:"只要有一碗糊涂面,也比那吃肉喝酒的气势还要壮啊!"

一碗面,盛的是本色,装的是力量。

再就是那一条渠的故事。

每个林州人心中都有一条精神之渠,那是红旗渠的儿女们说不完、道不尽的红旗渠故事……

改革开放以来,林州人民以自己的理想、奋斗、坚韧、奉献,成就了当代红旗渠精神,这就是——难而不惧,富而不惑,自强不已,奋斗不息。

难而不惧,在理想召唤下排除千难万险;

富而不惑,在物质大潮中坚守精神家园;

自强不已,在激烈竞争中壮大发展,不断超越;

奋斗不息,在复兴道路上奋力拼搏,永不停步。

这就是我们时代的精神,更是中华民族的精神。

无论我们将来多么富有,多么强大,都不应该丢弃。

唯有如此,我们才能如胡锦涛总书记在建党 90 周年纪念大会讲话中指出的那样,不为任何风险所惧,不被任何干扰所惑,坚定不移沿着中国特色社会主义道路奋勇前进,更加奋发有为地创造自己的幸福生活和中华民族的美好未来!

(新华社北京 2011 年 10 月 16 日电)

只为一个永远的约定:一个延续 15 年的感人故事

方艳梅 咸立冬 耿建扩

导言——

该通讯占有题材上的显著优势。李宝元不幸病逝,一群普普通通的人——与宝元同班的全体同学,立下了一个算不上约定的约定:"宝元的父母咱们得管"。一诺千金。这一管就是 15 年,无论出现什么情况都没有中断过。他们之间不是亲人却胜似亲人。而宝元的父母在连续痛失两子、身处绝境的情况下,仍然坚持帮工、卖房、养猪以微薄的收入还债。他们以自己的行动诠释了诚信和真情,让人唏嘘。这给我们以很大启示:要注意从普通人身上发现新闻,发现新闻故事的感人之处。该作在叙事过程中,以情贯穿始终,使人不能不为之动容。

"儿子、闺女们哪!"2011 年 3 月 25 日上午 11 时 40 分,刚从承德赶到保定的农民李维贺紧紧攥住等候在路边的 5 位青年的手,两行激动的泪水从他布满沟壑的脸上滚落下来。

15 年前,为了一个不是约定的约定,李维贺二儿子的同学、河北农业大学园艺系果树 93(01)班的同学决定承担起子女的责任,这责任他们一担就是 15 年。

15年后,66岁的李维贺还清了当年欠下的7万元欠款后,千里寻亲,要亲眼见一见这些没有血缘关系的"儿子、闺女",要当面替已在天堂里的儿子说一声"谢谢"。

白发人送黑发人

1995年11月的一天,李维贺从承德县下板城镇乌龙矶村的家中赶到保定市第一医院。推开心脏内科病房的门,他一眼就看到了躺在病床上的二儿子李宝元。旁边的几个孩子有的手里拿着苹果,有的拿着毛巾正给儿子擦身。

"爸,他叫牛树起,这个是赵高峰、杜彦敏、宋彩霞、时翠平……"儿子逐个给父亲介绍着,"这些日子都是他们在陪床。"李维贺不断重复着:"谢谢,谢谢你们照顾宝元啊!"

几天前,学校给家里来了一封信,说儿子得了病。看到病床上儿子的第一眼,李维贺就感到脚底一股凉气传遍全身。李宝元的哥哥李广坤21岁的时候患上扩张性心肌病,撑了两年后,撇下父母兄弟走了。

两个月后,"弹尽粮绝"的李维贺给儿子办了休学,准备将他转回老家医院。

那天,同学们都哭了:"宝元,你一定要好好养病,争取早点回来。"

回到承德,宝元不时接到同学书信,开始他还能回信。后来病情严重恶化,发展到心、肝、脾、胃等器官全部衰竭,李维贺就读信给儿子听,这些孩子的名字,一次次烙在了他的心里。

1996年10月1日一大早,李维贺赶往市区红石碰沟寻求偏方。

他不知道,此时家中的儿子正一声声呼喊着:"爸呢?我爸呢?他咋还不回来?"

直到日落西山,李维贺回来掀开自家屋帘,看到炕头宝元双目圆睁正咽下最后一口气。

炕东头,亲戚们手忙脚乱,喊着宝元妈的名字。李维贺不知道,老伴儿眼看二儿子生还无望,一口气吞下大把安眠药。

那段日子,李维贺至今不愿回忆:"像有一把尖刀扎在心上,要一秒一秒地熬着过。"

7天后,老伴儿醒来,浓密的乌发一把一把掉,嘴里不停地唠叨着:"宝元呢,宝元去哪了?"

一家4口,转瞬间只剩下了两位白发人。

56封信15张汇款单7万元欠款

李宝元去世两个月后,李维贺意外地接到孩子们的第一封来信。

这是一封催人泪下的信,这是一封饱含真情的信。

大爷,大娘:

你们好,宝元去世的消息我们已经都知道了,请二老不要太过于伤心。我们虽然不在你们身边,但却永远不会忘记二老。我们现在最大的希望就是二老能尽快恢复健康。宝元虽然去了,但我们仍在,二老以后的生活费用将由我们来承担。我们明年就毕业了,宝元没有完成的事情将由我们来完成,您二老一定要坚强起来,好好地活着,才对得起宝元和大家。

祝大爷大娘身体健康!

河北农大果树93(01)班全体同学
1996年12月22日

即便是在二儿子离开、老伴生死未卜的那段日子里,李维贺这条硬汉也很少掉泪,可读着这封信的时候,他泪雨滂沱。

人世间竟有这样一群人,本无责任,却要主动承担责任,不是儿女,却胜似儿女。

那年冬天,李维贺觉得格外冷。"老李啊,村委会有你一张汇款单。"腊月根儿的一天,村干部对李维贺说。"汇款单?我的?"李维贺一头雾水。家里只欠别人的钱,怎么会有人给自己寄钱?

汇款单是宝元的同学寄来的,300元。

李维贺手捧薄薄的一页纸,似有千斤重。这些孩子,工作还没着落,却在万家即将团圆时惦记着没有血缘关系的同学的父母。

回到家中,老两口对坐着默默流泪。只有坚强地活下去,才能对得起这些孩子。

连续失去两个儿子,让李维贺借了7万多元的债。"只要我还有一口气,就要还给人家钱。"

李维贺有一个账本,上面密密麻麻地写着借钱人的姓名、钱数。

他在村子里给人帮工,为了还钱。

他卖掉了大儿子活着时准备结婚盖的新房,为了还钱。

他每年开春,买一头猪崽养大,到年终时卖掉,为了还钱。

他进城打工,每月挣600块钱,每天自己带饭,包里揣着干粮咸菜,为了还钱。

全村300户人家,李维贺几乎借遍了。只要挣了钱,他挨家挨户去还。

乡亲们看他风里来雨里去,还要照顾病弱的老伴儿,没有一户找他要钱。李维贺去还,乡亲们总是说,我家不急,你先还别人吧。

邻居李维彬单身,借给他100元,第6个年头李维贺去还,李维彬说啥不肯要。李维贺急了:"老哥呀,你要是不收下,我一辈子良心难安啊。"

村民赵赞华和赵赞兴借给李维贺2 500元。李维贺打工凑够了去还,哥俩搬进了县城,李维贺找不到他们的家。有人说拉倒吧,还他们也不会要了。李维贺说:"欠了金钱债,就是欠了良心债,不还不行。"

2011年春节后,李维贺用他的诚信还完了所有的债。

这无比艰辛的15年,看信,成了李维贺两口子活下去的动力。

1997年夏天——"爸爸、妈妈:老来丧子是人生一大不幸,内心自然很苦,想说什么只管与我交流,我就是你们的女儿,高峰、亚峰他们也是你们的儿子……爸爸妈妈,我们的学生生活将要结束了,以后是不可知的未来,但不论走到哪里,我们的心中总是记着,在承德有我们的两位亲人——彩霞"。

这一声"爸妈",焐暖了老两口已不知热度的心。

1999年冬天——"大爷、大娘,就要过年了,家里准备得怎样,树起让我给您寄去100元,这是我们不成敬意的一点心意,就算给您添一件御寒的棉衣吧。时翠平"。

2002年秋天——"大爷、大娘,您二老可好,岁月匆匆,转眼毕业快5年了。一切都在变化,真正没有变化的只有一样:人世间的真情是永恒的。可惜政武现在力浅势薄,起不了什么作用,只有寄上300元略尽心意。政武"。

2011年春天——

……

李维贺一次次湿润了双眼。

小草青了又黄,燕子飞了又回。

5 000多个日日夜夜,孩子们的信一直没有间断。这些用墨水记录下的真情,成了支撑老两口活下去的精神支柱。

15个腊月,孩子们的汇款单雷打不动,数字从100、200、300、500、800、1 000……不断增长着、变化着。刚毕业时挣得少,他们宁可自己勒着,也要拿出三分之一寄给承德的"父母";有的同学家中遇到事急需钱,也未让他们改变过给老人寄钱的初衷;有的同学家属开始不理解,了解情况后每年催着寄钱。

15个年头过去,他们都是将近40岁的人了,牛树起、杜彦敏、时翠平、李景刚、赵高峰、祁业凤……这些名字已经像自己孩子一样亲切。

李维贺打工的温泉物流有限公司老总李文全得知这段故事后流泪了:寄一年钱容易,连着寄15年,不容易啊。"李总,我这辈子最大的心愿就是能看看这些像闺女、儿子一样的孩子。"

"我陪你去,上保定的费用我包了!"李文全感动地说。

叫一声"儿子、闺女",两泪长流

2011年3月25日去保定的路上,李维贺很少说话,他的手在不停地颤抖。"没咋变,没咋变,那个高高胖胖的肯定是牛树起。"车刚驶出保定收费站,李维贺一眼认出了路边等候的几个青年,他的声音因为激动而有些哽咽。"大爷——"李维贺刚刚打开车门,几个人已经奔了上来,紧紧地握住了李维贺那双粗糙的大手。

李维贺喉结一动一动的,却发不出声音,泪水小溪般滚落下来。当年风华正茂的

"孩子们"已不再年轻,多了几分成熟和稳重,每个人的眼里都盈满了泪。"儿子!闺女啊!"良久,李维贺才叫出了声。

他一个一个地叫着他们的名字:牛树起、杜彦敏、李景刚、时翠平、祁业凤……泪水模糊了在场所有人的双眼。

午饭前,李维贺从衣兜里掏出一张纸,这是写给"孩子们"的信。"我的好孩子,你们都有双方父母和家室子女,可是却一直记挂着两个跟你们没有任何血缘关系的老人。宝元不能做到的,你们都替他做到了,在我们心中,你们就是我的闺女、儿子……宝元,你听见了吗?"

李维贺的手在抖,声音在抖,心也在抖。"闺女们"已经哭出声,"儿子们"拿餐巾纸擦着眼睛……

当年的辅导员老师黄文军抹去眼角的泪端起酒杯:"我为有这样的学生感到自豪!我们大家共同敬'老父亲',祝他健康长寿!"男同学一口饮下,女同学泪流满面。"赵锦去了加拿大,她嘱咐我晚上向她汇报;政武出差在外,实在赶不过来,让我替他敬您一杯!"时翠平一一向李维贺介绍。"每年腊月汇款,就跟我们过年要回家一样,忘不了。"牛树起说。"有事儿一定要打电话,再忙我们也一定会赶过去的。"时翠平叮嘱着。

临走,牛树起把"子女们"凑的2 000元钱硬塞到了李维贺的手里。

15年前,毕业前夕的一个晚上,班级里记不清谁说了一句:宝元的父母咱们得管。

就是这样一个算不上约定的约定,让他们和李维贺老两口成了特殊的亲人;就是这样一个算不上约定的约定,竟演绎了一段延续了15年的真情。

(2011年4月1日《光明日报》)

名牌是民牌

艾 丰

导言——

这在当时是一个很有新意的观点。名牌的核心在于民。提出"名牌是民牌"的论点,这就从深层次上阐明了名牌的本质。不仅如此,而且这还表现出了作者思想中的闪光点。一个中心论点分解成若干个分论点,每个分论点与中心论点之间有着紧密的内在联系,从逻辑上看非常严密。而"民定"、"民创"、"民护"、"民享"则涉及了名牌的几个主要方面。每一个段落阐明一个分论点,每一个分论点成为每一段的主题句,各个部分合起来成为一个有机的整体。该文结构合理,层次分明,思路很顺畅。

"名牌"热起来了。叫人高兴,也叫人有几分担心。高兴的是大家都来重视名牌,中国名牌事业的崛起大有希望了。这对振兴民族经济将起很大的作用。担心的是如何实施名牌战略还缺少经验、缺少规范,更存在着假冒名牌和乱评名牌两大公害。

要健康发展中国名牌事业,需要在名牌意识、名牌理论、名牌战略、相关法制、实际操作等几个方面推进。而最重要的还是要弄清什么是名牌。

对此,本文不可能做理论上的阐述。我想,有一位企业家的话,最简明地说出了这个问题的实质——名牌是民牌。

名牌是"民定"的。谁个是名牌,谁个不是名牌。谁说了算?没有别人,是广大消费者说了算。一句话,名牌是在长期的市场竞争中,由消费者的"金钱选票"选出来的。主管机关、社会机构,也会做某种"认定"的工作,但这只是在科学地、准确地反映了民意并符合市场经济规律的情况下,才是有用的有益的,否则不仅无用,还会起反作用。我国在这方面实际还处在探索阶段。至于某些并不权威的单位,用谈不上科学的办法,以营利为目的的评比,给了钱,不管消费者评价如何,就加封一个吓人的头衔,不给钱再有名也榜上无名,实际是对名牌和名牌带来的一种干扰和破坏。在抵制这种乱评比方面,政府要采取相应的措施,真正的好企业也要沉得住气。

名牌是"民创"的。从根本来说,名牌是评出来的,甚至也不只是靠宣传吹出来的,名牌是创出来的。谁创出来的?企业的广大职工。凡是立得住的名牌,都是经营管理过硬的企业创出来的。企图靠表面文章、短期行为创名牌,是不能成功的,即使名噪一时,也会轰然倒塌。如果从全国来说,要创造出众多名牌,那就更要靠全民族素质的提高了。所以,创名牌必须着眼于下真功夫、硬功夫、长功夫。

名牌是"民护"的。"民护"是两个方面,一个是保护,一个是爱护。名牌的生命之根必须扎在无限广阔的市场之中。而名牌效益又引得一些不法之徒变着法地搞假冒。所以,保护名牌成为一项十分艰苦复杂的工作,在目前我国市场规范还不很健全的情况下,尤其是如此。各级政府要打假,执法机关要打假,但真正有效还需动员民众。全民起来和假冒斗争,假冒就成了过街老鼠。中国名牌还比较弱小,还处在成长过程之中,但改革开放以来毕竟出现了一大批名牌产品和名牌企业。我们中国的消费者应该信任、爱护和使用中国的名牌。那种一看见"洋货"就扼杀在摇篮之中,对自己的名牌成长中的问题,也要实事求是,立足于帮,千万不要轻率地一棍子打死。

名牌是"民享"的。"名牌是国宝"。名牌给企业带来效益。名牌也会带动整个国民经济向高水平发展。名牌将会丰富我们中国的文化。中国名牌是中华民族的骄傲。名牌是企业的,也是社会的、国家的、民族的。每一个名牌都是为民享用的,为民争光的,中国的名牌群体更是为全民享用,为全民争光的。

名牌——"民定"、"民创"、"民护"、"民享",所以说它的实质是"名牌是民牌"。为了民族的振兴,让我们全民以全方位努力来发展中国的名牌事业吧!

(1995年10月9日《人民日报》)

研究与思考

＝延伸阅读＝

邓　涛：《论〈华尔街日报〉体的写作》，《湖北广播电视大学学报》2008年第10期。

＝问题与思考＝

1. 试对本章几篇例文的结构进行分析、体悟，论述从中获得的启发。
2. 为自己所要写的一篇报道，列出三种结构方案，通过比较选出其中的最佳方案，并说明理由。

第五章 新闻叙事

导 论

通过采访获得了丰富的素材,通过对素材的审视确立和提炼了主题,通过精心运思构建了新闻作品的框架,在此基础上,如何进行新闻叙事,直接关系到新闻作品的优劣成败。叙事有讲究,叙事有艺术。想要提高新闻写作能力的人,对新闻叙事的研究和实践不得有丝毫忽视。

一、新闻报道从本质上说属叙事性文体

新闻报道,无论是消息还是通讯,都是以叙事为主的文体。通过叙述的方式,记者对由采访所获得的材料进行有选择的报道。新闻报道要用事实说话,应该是对事实主要采用叙事的方式说话,而不是主要采用议论或说明的方式说话、说事实。这构成了新闻报道的一个主要特点。

必须指出的是:叙事包括叙述和描写,它们都是重要的表达方式。叙述被用来对人物活动和事件经过进行叙写,对事件情节加以展开。叙述通常被用来陈述"过程"(陈述人物活动的过程、事件发展的过程),所起的作用是交代相关内容(但与说明所作交代又有所区别)。描写是对特定对象的描摹,涉及对象的声、色、形、质等各个方面。描写给人的感觉是比叙述更为具体可感。在消息中,叙事多叙述;在通讯中,描写在叙事中的比重明显增加。

二、用好新闻叙事,报道才能做活

(一)消息宜言简意赅地叙事

消息需要叙事,也离不开叙事。但消息的叙事既不同于文学作品的叙事,前者较之后者显得相对简略、概括,也不同于通讯的叙事,通常不保留通讯中视为至宝的细节,或即使保留也不作详尽展开。大致可以说,消息中的叙事,是虽然具体但又颇为概括的叙事,是"撮要"式的叙事。

毛泽东当年为新华社写的如下消息,堪称言简意赅地叙事的典范。

人民解放军百万大军横渡长江

新华社长江前线 22 日 22 时电 人民解放军百万大军,从 1 000 余华

里的战线上,冲破敌阵,横渡长江。西起九江,东至江阴,均是人民解放军的渡江区域。20日夜起,长江北岸人民解放军中路军首先突破安庆、芜湖线,渡至繁昌铜陵、青阳、荻港、鲁港地区,24小时内即已渡过30万人。21日下午5时起,我西路军开始渡江,地点在九江、安庆段。至发电时止,该路35万人民解放军已渡过2/3,余部23日可渡完。这一路现已占领贵池、殷家汇、东流、至得力德、彭泽之线的广大南岸阵地,正向南扩展中。和中路军所遇敌情一样,我西路军当面之敌亦纷纷溃退,毫无斗志,我军所遇之抵抗,甚为微弱。此种情况,一方面由于人民解放军英勇善战,锐不可当;另一方面,这和国民党反动派拒绝和平协定,有很大关系。国民党的广大官兵一致希望和平,不想再打了,听见南京拒绝和平,都很泄气。战犯汤恩伯21日到芜湖督战,不起丝毫作用。汤恩伯认为南京江阴段防线是很巩固的,弱点只存在于南京九江一线。不料正是汤恩伯到芜湖的那一天,东面防线又被我军突破了。我东路35万大军与西路同日同时发起渡江作战。所有预定计划,都已实现。至发电时止,我东路各军已大部渡过南岸,余部23日可以渡完。此处敌军抵抗较为顽强,然在21日下午至22日下午的整天激战中,我已歼灭及击溃一切抵抗之敌,占领扬中、镇江、江阴诸县的广大地区,并控制江阴要塞,封锁长江。我军前锋,业已切断镇江无锡段铁路线。

以上消息,通过精短的文字,不仅将事件的亮点凸显了出来,而且将整个事件的来龙去脉交代得清清楚楚。

(二)通讯大都以写细节和讲故事的方式叙事

与消息相比,通讯的篇幅和容量较大,因此在叙事方面可以舒展一些。通讯的叙事有如下特点:

一是细化报道内容。

就同样的题材而论,消息受篇幅限制,所作报道比较简略,大致是概要式的,一般对内容不加细化,不作详尽叙写。而通讯对有关人、事、景、物的叙写,常常较为具体和舒展,会将现实生活中的新闻事实包括细节以及相关的历史事实(背景材料)叙述得很详细。由汤征、王晓映撰写的《连云港浦南镇太平村三千村民推举民警当村官》,其中有这样的文字:

> 连云港市浦南镇太平村前些时出了件"不太平"的大事,由于村民对两委班子不满,联名上书镇党委要求更换村支部班子。在此情况下,两委班子全体辞职。谁来当新村官?这是个大村,共有1 342户、5 672名常住人口,却竟有3 000多村民联名推举一个28岁的民警万峰。万峰何德何能,能在这个村情复杂的村如此得人心?……

万峰回忆说,农村人吵架,很多是小事,他觉得鸡毛蒜皮很无聊,一上去就讲人家:你们吵什么吵啊,有什么大事啊?!这下好了,两个吵架的人不吵了,掉头来一起骂他:这事小吗?这事很大!

听着就像春晚小品。后来怎么就服人了?有什么诀窍?

万峰说,磨嘴皮子磨多了悟出来:乡邻之间的很多纠纷争端多是为个"面子"。前两天,一个老头打了小伙儿一拳,吵起来,叫万峰去评理。小伙儿一定要老头道歉。万峰说:按辈分,他和你父亲平辈,他给你道歉,你受不起,你把你父亲叫来,让他们平辈之间道个歉吧。小伙儿父亲来了,老头儿觉得这个歉能道了,刚一开口,小伙儿父亲不好意思了:哎哟,多大个事,不要讲了不要讲了。双方的面子都过了,事情就了了。

这篇通讯,注重细化报道内容。特别是对万峰前后两次劝架的叙写,既具体生动,又耐人寻味。前一次劝架,结果是成了吵架双方共同的对立面;后一次劝架,以智慧平息了挨打的小伙与老头之间的争端。文中没有使用抽象空洞的语言。鲜活的内容和质朴的语言,使文本具备了一定的魅力。

一般来说,消息引用人物语言(直接引语和间接引语)不多,对此也没有特别的要求;但通讯写作的成功秘诀之一,则是比较多地然而又是相当恰当地直接引用人物(报道对象和采访对象)的语言。此外,通讯还会比较多地写人物的神态、动作。这是通讯细化报道内容的又一涵义。通讯《领导干部的楷模——孔繁森》中,对孔繁森二次进藏前告别老母时的情景,是这样写的:

要走了,孔繁森默默地站在母亲面前,用手轻轻梳理着母亲那稀疏的白发,然后贴在老人的耳朵旁,声音颤抖地说:"娘,儿又要出远门了,到很远很远的地方去,要翻好几座山,过好多条河。"

"不去不行吗?"年迈的母亲抚摸着他的头舍不得地问。

"不行啊,娘,咱是党的人。"孔繁森的声音哽咽了。

"那就去吧,公家的事误了不行,多带些衣服、干粮,路上可别喝冷水……"

想到也许这是同年迈多病的老母亲的最后一面,孔繁森再也抑制不住内心的感情,"扑通"跪在母亲面前:"自古忠孝不能两全,娘,您要多保重!"说完,流着泪给母亲深深磕了一个头。

文中如实记录了临行前的孔繁森与九旬老母之间的一番深情对话。在对话中,老母的话不多,但她的深明大义表现得淋漓尽致,而孔繁森对老母的依恋、不舍以及关于"忠孝不能两全"的慨叹,让人久久难以忘怀。对话是那样本真、实在、感人。如果删去对话,以记者概括性的话语来代替,能产生这样的效果吗?如果将直接引语改成间接引语,即由记者转述母子对话,效果也会大为逊色。而对孔繁森默默站立、轻梳母发、颤抖说话、声音哽咽、扑通跪下、深深磕头等一系列动作的叙写,无疑大大增加了作品感人的程度。

二是注重讲述故事。

在写作相当一部分通讯(叙事记述型通讯)的过程中,要注重讲故事。记者在采访时,要注意发现具有新闻价值的故事,在写作时则要努力按新闻的要求写好故事。

讲意味深长的故事。在问题奶粉事件使企业和个人的诚信问题成为全社会关注焦点的时候,《兵团日报》刊登的通讯《"我要做一个诚信的人"》,讲述了吴兰玉老人拾荒9年、积聚微薄收入用以还债的故事。这个年迈、孱弱、贫困的老太太所演绎的故事,体现出老人令人感佩的诚信,而这正是一些社会组织和个人所欠缺的。故事发人深省、催人振奋。

讲感人至深的故事。有的通讯,围绕主题讲了一连串小故事,但每一个故事都让人刻骨铭心。早些年的通讯《岗位作奉献 真情为他人——记北京21路公共汽车售票员李素丽》、《把党和政府的温暖送到千家万户——记全国劳动模范、水电修理工徐虎》,就是如此。近期的通讯《默默芬芳最动人——献给"把脉江河"的水文工作者》中,讲了循化水文站郭建林的故事。久违蔬菜和水果,到了叫不出香蕉名称、把它称为"那个"的地步;终日与鹦哥为伴,以致鹦哥每每主动吩咐"测流"。幽默诙谐的文字背后,是条件的极度艰苦和生活的异常寂寞。而这一切,尽在不言之中。

三是展现生动细节。

细节是指人物、事件、场景中的有意味的细微之处。它有时是人物的举手投足,有时是事件的一个细小情节,有时则是关于人物、事件、场面的一个镜头。著名记者穆青曾经说过:"有时候,一个细节比千言万语生动得多,深刻得多,有力得多。"以下是《人民日报》刊登的通讯《岗位作奉献 真情为他人——记北京市21路公共汽车售票员李素丽》中的一片断:

> 有一次,在拥挤的车厢里,李素丽发现有位抱小孩的乘客,就动员一位姑娘让出了座位,那位抱小孩的乘客坐下后却连一声"谢谢"都没说,让座的姑娘脸拉长了。李素丽赶紧走过去,逗着孩子说:"小朋友,阿姨这么累,还给你让座,快谢谢阿姨!"抱孩子的乘客一听,马上弥补失礼:"谢谢你。"姑娘的脸又圆了:"甭客气,应该的。"李素丽一句话,让双方都高兴起来。

李素丽对乘客的真诚,其服务的用心,体现在各个方面。而所有这些,记者不是通过抽象的语言说出来的,而是通过大量的富有意味的细节加以展示的,以上只是其中的一例。让了座的姑娘因未得到道谢,于是很不高兴,圆脸拉长了。观察细致入微的李素丽,以逗小孩的方式提示抱小孩的乘客,并巧妙地为她提供了"下台阶"。她弥补失礼的一句话,让姑娘拉长了的脸又变圆了。生动的细节富于魅力,给人以回味的余地。

选文(著述)

细节的力量
——新闻细节的叙事特征与效果分析

林　新

导言——

选自《新闻记者》2006年第7期。此文就新闻报道叙述细节进行了专题性的研究。研究从两个方面展开:(1) 新闻细节的叙事特征;(2) 新闻细节叙述的效果分析。结合案例,条分缕析,理论阐发和案例分析都有一定深度。研究新闻写作者和从事新闻写作者,均可从中获益。

2006年春节之后,一位名叫老旗的网友在无意间发现了一个新闻细节:温家宝总理10年间两次来到山东,穿的却是同一件羽绒衣。他将自己的发现以帖子形式发表在大众论坛上[①],而后被一些新闻网站转发,"温家宝总理的羽绒衣"由此成为一条新闻,迅速在传统媒体和网络媒体间传播,成为今年年初中国新闻的一个热点;2006年3月6日,用百度搜索"温家宝一件棉衣穿10年,感动数十万网民",找到相关网页约25 700篇,可见传播面之广。这条新闻的热传,一方面表明总理朴素的人格魅力和百姓对总理的爱戴,另一方面也说明新闻细节在叙事上的影响力。

新闻细节的力量主要来自于其在叙事上所表现出来的独特性。相对宏大叙事来说,新闻细节独有一种亲和力和感染力,能够让接受者在体验中认知和理解新闻。宏大叙事往往着眼于一元的角度和框架展开,强调所叙述的思想情感与社会发展的一致性;而细节在叙事上强调的是个性化的内涵和风格,传递的信息具有复合的特征,能给受众一个多元化的阐释空间,增添了新闻的人情味。

---

① 见 http://bbs.dzwww.com。

一、新闻细节的叙事内涵

细节一词本来自小说创作。作为文学创作中最基本的描写手法,细节描写是"对人物的外貌、行动、心理、语言或周围某一细微特征所进行的具体而细致的描绘。它是文学作品完整地描绘人物性格、事件发展和环境景物的不可缺少的手段。"[1]别林斯基曾说,小说"吸引人的不是局部和片断,而是整体,包容着这样的细节这样的琐事,分开看时是微不足道的,但和整体联系起来看,在作品的全体性上看时,却有着深刻的意义和无边的诗意"。

新闻报道虽不能等同于艺术创作,但无论对于哪一类新闻文本来说,细节都是重要的表述内容:鲜活的细节把人们带到现实的情景之中,让人们更为真实地感受着新闻事件的发生与发展。特别是在图片新闻文本、电视新闻文本和广播新闻文本中,图片、影像和声音往往就是由一个个细节组合,能让受众产生"身临其境"的感觉。比如在"9·11"事件的报道中,最让人难忘的就是图片新闻所展示的一个个惊心动魄的细节:飞机撞向双子塔的瞬间,从高楼上纵身跳下的人影,坐在窗口艰难抉择着"跳还是不跳"的人们,还有大楼轰然倒塌和人群四散逃离的现场……每一个细节都让受众"目睹"了当时的恐怖与悲惨。

新闻细节的叙事内涵包括两个方面:一是通过对真实的新闻细节的客观描述,生动地展现事件"原貌"和人物的性格特征;二是通过对细节的客观描述,直观、形象地彰显新闻的内在意义。

前者如:"萨库和哈米达他俩都肮脏不堪,一丝不挂,饿得奄奄一息。他们的面容已经不再是孩子的面容了,倒像无生命的面具,上面刻满了深深的皱纹。他们从早到晚,一声不响地坐在那里,也许由于噩梦的惊扰,这时,他们的眼睛中才放射出恐惧的光芒。只有这个时候,他们身上尚有一丝活气。"

这是著名报道《5亿人在慢慢死去》中的一个细节。世界上5亿人所面临的饥饿的威胁就在对这两个孩子外貌和行动的"特写"中,形象地展现出来。这个报道发表后,许多读者打电话和寄钱给报社:"请记者转交给哈米达和萨库还有他们的兄妹。"此后相关的报道成了当时世界新闻报道的热点。威廉·马伦更是因此荣获了1975年的普利策国际新闻奖。[2] 细节在叙事上所表现出的力量也由此可见。

二、新闻细节的叙事特征

在形式类分上,新闻细节与文学细节一样,分为外貌细节、行动细节、心理细节、语言细节和环境细节等。但在对细节的叙述上,二者却有着天壤之别:文学是想象的

---

[1] 《文学词典》,湖北大学出版社1983年版。
[2] 胡志平:《新闻写作创新智慧》,第347页,新华出版社2003年版。

艺术,其细节虽然有生活的影子,但在叙述上强调用艺术的手法达到最佳的效果。而新闻细节在叙述上首先强调的就是对新闻真实性原则的遵循:真实的细节、客观地描述。这就使得新闻细节在叙事上具有以下几个特征:

(一)具有较强的写实性

较强的写实性是新闻细节在叙事上表现出的最典型的特征。如"9·11"遇难者的遗言录音:"嗨,我现在正在世贸中心大楼的第 106 层,我们这里刚刚发生了爆炸,好像爆炸发生在第 105 层。我们这里有一个会议。有大约 100 个人在这里。这里已经充满了浓烟,情况糟透了,我们已经无法下楼了。"①这段录音的珍贵就在于它的真实性,从中我们不仅听到遇难者克里斯多佛·汉利的声音,更了解到了他们正面对的一切——刚刚发生了爆炸、有大约 100 个人、充满了浓烟、已经无法下楼了——没有这些细节,我们就永远无法知道当时在那一层楼里发生了什么。

细节加强了新闻的真实性和新闻叙事的客观性,增强了新闻影响力和感染力。

(二)具在较强的形象性,带给人们一种"视觉化"的体验

细节描写就如同是特写镜头:它放大了人的外貌、行动、心理、语言或环境的细微特征,带给人们一种"视觉化"的体验,如身临其境,亲眼目睹——如印度洋海啸灾难的细节:

"我们突然听到外面传来一些喊叫声。"他说,"接着海水就开始从门外涌入。几秒钟内,它就触及了窗子。""这简直就像无边的大海站了起来,走向你的大门口。"②

"一名穿蓝色衣裙女孩柔弱的四肢缠在岸边的花园围栏上。她可能已经死了,但没人上前查验——四周发生着太多悲剧,洪水还在不断袭来,女孩看起来不过四五岁。"③

这样形象化、视觉化的细节带给受众的是一种心理上的认知"体验",能刺激受众对新闻的记忆力和对新闻的理解能力,强化了新闻传播的效果。从上面的细节中受众就能在对"恐怖"和"悲惨"的体验中理解到这次海啸所带来的灾难之严重。

(三)所描述的是现实中的一些"碎片",能传递复合的信息,让受众在体验中感知新闻的内涵

细节传递的不是单一的信息,而是一种复合信息——细节所描写的是一个个现实的"碎片":这些碎片混合着现实情景中的种种信息。如"9·11"遇难者的遗言录音,它既向我们描述了当时所发生的一些事情:"爆炸——会议——100 个人——浓

---

① 章田、雅龙:《纽约部分公布 9·11 遇难者遗言录音:情况糟透了》,中国新闻网 2006 年 3 月 31 日。
② 紫藤:《灾难目击者:大海就如站起来走向你的大门口》,新浪网 2004 年 12 月 28 日。
③ 新闻晨报:《幸存者讲述灾难:瞬间经历从天堂到地狱》,转引自新浪网 2004 年 12 月 28 日。

烟——无法下楼",让我们知道了当时他们正在努力寻求帮助,同时还让我们体味到当时在场的人焦急的心情。这些正体现了雅各布森的观点:信息在指称功能之外的情感功能,也就是表达感情的功能。情感的传递带给受众的是对现实的真实而具体的感知,而不是抽象意义上的感知。它不但加强受众对新闻事件的认知,更能加深受众对此的理解。

三、新闻细节的叙事效果分析

好的新闻细节,其叙事力量是巨大的,如《纽约时报》著名记者罗森塔尔的《奥斯维辛没有新闻可写》中所描述的那些细节:布热津卡那明媚和温煦的阳光、毒气室和焚尸炉废墟怒放的雏菊花、那个 2 米宽 1 米高的笼子、那张 22 岁女孩的照片……穿越了历史的风云,至今仍能强烈地震撼着人们的心灵。

新闻细节的叙事效果主要体现在以下几个方面:

(一)富于亲和力和感染力,能够加强叙事的影响力度

由于是对现实情景的直接"还原",新闻细节带给受众身临其境的"感觉",让受众在体验中理解新闻,相比宏大叙事来说,这就更加富于人情味,由此新闻获得了一种独特亲和力和感染力。而且由于其形象生动,所以附着于其上的意义能较好地被受众直观地感受到,这能强化新闻的传播效果。新闻理解和回忆心理学研究的一些结果明确显示,一些重要性的细节能改善人对新闻的理解和记忆效果。[①] 叙事中的细节越是独特、生动、形象,其刺激力就越强,叙事的影响力就越大。

(二)能带来丰富的联想,吸引受众看下去

由于细节展示的是一些现实中的碎片,在碎片与碎片之间,就留出了受众联想的空间。比如:"越军阵地上,零碎物品丢得满地都是,坑道口有一只半新军鞋。记者看到,敌军指挥部的日历还没有翻过 2 月 28 日。"[②]这个细节带给人的联想是丰富的:阵地为什么这么乱,那只军鞋是谁的?他怎么了?2 月 28 日这一天发生了什么?这一切都在吸引着读者读下去的愿望。

(三)能巧妙地表达叙述者的主观情感,便于叙述者传达意义

在现实生活中,任何人和事都不是孤立地存在着,而是与其他的人和事以及周围环境浑然一体。细节描述的可贵性也就体现在这儿:不是把人和事从环境中剥离出来,而是把一个个现实的碎片放在受众面前,让大家在现实情景中直接感受处于环境中的人和事。如《新华社女记者:曾有预感将再没机会见到阿翁》中的这个片段:

"最长的一次相处,是 2003 年 2 月 7 日与他共进午餐。一张长桌,一半办公,另

[①] 托伊恩・A・梵・迪克:《作为话语的新闻》,华夏出版社 2003 年版。
[②] 胡志平:《新闻写作创新智慧》,第 349 页,新华出版社 2003 年版。

一半进食。十来平方米的办公室中除了桌子、挂钟、一面收拢的巴勒斯坦国旗和角落里两台国际红新月会提供的氧气转换器,别无长物。他吃得很少,只是双手捧陶罐喝了点汤,吃了点蔬菜,然后给每个人分玉米块。一桌之隔,我注意到他的黑白格头巾有些泛黄了。"①

这是阿拉法特进餐时的一个片段,通过这个片段,我们看到的是生活简朴、健康状况不佳的阿拉法特。整段叙述是随着叙述者的目光来转移的:"桌子——挂钟——国旗——氧气转换器——他吃得很少——分玉米块——泛黄的头巾",这是一种极富于个性化特征的叙述。在这里,叙述者并没有表达任何主观情感,但其所挑选的这些细节组合在一起却巧妙地表达了叙述者的情感——透过这些细节,受众感受到的是阿拉法特的朴实与平和。这种感受中隐含着对阿翁的认同和钦佩。这样的感受是让受众自己体味出来的,而不是叙述者硬加的。这就使得叙述又多了几分人情味。

(四)体现了新闻叙事的个性化,强化了人情味

由于不同的叙述者对细节有不同的观察角度、认知状况和记忆情况,这就造成了同一事件在不同叙述者的叙述中,会有不同的叙述内容和风格。如前面所引的印度洋海啸灾难的细节,不同的叙述者的描述就有很大的差异。这使得新闻文本在叙事内容上趋于多样化,叙事风格上趋于个性化,避免了宏大叙事因过于强调社会思想情感的一致性而造成对人性的压抑,使得新闻叙事更富于人情味。

(五)对细节的个性化描述,提供给受众一个理解新闻的空间,带来的不仅是多元化的认知效果,更是对受众个性需求的满足

多元化时代新闻传播的重要特点之一,就是社会阶层不同,群体不同,个人的经历不同,人对新闻的需求不同,认知和理解也大不相同。如从网上的一些跟贴内容分析来看,不同的受众对新闻细节"温家宝总理的羽绒衣"就有不同的理解:有人从中看到了总理的朴素与清廉,有人感受到的是一种总理的平民意识,还有人从中看到了节约意识对社会的价值等等。而细节在叙述上对个性的强调,和叙事中给受众提供的相对自由的、认知与理解的空间,就较好地满足了多元化时代受众不同的需求——让不同的受众按照自己的认知偏好和所处的社会背景来对新闻进行个性化的解读。

这种满足就是对受众的尊重,是新闻人文关怀的体现。

(《新闻记者》2006 年第 7 期)

---

① 周轶君:《新华社女记者:曾有预感将再没机会见到阿翁》,《新闻晨报》,转引自搜狐网 2004 年 11 月 12 日。

精心打扮凤头 重视导语写作
——兼评"中国新闻奖"部分消息的导语

刘保全

导言——

　　选自《新闻与写作》2006年第9期。作者刘保全，男，四川成都邛崃人，1939年出生。中国人民大学新闻学院研究员，曾任新闻学院资料室主任。任"全国新闻核心期刊"评审专家，中共北京市委宣传部新闻阅评员，《中国石油报》顾问，《新闻与写作》、《传媒观察》等杂志社顾问。长期以来致力于研究中国新闻奖获奖作品，多有研究积累。出版的《新闻精品是这样炼成的》等著在新闻业界产生了较大影响。下文就中国新闻奖部分获奖消息作品的导语撰写进行了集中和系统的研究，对报道者把握导语写作中的诀窍、提升导语写作的水准，不无裨益。

　　新闻（消息）写作，不同于拉家常，也不同于写论文、写总结报告，它有自己的写作规律。规律之一就是："立片言以居要"，"开门见山"，把最重要、最新鲜的事实放在最前头。这就是所谓的消息导语。它是消息开头的第一句或第一段。
　　有人把消息导语比做敲门砖，没有得力的敲门砖，是不可能敲开读者的大门的。也有人把消息导语比作"凤头"，比做吸铁石或钓饵，它能够把读者紧紧地吸引住或钩住，使读者愿意看下去。我国著名记者范长江说过："新闻写作对导语的要求很高，要写得有魅力，令老百姓看了非读不可。"新华社记者郭玲春说："平实、缺少个性的导语会使新闻流于一般，文章刚起头我就想把经过我观察得出的结论或看法告诉读者。"这些都是经验之谈。
　　据中国人民大学新闻传播研究所的调查，一般读者每天用来看报的时间是30分钟左右。他们看报的目的是要了解当天和新近发生的重大的或最有意义、最有趣味的事情。如果不把消息中最重要、最新鲜的事实放在前头，就不能吸引读者往下看，即使后面还有很好的内容，也只能前功尽弃。在社会转型、信息爆炸的今天，人们的生活节奏已明显加快很多，珍惜时间的观念已大大加强，要考虑到常有许多读者看不完整条新闻。实践证明，相当多的读者在接受新闻时是随意性的，仓促的，浏览式的，如果导语不能像"凤头"那样吸引住读者，他会马上转移注意力。
　　美国著名新闻记者威廉·梅茨说："导语是记者展示其杰作的橱窗。"有经验的记者，总是全力以赴地在写好导语上下工夫。有的为了写好一条导语，常常搜肠刮肚，煞费苦心，反复推敲，精心修改，直到满意为止。我曾经请教过多位获"中国新闻奖"

的记者:"您写导语通常用多长时间?"这些记者共同的回答是:"用写整篇新闻的三分之一或二分之一的时间来推敲导语,这样下工夫是很值得的。"尽管目前导语的写作方法有许多类型,但不管哪种类型,共同的特点都是以"最重要者最先"、"最新鲜者最先"、"最引人注目者最先"。用这个标准来衡量,看看目前报纸上刊载的消息,完全符合这个要求的优秀导语为数不多。相反,不合格者则经常可见。共同的毛病是:空洞,没有新闻信息;模式化,呆板不生动;导语与标题重复,导语和新闻主体重复。造成这种状况的原因,一方面是记者(通讯员)中忽视导语写作的现象较普遍。另一方面,在当今新闻写作学的研究中,关于研究导语的学术论文凤毛麟角,似乎成了一块令人遗忘的角落。

导语的写作最考验记者(通讯员)的功力。传统的导语写作要求全面,五个"W"加一个"H",这样对保证新闻的真实性有好处,但如果成为一条"铁律",又会使消息头重脚轻。实践中,现在的导语写作已经走出了这个套路,求简明扼要,不能写得冗长;求特点,不能一般化;求多用实词和富有动作色彩的动词,不要用抽象名词和难懂的技术术语;求在交代新闻来源和新闻根据时,不出现长串人名、地名、官衔、机构名称等。在导语写作上,"中国新闻奖"部分消息的导语为我们做出了榜样。这些消息普遍都比较短,但内容却反映了重大事件,把最新的事态发展,最引起广大读者关注的重要事实,用最简洁明快的新闻语言,在新闻的开头告诉读者,以"唤起阅者注意,使阅者脑子里先得一个总的概念,不得不继续看下去"。

古人云:"文无定体。"导语写作方法和形式,历来就是因人而异,各尽其妙的。为便于大家学习、借鉴和研究,以"中国新闻奖"获奖消息的导语作范例,现将常见的导语写作形式、特点及需要注意的问题作如下简介。

单元素导语。亦称一句话导语,或单因素导语。即在导语中只表现一个新闻事实。理想的单元素导语所表现的这一个新闻事实,应当是新闻中最新鲜、最重要、最有新闻价值的核心事实。如按新闻五要素来区分的,单元素导语具体又可分为:(1)何人导语。这种导语一般来说,只突出报道显要或影响大的新闻人物时采用。因为这些人从事的活动,比一般人做的事情更能引起读者的关注。(2)何事导语。一般说来,新闻事实本身的重要性或影响力超过了其他新闻要素,应当用这种导语。(3)何时导语。读者关心的事情什么时候会发生或进行,可用此种导语。(4)何地导语。报道一些重要或有特殊意义的地方发生重大变化的消息,常用此种导语。(5)为什么导语。当报道一个事件的起因,比其后果更能引起人们的关注时,可用这种导语。例如下列两例就是单元素导语。

例一:

本报讯(记者李红鹰)7日,武昌杨先生带着2岁的女儿到市儿童医院看病,没想到看一个"咳嗽"就要花1 000多元。因此,他于昨日投诉到本报新闻110。(第13届中国新闻奖1等奖消息作品《看个"咳嗽"要掏1 065元》的导语)

例二：

本报讯（记者高坡）从昨天起，昆山31万多农民也可以和城里人一样"刷卡"看病了！（第15届中国新闻奖1等奖消息作品《昆山31万农民刷卡看病》的导语）

多元素导语。一则导语中，用几个事实组合而成。这是由于客观事物是复杂的，有的新闻导语难以用一个主要事实来表达，因此，导语中需要写三个以上的主要事实时，这就是多元素导语。亦称成套式、多因素（多段落）导语。写这类导语，应防止平铺直叙，罗列事实，而应按照新闻事实之间的内在逻辑联系，有机地组合起来。例如下列两例就是多元素导语：

例三：

一位82岁高龄的离休工人，在大半辈子的伐木生涯中，为国家采伐原木3.6万多棵，成为闻名全国的劳动模范，14次受到毛泽东、周恩来等老一辈革命家的接见。离休后，他带领全家历经20多个春秋的风风雨雨，又在荒坡上种下了3万多棵树木，了却了多年的夙愿，还上了一笔他心中的"欠债"。他，就是黑龙江省伊春市实力林业局的老工人马永顺。（第5届中国新闻奖2等奖消息作品《昔日伐木建功，今朝栽树"还债"》的导语）

例四：

本报讯（记者张虹红）在人们印象中，联合国是个开会的地方，很少有人知道，联合国也是个蕴藏巨大商机的市场。联合国及其附属机构近日公布了4月份在全球的采购招标计划，对一系列科技含量并不高的商品，本市众多企业却无动于衷，任商机从身边溜走。（第14届中国新闻奖二等奖消息作品《面对商机，为何无动于衷？》的导语）

概述式导语。这是通过用直接摘要或归纳概括叙述的办法，以一句话概括通篇报道内容或其中的精华，把新闻中最新鲜、最主要的事实，开门见山，简明扼要地写出来，给受众一个总的印象，以便提纲挈领地阅读全文。例如下列两例就是概述式导语：

例五：

本报讯（记者丰捷）613万考生迎来了他们人生一搏的时刻——2003年非典时期的正常高考今天静静地拉开帷幕。（第14届中国新闻奖二等奖消息作品《北京：非常时刻 平常高考》的导语）

例六：

新华社2004年3月22日电巴勒斯坦伊斯兰抵抗运动（哈马斯）精神领袖亚辛22日凌晨在以色列武装直升机的轰炸中身亡。他的两名保镖同时丧生。（第15届中国新闻奖2等奖消息作品《哈马斯精神领袖亚辛遭袭身亡》的导语）

评论式导语。从评论入手或把叙事和议论交织在一起，用夹叙夹议的方法对新闻事实进行简要评论的导语，又称评述式或议论式导语，是新闻导语中较常用的一种表述方式。具体表现形式常见的有：或是先叙述事实，然后进行议论；或先作评论，再写出评论的根据，即事实。这些都能有助于突出新闻事实的意义，凝炼和升华新闻主题，从而唤起受众的充分注意，更好地发挥新闻的指导性。新闻要用事实说话，不宜滥发议论，要充分相信受众的理解力和认识水平。只有当一些新闻事实的深刻含义远非广大受众所能一下子领悟时，才有必要采用评论式导语，运用时要尽量避免记者直接公开地发表议论，而应力求让新闻中的人物出面说话。这样，既可以体现记者的观点或倾向性，其本身又是一种新闻事实，又符合新闻写作的规律。例如下列两例就是评论式导语：

例七：

新华社北京1999年8月18日电 世界各地的天文学家证实，8月18日没有发生特殊的天文现象，更没有发生地球毁灭这样的大劫难。世界各地的人们像往常那样度过了平静的一天，"天体大十字"这一"末世论"预言宣告破产。（第10届中国新闻奖1等奖消息作品《"天体大十字"预言宣告破产》的导语）

例八：

本报讯（记者钟鞍钢）记者在工会法执法检查中了解到，部分跨国公司在我国的企业无视我国法律，公开抵制组建工会。（第15届中国新闻奖2等奖消息作品《部分外企无视中国法律拒建工会》的导语）

对比式导语。俗话说："不怕不识货，只怕货比货。"事物最怕比较，一比较问题的本来面目就清楚了。写导语时也可以用对比的方法，就是将今与昔、新与旧、正与误、美与丑、善与恶、忠与奸、兴与衰、老与少、优与劣等两方面的事实情况，进行两相对比，以前者为主，后者为陪衬，形成强烈反差，更鲜明地显现新闻事实的个性特征及其意义。通常可作纵的对比，或作横的对比。由于通过对比能使好坏分明，观点突出，故对受众有吸引力。例如下列两例就是对比式导语：

例九：

本报讯 昨天，一场纷纷扬扬的春雨，泪水似地撒落在银河革命公墓公安坟场的烈士墓碑上，令近在咫尺的豪华墓园与黄土一堆的烈士坟形成了强烈的反差，扫墓者不禁为之心碎。（第8届中国新闻奖2等奖消息作品《寂寂烈士坟，纷纷春雨泪》的导语）

例十：

本报讯（记者石磊）祖籍沧州的郑先生在沪经商数年，前不久他从上海返乡，连遇两个"没想到"。（第13届中国新闻奖1等奖消息作品《我省交通图五年七变》的导语）

（《新闻与写作》2006年第9期）

选文(作品)

抢财神
——河南农村见闻

穆青　周原

导言——

　　这是改革开放初期穆青和周原合写的一篇篇幅很小的通讯,意在表现我国农村在实行生产责任制之后所发生的巨大变化。作品讲了一个生动有趣的故事:棉花农民技术员刘凤理变得很吃香,各处的农民都在抢他,把他抢回去指导自己的棉花生产。刘凤理成了"活财神"。农民对他的争抢,愈演愈烈:农民抢得他不敢出门;抢不到他本人的农民就抢他的被子;又发展到抢他的老婆;最后抢他的弟子——瘫子高大套。生动鲜活的故事的背后,隐藏着农民种田对科技的需求,折射出了农民思想观念的转变。这种转变是改革开放给农村带来的最大的转变之一。成就报道也可以这样做,到基层去抓活鱼,这是该篇报道的作者们所提供的重要启示。

　　我们听说,扶沟县曾发生抢"财神"的事,情节非常生动。这次我们到了扶沟,就专门去访问了这个"财神"。
　　豫东地区像扶沟这样地方,过去种棉花都是亩产几十斤,种植技术一直过不了关,棉花不是落铃,就是虫害,结桃结得也不好。实行责任制以后,大家都要求技术员去指导。所以技术员身价百倍。扶沟县有这么一个技术员,他名叫刘凤理,是正规农业大学毕业的,过去很长时间说他走白专道路,批得够呛。实行责任制以来,他变成最吃得开的人了,到处去抢他。他到哪个队,哪个队的棉花就增产,而且一倍两倍地往上翻,社员很快就富起来了。农民们把他的植棉技术传得很神,干脆不叫他技术员,叫他"活财神"。有一阵子农民抢得他不敢出门,只好到处躲。农民抢不到人就抢他的被子,说:"我把你的铺的盖的抢走,看你上哪儿去睡觉!"于是在队与队之间又发生了被子的争夺战。从抢被子发展到抢"财神婆"——抢他老婆。农民说,有了"财神婆",就不愁"财神"不回来。结果一两年间"财神婆"就搬了4次家。抢到"财神"的队,为了怕"财神"或"财神婆"跑掉,竟派上民兵站岗放哨。只要"财神爷"一起床,就把他被子卷起来,放在箱子里锁上,晚上回来,再给开锁、铺好睡觉。那么多队抢一个"财神",有的抢不到,于是又发展到抢他的徒弟,没有多久,他的一二十个徒弟,全部抢光了。最后有一个队实在抢不到了,社员不答应,说队长是窝囊废,没能耐,别人都抢到了,你为什么抢不到?支部书记、队长被逼得没办法,就去找"活财神"央求:"不管怎样也得给我一个技术员。"让他想想看,他还有什么同学,还有什么徒弟,哪怕路再远跑上一两天,他们也要把他请来。缠得"活财神"实在没办法了,说:"这样吧,我还有一个徒弟名叫高大套,就看你们要不要。"他们说:"只要有,我们就要!"他说:"这个人瘫痪,在家躺着,不能动,讲本事、讲能力都不差,你把他弄去还是能帮助你增产的。""中,瘫子我也要。"于是他们就弄辆架子车硬是把个瘫子从床上拉走了。每天用车子推着他到地里来回看,指导社员侍弄棉花,好多人还跟着他学。一年后,这个队的棉花飞一样地上去了。农民高兴极了,开了一个大会,庆祝棉花丰收,奖励这个瘫痪的"活财神"。那一天,队长奖给他一身"的卡",用红纸包了 800 块钱,作为他的工资,并说了许多感谢的话。秋收后,快过年了,就用车送他回家过年。刚送走,社员就问支书和队长,跟他说定了没有,明年还得请他到我们这里来,别叫人家给抢走了呀!支部书记和队长说,跟他说定了,他说"中吧!"农民说,这不行,这话是活的,要定死合同,保证一定要来。结果支部书记和大队长只好又跑回去,跟高大套说:"我们得跟你订合同,不然社员不放心。我们心里也不安。"这样就订了合同。但回去后,有的社员想,这还不行,订了合同,要是别的队不管那些,把他抢走了,合同有什么用?怎么办呢?干脆,再开上拖拉机,把人给接来。结果也没让人家在家好好过个囫囵年,又把高大套给接回来了。

刘凤理在大李庄公社培训了 20 个农民技术员,如今这些技术员都成了农民的宝贝,也是经常被抢来抢去。抢得最紧张的时候,有一名农民技术员,竟被锁在生产队的仓库内。这种抢"财神"的矛盾怎么解决呢?现在有了一个好办法,就是每个农民技术员同一个或几个队订立技术承包合同,保证每亩棉花生产 150 斤到 200 斤皮棉,超产部分要抽 1%,算做奖励。刘凤理现在到了韭园公社,他正在那里同一个大队订立为期 3 年的粮棉技术承包合同。他保证 3 年后,这个大队亩产皮棉 150 斤,按人平均每人生产粮食 800 斤。

这几年,各生产队跟着刘凤理这位"活财神"在植棉技术上学了几手的约有两三百人,如今这些人都被周围县的农民作为"小财神"请了去。他们的足迹已遍布 45 个县市。

看样子,农村几千年来保留的传统耕作经验,正在被新的科学技术所代替。我国的农村在实行责任制之后,又开始了一个新的技术改革的进程。广大农民在辽阔田野上发动的科学进军,必将对我国四化建设带来强大的推动力。

(新华社郑州 1982 年 11 月 18 日电)

红色的警告

雷收麦　李伟中　叶研　贾永

导言——

　　这是《中国青年报》就大兴安岭森林火灾所写的反思性的系列报道即"三色系列报道"之一。它体现出三大特点：一是采访足够深入。可以说是在采访方面做足了功课。光在报道中出现的人物就不是一个小数目。而且大量地引用了报道对象的原话，这是必须以异常扎实的采访为其支撑的。二是对问题的思考有相当的深度。触及了社会责任与自我保全的关系、自信精神与自然规律的关系、天灾与人祸的关系等一系列深层次的问题，并作出了自己的思考和回答。三是在叙事方式和标题制作方面很有特色。文中大量使用人物对话，重视对故事的叙述。该作堪称灾难报道中的名篇。

　　一把火，一把令5万同胞流离失所、193人葬身火海的火；一把烧过100万公顷土地，焚毁85万立方米存材的火；一把令5万余军民围剿25个昼夜的火，究竟是从哪里、为什么、又怎样燃烧起来的？

　　"这是天火。"——灾区一位老大娘说。

　　"这与'厄尔尼诺'现象有关，北纬53°线左右有一道燃烧线。"——一位干部说。

　　"风再大也刮不出火来。"——大兴安岭林管局长说。

　　"五个火源都是林业职工违反制度和操作规程造成的。"——迄今一系列的报道这样告诉人们。

　　是的，现实给我们的答复往往不止一个。今天，大火熄灭了，然而，灾难留给人类的教训却是永恒的。

　　还是从几个小故事说起吧。

关于火种的故事

A. 加格达奇的故事

　　大兴安岭地区共有人口31万，是一个以木材和营林生产为主体的森工企业。首府加格达奇——美人松的意思，一个由少数民族语言赋予的美称。

　　虽说这里人口不稠，工厂不多，但街道整齐，交通方便，大都市里有的这里几乎一切都有。

　　许多奔扑火而来的记者都想不到有这么一个风姿绰约的森林城市坐落在深山老林里。

然而，他们茫然了。这里不叫镇，也不叫市，而被称作"加区"。"为什么不能称市？"一位政府官员告诉记者，大兴安岭是林业部的直属森工企业，地方行政归属黑龙江省，而版图又属内蒙古自治区。

一个媳妇仨婆婆。它不敢称"市"，一旦称"市"，行政归属问题就会扯皮，内蒙古自治区想收回它，黑龙江省又不肯轻易放掉这"碗边的肥肉"，更何况把它视为掌上明珠的林业部呢？于是，加格达奇只好委屈了。

大兴安岭成了真正的"一仆三主"。每年的企业赢利除上缴黑龙江地方财政几千万元外，还要上缴内蒙古自治区几百万元"土地使用费"，上缴林业部几百万元管理费。

1985年国务院规定，大兴安岭可从企业赢利留成中提留近5 000万元育林基金。田纪云副总理曾指示，育林基金要"取之于林、用之于林"。就是这笔经费也要七扣八扣，林业部拿去相当大一部分移作他用。余下的除去上缴能源交通费，扣除维持营林机构经费等，用于森林保护的只剩下9%。而这部分又要分成林政管理、森林防火、病虫害防治、野生动物和自然保护区建设等若干项目。其中真正用到森林防火中的已经所剩无几了。

道路，是林区的神经和血脉。有了道路，既能作为防火隔离带，又能为快速扑灭山火提供交通条件。世界上发达国家都十分重视森林道路的建设，这些国家每公顷林地拥有道路已达5～7.5公里，我国的伊春林每公顷拥有道路2.2公里，而大兴安岭每公顷仅有道路1.1公里。修建道路的报告连年呈到林业部，林业部推到国家计委，计委又推回林业部；林业部的计划司推到森保司，森保司又推到计划司，人人都当"二传手"，谁也不肯掏包。

解决子城问题，既是节约木材、减少浪费的一个渠道，又是解决防火隐患的重要措施。以煤代木是一个高明的办法。煤，当地有，位于西林吉的古莲煤矿可提供大量生活用煤。但也苦于没有道路。"要修建道路，连通古莲。"大兴安岭林业局的领导早就下了这个决心，不可能向黑龙江和内蒙古伸手要钱，还要找林业部。可林业部迟迟不下达计划指标，你不给钱，我们自己解决，大兴安岭准备从已被拨去的护林防火基金中挤出钱来修路，林业部又以"无此文件"规定为名不许他们动用这笔钱。他们只好边斩边奏，修通了古莲至图强的一条沙石路。正是这条路竟成了一个屏障，在这次扑火中起了重要作用。可至今，这笔修路费用还在地方政府的赤字栏上。

同样，森林望塔是林区的眼睛。由于经费不足，大兴安岭的森林瞭望塔仅是伊春的1/3。缺少瞭望塔，无法判断火灾的方位。

"5·7"大火中，由于方位判断的失误，一度影响了正确的指挥。400名摩拳擦掌的森警指战员受命驰援，辗转奔波了4天，竟然没有找到可扑的火头。

真是"三个和尚没水喝"！这种弊端百出的体制结构、管理模式，不改革怎么得了！

B. 钱袋的故事

8年的经济体制改革成绩斐然,但旧体制的框架明显束缚着经济的更快腾飞。

由于大兴安岭的体制缺陷所决定,防火工作先天不足。防火指挥部归属地方政府,森警属于武装森林警察部队,空降灭火队则属东北航空护林局。

又是一个三足鼎立!

三家各有各的经济利益,很难形成一个协调的战斗的整体。

随着对外开放的扩大,1985年起,大兴安岭建立了护林防火中心,这里也组织了多人去国外培训。主管防火的大兴安岭地区行署副专员张凤鸣说:"我们设想建立一个统一组织、统一调动、统一指挥、装备现代化、战斗力强的扑火队伍和资源管理中心,可林业部迟迟不表态,直到今年的5月5日,发生森林大火前夕,还在为奖金扯皮。"

漠河县是我国最北部的一个县份,经济效益相当可观。地方上仓廪充实,县上花钱手脚也大,办公大楼、各项公益设施建造得都很漂亮。可是在防火投资上,他们却抠得令人瞠目。

按理,作为西林吉林业局所在地的漠河县应该建一座气象站,哪怕建一个气象哨也好,可他们舍不得花这个钱,也没人操这份心。

记者向县里一位副书记提出这个问题,他吞吞吐吐地说:"'北极村'里有"。

距县城80公里的北极村,确有一座气象站,归属国家气象总局,负责全球气象资料的交换工作。站长周汝锵告诉记者,他们没有为漠河县提供气象预报的责任与任务,再说距离80公里,小气候也会有差异。话虽这么说,但这个站每年防火防汛期都主动向县里提供天气情况。谁能想到,漠河县这个"受益单位"却死活不肯掏这几百元的长途电话费。周站长苦笑着:"前些天还与县里一位负责同志为这事扯皮呢。"

扑火过程中,天上是飞机,地上是装甲车,实施人工降雨,开辟生土隔离带……有人计算,这次规模、大兵团、立体化的扑火救灾,光是军需保障、后勤供给每天就要花掉近百万元。

这笔账应该由谁来算呢?

条块分割的部门所有制,造成了这样一种怪异现象:平时不肯对森林防护多投资,而到发生火灾,却丢了大本钱。群众说:"防火时扎紧钱袋,扑火时却钱袋朝下,这钱花得冤啊!"

C. 两个"马大哈"与四个"酒鬼"的故事

请谅解我们使用了"马大哈"这样不雅的词。然而在现实生活中,我们的许多机会恰恰丧失在这批"马大哈"手中!

因使用割灌机在林区造成了多次火灾。今春,大兴安岭林管局发出通知,防火戒严期禁止使用割灌机作业。部署是部署了,可没有督促,也没有检查。4月28日,通知到了地区防火指挥部指挥科一位副科长手里,8个林业局他只通知了5个,恰恰是那生灵涂炭、惨遭损失的北三局没有被通知到。

5月5日,漠河县防火办的电话记录上清楚地记载着地区气象台的大风预报和高温警报:5月7日大风可达"火险级",气温将升高到23℃。此刻,距漠河境内出现的两处火情早一天;距大火吞没漠河县城早两天!

如此重大的气象变化,居然没触动县防火办主任那麻木不仁的神经。他没有向主管负责同志汇报,而把这预警截留在办公室中了。

玩忽职守、麻木不仁不仅表现在火灾前,就是扑火救灾中也不乏这样的例证。大兴安岭地区某局参加扑火救灾的小车司机向我们讲述了这样的故事。

"在西线我们的车经常拉指挥部头头。一天,一位副总指挥去检查火场情况。

"我们穿过火海,来到一个防区,满山那大火呀,烧得呜呜叫,眼看就要烧过防线了,可防线上一个人没有。人呢?正坐那儿喝酒呢。别说了头儿了,我都气得慌。

"副总指挥问:'为什么不打火?谁是领导?'你猜那哥四个咋说:'咋的呀,这疙瘩我们管,你是干啥的?'

"一听说是副总指挥,还是省政府领导,这哥四个才紧张了,说马上组织扑打。后来,他们中的一个给我们带路去另一个火场。还是当地林场的呢,硬是把道儿领错了。没法子,调回头重走,又回到了他们喝酒的地方。瞧那哥仨,把我们支走了,没挪窝,还坐那儿喝呢!"

听来两个"马大哈"和四个"酒鬼"的故事近乎荒诞,又都是个别现象,不可能也不应该成为我们的代表。但在国家机器的链条上,有这么几个齿轮有毛病,那机器还怎么正常运转!

D. 烽火戏诸侯的故事

让我们把视线缩微到漠河县,把视点聚集到防火工作上,或许能从这悲剧发生前的情节里发现些什么。

过去,漠河县驻扎着一支由70多名干练的小伙子组成的武装森林警察,主要负责富克山的森林防护工作,当然也协助西林吉林业局扑灭过不少次山火。

然而,这支被群众称作"森林卫士"的森警队伍竟被"请"出境了。

事情是这样的。富克山里有黄金矿藏,县里为增加经济收入招收了一些社会闲散劳动力开矿淘金。采矿中不免发生一些影响自然生态环境的问题,要根据有关法规收取费用。因为县里有人多次弄虚作假,被森警队罚款12 000多元,于是留下积怨。

去年11月的一天,值勤森警拦住县黄金公司副经理的小车,检查进山证,并因此发生纠葛。接着县里公安局立案侦查,审计局检查罚款是否有经济问题,物价局也派人检查森警队办理"入山证"是否多收了钱……

这种事本不奇怪，可结果是漠河县领导拍着胸脯保证："撤了森警，护林防火工作由我们统一管理，保证管好。"经地区有关领导拍板定案，森警队就这样撤离了漠河。

"官司"打完了。至于护林防火工作，县里虽然成立了一支30人组成的快速火队，可是第一没有一台风力灭火机，第二没进行一天的训练。大火烧来后，人们又怀念起森警来："要是森警队在这儿，拿起风力灭火机，突突突，早灭了！"然而，晚了。

让我们再看看这个县的消防工作。去年春天，县糕点厂着了一把火，消防车拉着警笛来了，水枪手端起水枪摆出架势，谁想，消防车的水箱里没有一滴水。

平时，消防车多用来接站送站，有时接送站竟也拉响警笛。今春以来，不管风势大不大，总是拉着警笛兜着圈子呜呜叫。久而久之，人们习以为常，消防车再叫，也没人当回事了。

一位老干部意味深长地说："这就叫烽火戏诸侯啊！"

从上述的几则故事中，我们不难看出，由于体制的不协调，由于某些干部的玩忽职守，由于对特大火灾放松了戒备，大兴安岭——我们祖国的绿色宝库中，早已埋下了灾变的火种。

烧不散的会议

5月6日下午，漠河县委那栋高高的灰楼里，县常委会正开在兴头上。

"怎么远处腾起团团的雾？是不是山上着火了？"大家一时议论纷纷。县委一位领导操起电话向县防火办询问，回答是，河湾林场着了一把火。"好了，集中精力继续开会！"会场恢复了平静。"山里着火，就像城里的交通事故一样，年年防，年年有。"正如一位领导说的那样，这把火没有引起大家的足够重视。

在大火骤燃的时刻，在春季防火的危险时期，在已有高温和大风警报的情况下，一个以林为本的县里，常委会开得如此安然。

过了一会儿，又有人发现古莲林场方向也腾起烟雾。"怎么搞的，又着了一把火？"

终于——会议原议程不变，只是移到防火办开。边听火情边开会，两不误。

会议照样进行……

8日凌晨2时至4时许，从古莲火场烧来的火焰仍在民宅中肆虐之时，县里又分层次召开县常委扩大会、副科级以上干部会，一开就是2个多小时。此刻，回头的火焰又从容地吞噬了一批民宅。

类似的会议在另一个火区——塔河县盘古林业公司以同样的节奏召开着。这天夜晚，大火从三面包围了拥有全国最大贮木场的盘古林业公司，形势异常严峻。21点30分，被誉为"红孩儿的敢死队"的大兴安岭森警空运一大队及时赶到，乡亲们欣喜：这下，盘古有救了。谁知，一下车，教导员张国华就被叫去参加会议。23点45分，几位县里的领导仍围绕"从哪里打、怎么打、打不灭怎么办"在争论。屋外，狂风大作，火光已经烧红了夜空，手持风力灭火机的上百名森警队员望着即将进镇的大火急得直跺脚。屋内张教导员被这种没完没了的会议激怒了："你们研究，我们打火去了！"他率兵冲向迎面烧来的大火，此刻，大火离弹药库只有几十米远了……

我们并不一般地反地"会而议之"。问题是，在特殊的情况下，要有特殊的动员方式和工作方法，这就是一个机构的办事效率和应变能力。

大火对官僚主义的办事效率是不留情面的！

大火映衬之下

当大火来临之际，我们的干部们都在做些什么？

翻开5月7日的历史记录，我们可以自豪地说，我们的大多数党员、干部以其坚强的党性和高度的组织纪律性，在为抢救群众和国家财产而奋战，有的甚至献出了生命。然而，在同一时刻和同一地点，有的人也在自觉不自觉地扮演着另一种角色。

A. 在社会责任与自我保全撞击的一刹那

5月7日下午4时，古莲火场狂风大作，火借风势，如同《天方夜谭》中的魔鬼从魔瓶中爬出，可惜，在它刚刚从魔瓶中露出头角时，没人把它堵回瓶中。而这，任古莲火场指挥的县委李副书记原本是应该能做到的。

本来，这把火并不算太大，经过林业职工和解放军指战员一整夜的扑打，7日上午明火已经熄灭。按理，应全力以赴清理火场，消灭战火、余火，打出隔离带。可他们没这样做。

火场上，只留下少许职工看守。千余扑火大军退至公路。李副书记在面包车里吃罐头去了。

老天爷留给漠河人民免受劫难的时间在一分一秒地逝去。

终于，烈火蹿跳起来，突破了没人防守的防线，轻而易举地向远方推进。

全军撤退，寻找安全地带——李副书记做出了抉择。

"我去派车，一会儿来接你们。"说罢，他钻进小轿车，一溜烟奔回县城。

九龙无首，被他扔下的扑火大军失去了同烈火最后一搏的机会。火魔狞笑着，摇了摇凶恶的身躯，朝人们扑来。回县城后，他的第一任务便是疏散家人。有人看到，这位年轻干部赶在大火进城前，将自己的家人转移到安全地带。

此后，他又去指挥群众疏散了——这是在从他手上放跑的火魔吞噬人民生命财产的时候。

B. 自信精神与自然规律

当黑烟红火的立体屏障遮天蔽日地推进到县城西侧山梁的时候,县委王书记当然强烈地意识到自己的职责。她泼辣果断,当然,她也难以接受哪怕是失败的可能。

必须立即采取行动!她抄起电话,通过广播电视再次下令出击。

"县城里的男女青壮劳力,一律自带工具去西山打防火道。老弱病幼留在家中,不得乱动。要相信政府……"播音员正参加地理气象函授学习,他根据这几天蒙古高压槽的移动,预料到可能有强风。他想在王书记的紧急通知中加进让群众赶快疏散的话,可他没敢——"所有人要听从指挥,不得违反纪律,违者严加惩处!"

留在县城的千余劳力走出各自家门,赶到西山梁子的时候,大火已怪叫着进镇了……

这天,地区每隔一小时来一次电话询问火情,县里都未能如实汇报,昨天,图强林业局已经集结了百余精壮的扑火队员准备前来支援,也被谢绝了。即使刚才,106名稚气未脱的中学生都被动员上山打防火隔离带的时候,她都未向图强求援,也没有向地区防火指挥部请调空运灭火队。

她相信自己的力量。

直到7日下午6时,大火临头了,她才慌张向地区报告:"请上级给予必要的指示和支持。"然而,一切都晚了。

地区张副专员:"今天我几次问你们火场情况,你们都说控制住了。怎么火这么大了才通知我们?"

王:"……"

就一个十多年前的知青来说,特殊的经历造就了她泼辣果断的作风,但是,在这重大的灾害面前,她的科学精神却令人遗憾地与她的职务不相匹配。

"根据你们的实际情况,你们要地区采取什么办法?"张副专员急切地问。

王:"如可能,马上把图强的消防车调来。"

王书记想到图强的消防车了,却没有想到提醒图强赶快疏散——火浪,正以每小时四五十公里的高速向图强涌去。

图强派去的两辆消防车中途遇火,其中一辆被火吞没,两人遇难。

未几,图强、阿木尔两个林业局葬身火海。

C. 废墟上的红瓦房和它的主人

灾后,漠河县城凄凄凉凉的废墟上,奇迹般矗立着一栋红砖瓦房。这里住着四户人家,其中东头,漠河县县长兼西林吉林业局局长高家;西头,县公安局消防科科长秦家。

"这栋房是秦科长用消防车和推土机保下来的。"群众反映,当时消防车呈"品"字形卫护在高、秦二宅周围。

"我保县长？我是保人民啊——！"消防科长说，"我不把消防车卡在那儿，人就烧死多啦！再说谁的财产都应该保嘛。"

一个饮食个体户的话："11点钟火都小了，我带孩子们回来保饭店，见四台消防车和大推土机全力保红旗旅社（县长和秦科长住宅旁）那疙瘩。那时，我前边吉祥旅社还没着，我说你们消防车去把吉祥旅社东边刚起火的小房打灭，这旅社就保住了。可人家不理我，那工夫只要好好组织，不少房子能保住。我家的饭店着了，就是俺爷儿几个救下来的。"

推土机手证明："那晚都半夜多了，秦科长骑着摩托车喊我去推防火道。先是绕着他们那栋房推了一圈，接着又让我去推靠高县长家的那两栋房。好端端的房子，又没起火，推了多可惜，我不忍心下手。见我犹豫，秦科长就上车来指挥，推倒了那两栋房。周围没什么大火了，还打啥防火道啊！"

红瓦房在废墟中巍然矗立。

烈火借给了人民眼睛。

D. "宿命"与大话

"我原籍河南新野。三国时火烧新野，如今又火烧漠河。晦气，晦气！"漠河县高县长对记者来访时的寒暄，竟有一种宿命的味道。

5月31日中午，记者来到高县长家。

县长很热情，他十五岁当兵，十九岁转业到林区。任漠河县县长兼西林吉林业局局长之后，他拿出了更高的热情与魄力。

"1983年我来时木材产量才9万立方米，去年已增加到24万！"高县长自豪地对记者说。这期间，漠河还成了万两黄金县，市政建设也初具规模。

然而林区建设中还有至少与木材生产同等重要的工作。

1958年，刘少奇同志视察伊春林区。他问当地负责人："在林区什么是第一位的工作？"

"防火。"对方回答。

"对了。"

去年9月11日，田纪云副总理视察漠河时明确指示："子城问题不解决，会火烧连营啊！"高县长当即保证："我们保证以煤代木，尽快解决子城问题！"然而，直到漠河受灾，县里只成立了一个三人的煤炭公司，共拉煤一卡车。县领导家的子堆却越来越高。"这回完了。"高县长对记者说，"最低限度是撤职。我对孩子们说，'你爸爸可能会服刑去'。唉，最基层的责任者就是我。"高县长感慨万端。

不知算是可叹还是可悲，多年养成的习惯改不掉了，6月2日，全县重建家园恢复生产动员大会上，高县长的嗓门又洪亮起来："同志们——！我们要拿出当年大会战的精神，三个月完成相当于过去十年的建筑任务！建筑总面积207 732平方米！其中平房364栋，楼房40栋！"

台下听众望着大片废墟苦笑。不论从实际施工期计算,还是从铁路运输能力来看,三个月完成20万平方米的建筑量根本完不成。

"……火灾震动世界,人人关心着中国的北极——漠河!我们建设的快慢,显示着……"高县长仍在真诚而激动地说着。

大火向人们昭示了这些现象,却未能烧掉造成这些现象的原因。

不是结束语

我们准备结束本篇,但并不希望结束这场灾难留给人们的思考。

此刻,我们要将如下严峻的数字摆在记者面前:

据大兴安岭林业管理局文件记载,1966年一场因吸烟引起的大火,共燃烧了32天,毁林52万公顷。从1964年大兴安岭林区开发,到今年5月这场特大火灾之前,森林可采资源减少了一半。其中森林火灾烧毁4 865万立方米,占可采资源的30%。按开发20年的消耗比,大兴安岭林区只能维持生产26年了。大兴安岭开发到1985年,22年间,共发生大小森林火灾881起。烧毁森林面积等于这些年来营林更新地面积总和的164倍!

大森林——人类的摇篮。

大兴安岭——这个面积相当于浙江省的中国最大的林区,这个生长着祖国未来无数栋梁之材的绿色宝库,竟年年在遭受着如此的戕害!

连年的大火,该烧醒酣睡的人们了!

"我认为这场灾难主要是人祸。"大兴安岭林业局局长邱兴亚语调颤抖,"是我们——犯有严重的官僚主义,而我们僵化的体制,也使得我们成为官僚主义。这场大火,对我们是不烧死的烧死。"

1987年6月6日,国务院全体会议。代总理万里严肃宣告:"今天的大会,是与官僚主义作斗争的大会。"

1987年6月18日,全国人民代表大会常委会。常委们代表10亿公民审议了国务院《关于处理大兴安岭特大森林火灾事故和处理情况的汇报》。他们说:"现在官僚主义相当严重,相当普遍。反对官僚主义的根本办法,是加强民主与法制的建设,在经济改革的同时,进行政治体制改革。"

大火向我们发出了红色的警告,也给我们留下了沉重的思考。

(1987年6月24日《中国青年报》)

公仆本色
——追记湖南省委原副书记、省人大常委会原副主任郑培民同志

董宏君　朱玉

导言——

　　该作通过一系列细节进行生动感人的叙述,使受众读后产生强烈的共鸣。下面以对郑培民与曾令超交往的细节描写为例进行分析。(1)通话。此处的细节元素十分丰富:作为高级干部,郑培民主动给残疾人曾令超打电话,一通话就是半个多小时(这在省部级干部中不多见);为方便双目失明的曾作记录,郑将自己的办公电话和住宅电话重复了三四遍(这更是不多见);郑坚持曾先挂电话,自己才挂电话(表现出对平民百姓的足够敬重)。(2)见面。见面后,郑"一把抱住"曾,抚摸他脸上的伤疤,充分显示出与曾的亲近与亲密。(3)倒茶。沏茶,并不让人代劳,等茶不烫了,才端到曾手上(唯恐什么也看不见的曾被热茶烫着,体现了无微不至的关心体贴)。展示精彩细节,感人元素和深刻含义尽在其中。写精彩的细节,不能由记者妙笔生花,也不能虚构事实和改变事实。正确的做法是:通过深入采访,发现妙不可言的精彩细节;在写作中,将这些精彩细节的作用发挥到极致。

　　2002年春节,一封特制的信寄到了湖南省委。一张剪裁过的红纸作为信纸,寄信人为它精心装饰了金边。

　　信中写道:"敬爱的首长,1990年你不辞劳苦亲自爬上了我们崇山峻岭上的苗寨视察,访贫问苦,你是第一个能深入到我们海拔1 700米高山陡坡上的省委亲人……"

　　这封字迹不太工整的信发自湖南的西部——湘西土家族苗族自治州凤凰县米良乡叭仁村。

　　收信人:郑培民。

重　任

　　1990年5月,湘潭市委书记郑培民被调往湘西土家族苗族自治州,出任州委书记。

　　湘潭和湘西,一字之差,天壤之别。湘潭是湖南省经济较发达的地区,离省会长沙只有1小时车程;湘西,是全国著名的少数民族贫困山区,去省城要坐14小时火车。去湘西工作,是只有硬肩膀才能挑起来的重担子。多年来,省委一直把湘西的脱贫致富放在突出位置。

领导与郑培民谈话。刚一谈起去艰苦地区工作的重要性，郑培民笑了："请直说吧。"

调动的意向被和盘托出。准备做郑培民思想工作的话没有必要说了。

平级调动，又是"从米箩里跳到糠箩里"，十几年后的今天，人们还在为他的痛快回答而敬佩。

郑培民一上任就问："哪个村子最穷啊？"随后，就去了叭仁村。

"叭仁"是苗语，意思为山顶上。要到达这个三面悬崖一面山的村寨，首先要从湘西的首府坐车到乡里，然后，喘着粗气，手脚并用，徒步走上4个小时的12公里陡峭山路。苗族群众之所以十几年后还记得郑培民，是因为他是住过这里的最大的领导。在他之前，只有乡干部爬上过这个走起来累死人也吓死人的山头。

时隔多年，他在州干部大会上说过的8个字还像楔子一样钉在人们脑海里：来湘西"三生有幸"；在湘西"埋头苦干"。

郑培民接过前任的接力棒，率领全州干部群众继续围绕扶贫开发这根主线做文章。

湘西贫困。每逢青黄不接时，全州有三四成百姓断粮，政府不得不从外地调入大量返销粮。

自治州开始推行"双两大"地膜玉米新技术。这是一项弯着腰，在田中豆腐块大小方格周围摆两株苗的累活，郑培民不是坐在办公室里指挥，他带着机关干部下地，自己弯着腰在田里干活，给农民演示。1992年春，在田里示范劳作了几天的州委书记郑培民，一脚踩空，仰面摔下了三米多高的田坎，摔成了脑震荡。

书记的行动也是推行农业新技术的"科教示范"，从这一年起，全州的粮食开始自给。

学理工出身，又来自工业较发达的湘潭市，郑培民无疑比其他人更具有现代化的工业理念，他看到的是湘西州未来10年后的发展前景。这个前景，又可能是当地干部群众在短期内不能理解的，这是考验郑培民耐心的过程。他用手比划过一个雁阵给干部们看："大雁飞在天上，要有一个班长，就是领头雁。这个领头雁啊，不能飞得太快，脱离开雁阵，就起不到头雁的作用了；可也不能飞得太慢，混在雁阵里，就失去了头雁的作用。"

湘西州20世纪五六十年代发展起来的小水电，为自治州的发展起步奠定了基础。然而，小水电受着季节的制约，也制约着湘西的进一步发展。但在当时的观念和体制下，放弃了小水电也就意味着放弃了地方和一些部门的利益，因而阻力重重。郑培民这时起了"头雁"的作用，果断决策：引进大电网。

湘西州当时的湘泉酒厂，只是一个年上缴利税200多万元的小酒厂。郑培民在前任扩建湘泉酒厂的基础上，又进一步支持了这个酒厂的三期扩建。如今，壮大起来的湘泉酒厂已成为上市公司，自治州干部的工资中3元钱就有两元来自这个公司上缴的利税。

现在看来，郑培民十几年前在湘西做的，虽然没有把政绩摆在自治州首府的街面上，但却是为即将起飞的湘西州养壮身子骨，丰满羽翼而练的内功。这种打底子的事情，不太显山露水，但却是那种要咬紧牙关努力的沉重活计。

叭仁是个为水发愁的村庄。滴水贵如油，接济不上的时候，村民之间宁愿出借粮食，却不愿让邻居拎走一桶水。郑培民去调查后，政府为村子通了水，拉了电。村民们再不用走上8公里路，拎着重重的木桶，吃力地到山沟里去提水了。

两年多时间，郑培民跑遍了全州218个乡镇，住过30多个乡镇。这只是一个粗略到乡镇、尚不包括村寨的统计。除去在省里州里开会、办公需要的时间，在"开门见山"的湘西，这是一个没有喘息之机的数字。

妻子去湘西看他，一进屋，地上扔的是一双沾满泥巴的胶鞋，唯一一套出国时置办的西装，在柜子里已被虫子蛀满了洞。郑培民拦住要帮他刷鞋的妻子：天天都要穿，一出门，还是要粘泥的……

形象是干出来的。在湘西州委的选举中，郑培民全票当选州委委员，全票当选州委常委，全票当选州委书记。有的干部誉称他是"三个百分之百"，郑培民当即纠正说："只有一个百分之百，那就是全州人民对共产党百分之百的信任和感情！"

火禾公路，这条在凤凰县地图上细得像根线的乡级公路，在火炉坪乡500多户群众的心中，大得像一片天。

修这条公路时，郑培民已经调到了省委，火炉坪乡依然是他的联系点。他领着技术人员，吃着缓解心脏病的药，晃晃悠悠地攀上悬崖峭壁去勘察。为这条路，郑培民十分少见地向自治州一个熟识的干部发了火："你敢糊弄我？公路的配套资金为什么不到位？怎么向老百姓交代？"

十几公里的火禾公路打通了，是全州标准最高的乡级公路。山外的小贩开着车，直接停到山里人的门外，把一筐筐的猕猴桃搬上了车；高兴的苗族村民守着家门口卖西瓜，卖掉一个，就在西瓜上拍一下："这是郑书记给我们带来的好处！"

火炉坪乡的苗族群众坚持要把剪彩的光荣留给郑培民，哪怕是为了郑培民繁忙的工作，把公路正式通车的日子一推再推。他们去年7月就写好了大红的标语，等着郑培民亲手把它们展开。他们想，郑书记虽然听不懂苗语，但是，老百姓欢天喜地的表情，他看得懂啊！

真　情

在湖南，常常会听到人说："培民书记是我的好朋友。培民书记像我的好兄长。"

说这话的人大都是普通百姓。该有多么深厚的感情和多么平等的关系，才能让他们自信地将一个省委副书记称为自己的朋友？

曾令超，一位司法干部，在一次维护社会治安的事件中受伤，双目失明，后来从事文学创作。他听说了兼任省残联名誉主席郑培民的名字,写信希望得到郑培民的题词。

犟犟的老曾打定主意只写一封信:如果郑培民不回信,那我也犯不上巴结他,管他是多大的官!

回信来了,曾家的电话也响了。

半个多小时的电话里,郑培民详细询问了曾令超的各种情况。他怕在纸框子里摸索着记录的曾令超不方便,把自己家里和办公室的电话重复了三四遍。

最后,郑培民一定要等到曾令超放下电话后,自己才挂电话。老曾实在受不了这等"待遇",坚持让郑书记先放电话,推来推去,还是老曾拗不过书记。以后,在他俩的交往中,这已成为习惯,也成了默契:每次,郑培民都要听到电话那边"咔嗒"一声,自己才轻轻挂上电话。

见了面,郑培民一把抱住了什么都看不见的曾令超:"你摸摸我,咱俩高矮胖瘦差不多!"他又摸摸曾令超脸上的伤疤:"阴天下雨会疼吗?"

热茶倒好,先放在一边。等到不烫了,郑培民才端到老曾手上:"现在可以喝了。"

湖南桃源县漳江镇有个川湘饭庄。说是饭庄,其实就是个灰头土脸的路边小店,小到只有两张桌子,走在路上一眨巴眼就可以略过它。郑培民偏偏与这家饭店的老板李德胜成了朋友。

李德胜身有残疾,虽为"老板",日子仍显艰难。每次往来湘西州与长沙,只要是坐汽车,郑培民一行人准会到李老板的"鸡毛小店"吃饭。每次,郑培民都要从包里扯出一条特意带来的香烟:"给,拿着抽!"李老板也有礼物回赠:自家做的酸萝卜泡菜。

就是当上了省里的领导,只要路过,郑培民的笑脸还是不改,照样交钱吃饭。

其实,李德胜的小饭馆所处的位置并非前不着村后不着店,饭菜手艺也没有什么特殊之处。郑培民的秘书、司机都明白,培民书记用这种办法既可了解民情,又不给当地政府添麻烦,也照顾了李德胜一家的生计。可郑培民却又从不说破,他顾及的是残疾人既要养家糊口,又不轻易受人施舍的尊严。

做官先做人,万事民为先,这句话出自郑培民的心。即使当了大干部,郑培民还是像一棵永远不会离开大地的大树,枝丫扬得越高,根往泥土里扎得越深,他的根系牢牢地扎在"人民"二字上。

凡是群众写给他的信,郑培民总是坚持自己拆看。下农村,郑培民要到农民家去,掀开锅盖,瞧瞧吃的什么饭;看看猪圈牛栏的家畜,撩开蚊帐摸摸农民床上的被褥。郑书记还爱在农民家吃饭,筷子直奔油辣的农家菜,粗糙的饭食也嚼得津津有味。有时,他还会宿在农家。这个住宿的人家他会留意选一下。在湘西州永顺县高坪乡雨龙村,他每次去那儿,都住在一户孤寡老人家。郑培民心里明白,农村的孤老,没有子女照顾,精神上孤寂,有时也难免被不懂事的乡邻欺负,他要用自己的行动,为孤寡老人带来精神上的支持和尊重。

郑培民是个心细的人。他回湘西,有两件事必须做——陪老同志吃一顿饭,打一次扑克;他下乡,在乡镇和农民家吃饭,一定会把饭钱交上——"老百姓生活得不容易!"

一次,走进火炉坪村,郑培民发现一位老人在远处招手,村干部向他解释,这是村里的五保户,80多岁了,没见过省里的大干部,想看得清楚一些。

"那好,我和老人照张相,让老人家看个够!"郑培民笑着走了过去。

一天晚上,工作结束得早,郑培民兴致颇高:"走啊,咱们也去尝尝夜宵!"

趁司机停车,郑培民站在夜宵店门口,与摆槟榔摊的小贩聊起来。小贩告诉他,自己是下岗职工,父亲得了癌症,一天摆摊下来赚的钱刚刚可以供一家人糊口。

郑培民心里难受极了。他转身离开:"你看人家生活得多艰难!这夜宵怎么吃得下去!"

对郑培民来说,他与普通的百姓,压根是长在一起的,他的心为他们而快乐,为他们而疼痛。

砥　柱

1998年,惊涛骇浪挑战常德。

湖南常德市安乡县,身受长江和澧水、沅水三大水系夹击,临洪大堤长达400公里,是历史悠久的"洪水走廊"。

1998年7月24日晚,安乡县安造垸溃垸。这个垸子里,有县城和5个乡镇、一个农场,共18万人,其中3/4的人口和财产,集中在安乡县城。如果县城不保,那么汹涌而来的洪水可以一直淹到三楼。当时的安乡县城,电力中断,一片漆黑,老百姓几乎都搬空了,就是没有离开家园的人,也搬到了相对安全的顶楼上。

正当人们惶惶不安,没有主心骨的时候,郑培民来了。他不是象征性地点个卯就走,而是安营扎寨,住进了黑洞洞的县委招待所。"指挥抗洪的省委副书记和百姓一起住进了'水围子'!"消息不胫而走,人们悬着的心,咕咚一声落了地。

身为省委领导的郑培民十分清楚这个时候冲上前线、指挥抗洪的分量。他多年来对水利知识的学习和积累,对战胜洪水起了决定性的作用。

郑培民在安乡指挥了三大战役:赶在洪水扑到之前,抢修了一条11公里的隔堤,保住了安乡县城;指挥堵塞书院洲溃口,用血肉之躯扼住了洪水之喉;湖北境内的黄金大垸溃决后,统帅抗洪大军进行了一场惊心动魄的北大堤保卫战,拒千里洪峰于湖南重镇常德市之外……

就着堤外滚滚洪水,郑培民坐在堤上,吃着盒饭,静静地度过了自己的55岁生日。

雨过天晴,骄阳似火。居住在大堤上的4万灾民头顶烈日,衣食不足,缺少清洁的饮用水和药品,眼看疾病就要在大堤上流行。

路过大堤的郑培民告诉司机"绕道走"——他不忍看着灾民们一边让太阳晒着,一边还呼吸着他的车扬起的灰尘。但郑培民的心却没有绕着走,他拍板,要在3天的时间内,把几万灾民转移到可以吃上饭、喝上水的垸子里去。

命令一下,故土难离的灾民们落着泪,望着只露出屋顶的家园,一步一回头地离开了自己生长的土地。指挥部及时调来育苗的蔬菜种子,衣食无忧后,灾民用最快速度恢复了生活和生产。

接着,开展防疫工作的省医疗队来了,帐篷学校搭起来了。堤外洪水滔滔,堤上书声琅琅,帐篷顶上,红旗飘飘。

水灾过后,郑培民提出,让老百姓从水窝子里搬出来,住到山上去。

中央提出移民建镇后,郑培民从方案到资金的落实都一一过问。他一遍又一遍地叮嘱:那是中央给农民的钱,不许坑农民的钱!

地方同志向郑培民表示,在抗洪中,当地政府连书记的生活也无法照顾,心里十分歉意,最后想送点礼物表示一下。

一句很重的话从素来温和的郑培民嘴里扔出来:"老百姓遭了那么大的灾,你们还要表示什么?!"

抗洪期间,郑培民平均一天只睡两个小时,情况紧急时甚至还要冲上去搬麻袋抢险,这对他这样一个身患高血压、心脏病和糖尿病的人来说,实在是太危险了。

省委领导也牵挂着他的身体,下命令:每天要保证郑培民吃上两个鸡蛋!

然而,郑培民关心的还是他人。听说一位同志因为血压高住进医院了,他连忙去看望。

从医院出来,知道郑培民病情的同志心里酸酸的:人家低压高到了95就可以休息了,可低压已经升到105的郑书记,却天天还要在夜里两三点钟到大堤上查管涌!

郑培民深知身体的重要性,他说过:"身体是1,政绩、家庭、知识等是1后面的0,0越多,成绩越大,但没有了1,再多的0都是0。"但个人的身家幸福怎么能与人民生命财产的安危相比?受命于危急之刻,面对重于泰山的责任,他已经做好了"我不下地狱谁下地狱"的准备。

郑培民在大堤上,整整待了60多天,400公里的长堤在他脚下踏过不止一遍。回到家里,掉了10多公斤肉的郑培民对妻子说了实话:"这次抗洪,是对我生命极限的挑战!"

其实,平时的郑培民不属于那种大刀阔斧、雷厉风行型的领导,哪怕是创新和开拓性的工作,他也是稳稳当当、扎扎实实地去做,从来不搞轰动效应。

郑培民曾经分管过湖南省的教育。搞减轻学生的负担,他去翻学生们的书包,看哪一种教材是必需的,哪些是额外负担。

全省中小学布局调整,郑培民亲自调查了两个月,走访了 40 多人,然后才做决定。他说:"稳健决策,决不能留下后遗症,要经得起历史的检验。决策正确,是造福百姓;否则,是造祸百姓。"

正因为这样的一步一个脚印,在郑培民分管期间,湖南的基础教育工作更上一层楼,全省教师的住房条件大大改善,素质教育的"汨罗经验"推广到全国;湖南广播电视节目在全国早早地上了卫星,无论是思路,还是行动,都走在全国同行的前面。

分管干部工作时,郑培民跟干部说话,不是暴风骤雨,而是春风化雨。和他有过接触的干部都反映,郑培民不居功,不诿过,敢于承担责任;他当面敢于批评人,背后却保护人;他表里如一,从不隐瞒自己的观点;在他手下工作,觉得安全、踏实……

谈到自己曾经的副手郑培民,湖南省委书记杨正午很有感触:"一个领导干部在每个工作岗位上都能做到有口皆碑,很不容易!"

考 验

比起普通百姓,领导干部会更多地面对诱惑和考验。在领导岗位上真正做到固守操守,承受考验,比常人更难。

"考验"二字,力重千钧。

几年前,省委副书记郑培民的家蒙受了一次小偷的"考验"。两个小偷撬门进入没有装防盗门的郑家,把所有的抽屉全倒出来,连柜子里的衣服全都抖出来捏过了,也没找到什么值钱的东西。

翻腾到最后,他们只从郑家偷了 4 000 元现钱和两条烟。

这 4 000 元钱是郑培民女儿出差尚未来得及归还的公款。

几个月后,盗窃案告破,小偷的坦白与郑家报案的数字,完全吻合。

一个人做点好事并不难,难的是一辈子做好事。在老百姓眼里,郑培民就是个在廉政问题上一辈子干干净净、只做好事的人。

对于下级单位送的礼物,郑培民从来是能拒就拒,自己拒不了就让秘书去退。

集邮,可说是郑培民唯一的爱好。就是这个爱好,他也绝对保密,生怕有人投其所好。

无论是调离湘潭还是调离湘西,不喜张扬的郑培民总是挑选在早晨未上班之时悄悄离去,而且事先不告诉周围人,他不想惊扰大家,也怕可能送来的人情礼。

郑培民记日记的习惯是大学时养成的。走上领导岗位,这个一日三省其身的习惯细分为备忘录、工作笔记和日记。他收到的每一笔稿费,数额、收到的时间及发放单位都在工作笔记上有详细记录,稿费的出路只有一个:交秘书登记收存。

这是郑培民在湘西州工作时的一段日记:"这次回湘潭度春节,我谢绝了办公室派车送我的盛情,同时谢绝了办公室要为我报销路费的好意。坚持自费返家,往返火车票近 80 元,自己掏腰包。有人讲我太板,我想,宁肯自己吃亏,对自己严格要求,是一个共产党员,特别是领导干部应当自觉做到的。"

还是一段日记:"在吉首给两个孩子分别定做了一件羽绒上衣,这是我给孩子们买东西中最大的一次,计247.61元。不占企业的一点便宜。"

从20世纪80年代起,郑培民就先后担任市委书记、州委书记、副省长、省委副书记,又曾长期分管全省农业、文教、政法和党群工作,可谓位高权重。但他总强调,"情浓钱淡,永葆清白","君子之交淡如水"。

郑培民偶尔也会收下极少一部分礼物。但送礼物者必须符合两个前提,一是极为熟识的亲友,如同亲人一般的老部下、老同事;二是正常的人情往来,而不是有事求他而送礼。

今年春节,他十几年前的老秘书去看他,送的礼物是一篓水果和两桶瓜子,郑培民高兴地收下了,但转身又拎出两瓶酒,价值远高于送来的东西:"把这个拿去!"

"对待身外之物,要铁石心肠。"郑培民写得清楚,做得更明白。

家 风

"手拉手,户外走,说说话,散散心,情切切,意绵绵,身体好,永相伴。"与妻子的一次散步,被郑培民在日记中诗意地记录下来。

他的家,是尽人皆知的美满家庭,郑培民很爱他的妻子和儿女。只是他从不用手中的职权来表达这份感情,他深知,权力是人民给的,是为人民做事的。

几十年中,郑培民的职位一直在变动,而他的妻子杨力求的工作单位只变动过一次,就是从湘潭市新华书店调到了省新华书店,职务仍然是一名普通职工。

调到长沙后,杨力求上班要走上40多分钟。她不会骑自行车,乘公共汽车也不方便,多年来,她一直走路上下班。郑培民托人为妻子买鞋,指明买那种柔软的、平底粘胶的鞋子,他要让妻子在风吹雨打的路上,走得舒服一些。但这个有情有义的丈夫却从不让妻子搭他的顺路车。

妻子敬重郑培民的为人,更注重维护丈夫的形象。杨力求有个"三不":不帮人向郑培民带任何信,不传口信,不接受任何礼品。他们的儿子说:"在廉政问题上,爸爸把前门,妈妈守后门。"

郑培民的日记,折射出"后门"的坚固:"某某同志来家,我不在家,请我爱人转给我一封推荐信,并送了5 000元,讲请力求旅游用。力求当即指出,这是送'错误'给我们,绝对不能收。"

郑培民的儿子曾经有过被爸爸从车上赶下来的经历。他在湘潭大学读书时,有一次爸爸从长沙去六七十公里外的湘潭开会,正在家中休假的孩子,便想搭便车去学校。谁知郑培民一上车,看到已坐在车里的儿子,立即严词厉色、毫不留情地把孩子从车上轰了下来。

郑培民曾这样鼓励自己的孩子读书上进,"与其我留给你们财富,不如给你们留下创造财富的能力。读书,就是创造财富的能力!"

孩子长大成人,每次出远门,郑培民从来不多说什么,他只是弯下胖胖的腰身,默默地帮儿女一件一件叠衣服,再一件一件放在箱子里。

只有一次郑培民的话很多,那是儿子代表大学生去台湾参加交流活动前:

"多给大家讲讲湖南吧!湖南的特点是三乡一地。鱼米之乡,袁隆平的杂交水稻,刘筠教授培育的湘云鲫是突出的代表;还是有色金属和非金属矿之乡;一地,是旅游胜地,张家界、凤凰古城中外闻名!"

"湖南人会读书,'惟楚有材,于斯为盛';会种粮,还是古人的话,'湖广熟,天下足'嘛!会打仗,从来就是无湘不成军!"

"湖南人有先忧后乐精神,范仲淹的《岳阳楼记》里写着,'先天下之忧而忧,后天下之乐而乐';湖南人有求索精神,屈原说,'路漫漫其修远兮,吾将上下而求索';湖南人有牺牲精神,谭嗣同有诗'我自横刀向天笑,去留肝胆两昆仑';湖南人还有敢于革命的精神,毛主席的'为有牺牲多壮志,敢教日月换新天',多么豪迈!多有气势!"

……

郑培民做成的文化与精神的盛宴,足以使儿子品味一生。

呼　唤

至今,谁都不忍告诉湘西凤凰县叭仁村的村民们,他们用金边框着的新春祝福,郑书记没有看到。当秘书含着眼泪打开它时,百姓爱戴的培民书记,已与他们天人永隔。

今年3月11日,郑培民被抽调到北京参加中央干部考察组,工作中,急性心肌梗塞突发。

连郑培民自己都不会相信,困扰了他多年的病魔,一转眼就会变成死神。在赶往北京医院的路上,他已无力地倒在秘书肩膀上,嘴里还在嘱咐司机,"别闯红灯"。

谁想得到,一棵生命的大树就这样倒下!

郑培民记了40多年的日记,终止在他去世的那一天。就在前一天,他还在电话中叮嘱妻子:"你也是五十几岁的人了,也不是个铁砣,要注意一下身体。"临挂电话时,郑培民轻松地对妻子说:"别惦记我,愿你每天都有一个好心情!"

可是,一贯为别人着想的培民书记,你可知道,你的离去,让多少人彻夜难眠,多少人泪飞如雨!他们怎么能有一个好心情!

湘潭市的老部下们最后一次看到你是今年春节。这次回湘潭拜年,你一反往常,从汽车里拿出几件礼物,在场的几个老部下人人有份。

回想此情此景,老部下们泪眼模糊了。培民书记呀,你是在向我们告别吗?要是工作没做好,你可以批评我们,你不能一甩手就走,而且一去不回头啊!

培民书记,你春节时看望知识分子,送去的花儿还没谢呢;苗族群众为你编的苗歌,他们准备了上千首,你还没听呢;叭仁村,那个一直系在你心尖尖上的湘西山村,通向它的盘山路快要修好了,还有火禾公路,这是两条让你操碎了心的路啊,还没有印过你的脚印呢,你怎么就走了?

培民书记,湘西凤凰县安坪村小学校的桌椅做成了,窗子安上玻璃,再不用稻草堵窗户了;安坪村山上一片绿色,再也不用砍树换钱了;火炉坪的张来富,那个你去看望过4次,送钱送母羊送蚊帐的中年男人,他和他的妻子正想告诉你,他们家盖了新房,买了彩电,5只母羊变成了20多只的羊群,他们的日子已经过得和别人一样好了。

这不就是你希望的吗?不就是你一直拼命工作的目标吗?灯红酒绿不迷眼,不义之财不伸手,在这样的自律下,你所期望的,不就是这样的报答吗?

东北大平原生育了你,三湘四水养育了你。尽管你生前低调宣传,但是,你做过的一切,党和人民都记在心里!

北京八宝山革命公墓,胡锦涛等中央领导和近千人为你送行;在长沙,上千人涌到机场去等你;多少群众围在你省委大院的家门外,痛哭失声!他们想你呀,他们要再看看你!

听说你去世,火禾公路指挥部的8个成员坐在一起,两个小时,不闻人语,只闻人泣;听说你去世,你的扶贫点——湘西凤凰县安坪村,全村的男女老少汇聚在你站过的地坪上追悼你,百姓的泪和湘西的雨交织!

人们怎么也想不明白啊,天若无情,为什么让你这样的好人来到人间?天若有情,为什么天不假寿,让你过早地离开人间!

湘西的老百姓要自己出路费,到北京和长沙来送你,他们是硬让州委和县委给劝回去的!当记者在凤凰县的几个村寨提到你的名字,老百姓的笑脸立即转为了抽泣,继而变成放声大哭!

哪里有比人民口头流传得更久的历史?哪里有比百姓心头更坚固的丰碑?你活得辛苦而操劳,你活得清白而坦荡,但你活得值啊,你离人们越远,人们觉得你越亲;你离这世界越远,百姓觉得你越真!你留给了人民一个共产党人无愧于天地、无愧于黎民的身影!

"书有未曾经我读,事无不可对人言。"你去了以后,组织上派人整理你的办公室,清理出来的,只有一本本的工作笔记。上善若水。你的生前身后,都透明如水,洁净如水,经得起任何形式的翻检!

倒下的郑培民,擎起来的是精神上的火炬。你经常念叨的四句话:"大浪淘沙,警钟长鸣,不忘宗旨,永葆本色",已经变成了你的精神遗产,时时地被人们享用着。

不需要更多的语言描述你,不需要更多的辞藻雕琢你,郑培民,你让人们记住了:天地之间,曾经有过这样顶天立地的共产党人!

(2002年10月14日《人民日报》)

别了,"不列颠尼亚"

周树春　胥晓婷　杨国强　徐兴堂

导言——

　　该通讯基本上是用叙述性的语言写成的。我们不妨将通讯作品的叙述与消息作品的叙述、文学作品的叙述作一比较。如果是在消息中,叙述应更为简练。不仅彭定康注视港督旗帜降下旗杆时的面色、"不列颠尼亚"号将于是年年底退役等内容都可以删去,而且文字也还可以进一步精简。而如果是文学作品,则对万众关注的易旗仪式过程、末代港督彭定康即时的动作神情、"不列颠尼亚"号怅然离去的情景,完全可以也应该展开较为详尽的叙述,以增强文章的可读性。可见,通讯作品的叙述,是介于消息作品与文学作品之间的。它比消息作品来得舒展,又比文学作品来得洗练。

　　在香港飘扬了150多年的英国米字旗最后一次在这里降落后,接载查尔斯王子和离任总督彭定康回国的英国皇家游轮"不列颠尼亚"号驶离维多利亚港湾——这是英国撤离香港的最后时刻。

　　英国的告别仪式是30日下午在港岛半山上的港督府拉开序幕的。在蒙蒙细雨中,末任港督告别了这个曾居住25任港督的庭院。

　　4时30分,面色凝重的彭定康注视着港督旗帜在"日落余音"的号角声中降下旗杆。根据传统,每一位港督离任时,都举行降旗仪式。但这一次不同:永远都不会有另一面港督旗帜从这里升起。4时40分,代表英国女皇统治了香港5年的彭定康登上带有皇家标记的黑色"劳斯莱斯",最后一次离开了港督府。

　　掩映在绿树丛中的港督府于1885年建成,在以后的近一个半世纪中,包括彭定康在内的许多港督曾对其进行大规模改建、扩建和装修。随着末代港督的离去,这座古典风格的白色建筑成为历史陈迹。

　　晚6时15分,象征英国管制结束的告别仪式在距离驻港英军总部不远的添马舰东面举行。停泊在港湾的皇家游轮"不列颠尼亚"号和临近大厦上悬挂的巨幅紫荆花图案,恰好构成这个"日落仪式"的背景。

　　此时,雨越下越大。查尔斯王子在雨中宣读英国女王赠言说,"英国国旗就要降下,中国国旗将飘扬在香港上空。150多年的英国管制即将结束。"

　　7时45分,广场上灯光渐暗,开始了当天港岛上的第二次降旗仪式。156年前,是一个叫爱德华·贝尔彻的英国舰长带领士兵占领了港岛,在这里升起了英国国旗;今天,另一名英国海军士兵在"威尔士亲王"军营旁的这个地方降下了米字旗。

当然,最为世人瞩目的是子夜时分,中英香港交接仪式上的易帜。在1997年6月30日的最后一分钟,米字旗在香港最后一次降下,英国对香港长达一个半世纪的殖民统治宣告终结。

在新的一天来临的第一分钟,五星红旗伴着《义勇军进行曲》冉冉升起,中国从此恢复对香港行使主权。与此同时,五星红旗在英军添马舰营区升起。两分钟前,"威尔士亲王"军营移交给中国人民解放军,解放军开始接管香港防务。

0点40分,刚刚参加了交接仪式的查尔斯王子和第28任港督彭定康登上"不列颠尼亚"号的甲板。在英国军舰"漆咸"号及悬挂中国国旗和香港特别行政区区旗的香港水警汽艇护卫下,将于1997年年底退役的"不列颠尼亚"号很快消失在南海的夜幕中。

从1841年1月26日英国远征军第一次将米字旗插上港岛,至1997年7月1日五星红旗在香港升起,一共过去了156年5个月零4天,大英帝国从海上来,又从海上去。

(新华社香港1997年7月1日)

晒晒166个公章

闫锐　王玉亮　杨威力

导言——

这是一篇以揭露问题为主旨的调查性报道,将"166个公章现象"公之于众,令人惊讶并在惊讶中深思。在中国新闻奖获奖作品中,此类报道为数不多。它的特点是言必有据,言之凿凿。每一句话、每一个数字,都要能坐实,能经得起推敲。这就要求在采访前做足功课,在采访时下足工夫,并且对采访所得的材料认真加以审视、甄别,写作时行文措辞十分严谨,做到无可挑剔。特别是要说明材料来源,忠于采访对象所说的话的原意。在真实展现事实的同时,该作能透过现象揭示事情的本质,由结果追溯原因,道明因果之间的联系,从而体现出思考的深度。

"恐怕不止166个!"2月19日,省会一房地产开发商拿出市区一楼盘的厚厚一摞卷宗一一数来,"这个项目,我们一共盖了180多个公章,比云川书记说的还要多。"

一个项目从立项到开工,要经过40多道大的审批环节,提供资质、申请、图纸、证件等材料200多份。石家庄一开发商告诉记者:"1994年以前,房地产项目审批不超过50个章。最近几年各种审批名目不断增加,一个项目说盖166个章一点儿不为过。"

一天不落至少也要跑一年

"仅划红线一项,就需要定线、放线、竣工验收3个章。"省会一房地产项目负责人估算:"仅规划图的审批,就算一点儿问题都没有,到了部门就能通过,至少也要1个月,一般情况下要半年到1年。"

据开发商测算,各项手续一口气跑下来,最快也要256个工作日。全部手续走完,快则一年、慢则三五年。在保定,某施工单位办理前期劳动手续,一栋楼大约要出具300个证件。在石家庄,几十万平方米住宅项目办理房产证,拖个两三年才办下来的情况也不少见。

手续繁杂、审批繁琐、多头管理,直接导致办事效率低下。保定市一房地产企业反映,审批一个20万平方米的小区,把所有章盖下来,至少需要1年半时间;开工后,消防、气象、地震、园林、文物等部门的审期漫长且内容繁琐重复,如消防部门仅审图一项最快也要4个月,最长达半年以上。

自己的项目不能自己做可研报告

房地产项目盖的第一个章,是要向有关部门立项,需要递交项目可行性研究报告。"这本无可厚非。但是企业自己做的报告不被认可,而必须由有关部门指定的下属机构来承担。"石家庄一房地产商问,"一个投资10亿元的项目,他们仅用3天就能做出的报告,可行吗?"

"但是没有该机构出具的报告,就无法盖上立项章。"他问,"企业投资,难道还不算算自己的盈亏账?"

不合理公章直接带来的是相关规定的难以操作,背后隐藏的却是部门利益。在邯郸,许多开发商反映,在办理商品房预售许可证之前,必须有在市房管局销售大厅参加集中销售的章。每个企业必须在大厅摆沙盘、设摊位,每月缴纳租金1.5—2万元。"这就像在人民大会堂里卖西瓜。"一开发商表示,"老百姓谁去销售大厅买房?大都直接去楼盘,这个章不就是为了强制收租么?"

全省党委研究室系统的一份调研报告显示,没道理的公章增加的不合理费用4倍于正常收费,导致企业负担加重。保定市有关文件规定,每平方米交40元教育附加费才予以办理施工许可证,开发商则认为,这是与税收重复征收。张家口市增加了教育基建费每平方米30元、电力设施建设费每平方米65元,开发商认为收费不合理,负担明显加重。

别人的产品有问题却打我们的板子

"近两年,增加了一项电力设施检测费,也就是现场检测开关、插座等产品质量。五六万平方米的项目要收取十几万的费用。"邯郸一开发商激动地说,"就像我买了台电冰箱,他们要上门检测产品质量,却要收我的费。你说我冤不冤?"

在采访中发现,对于一些盖章项目,开发商普遍认为"板子不该打在自己身上"。例如:防雷审核要求按测点收费,每个点70元,5万平方米的工程约需缴费12万元。但是开发商们认为,规划设计图纸都是由政府批准的、有资质的设计院设计的,这些单位应当懂得防雷的相关要求,绘制的图纸也应符合有关规定。为什么还要再审?即便有关部门履行监管的责任,可以进行抽查,这项检查的费用也不应当由企业承担。

诸如此类还有图纸审查、日照分析、气象审核、抗震分析、交通环境影响评估和施工证办理前检查论证等,开发商认为,设计单位有义务对项目相关设计负责,政府应当严把设计单位的审核和监管关,只要项目设计是由政府批准的设计单位承担,相关问题就应由设计单位负责,不应反复审查。

协会也是盖章的推手

除了职能部门的审批环节需要盖章外,还有一只幕后之手让程序更加繁杂。

"当设计图出来后,先到协会扣章,然后才能到规划局审批。"邯郸一项目负责人介绍,"协会扣章的条件,就是出具设计费全款交付设计院的相关票据。"

"随着施工的推进,设计图难免与施工现场出现的一些实际情况不相适应,要不断修改完善。我们为什么不能先交部分款项,等到设计单位的各项服务都到位后,再把设计费付清呢?"开发商不明白,"协会在这里到底起什么作用?就是催款么?那么对企业的服务又要如何保证?"

开发商们反映,这样的协会不只是一家。勘查审批有勘查协会插手;房产开发资质年检,先要到房地产开发协会交费;营业执照年检,也要在私营企业协会挂号;办房产证,没有向住宅与房地产业协会交费也不行……协会与部门相连,部门作协会靠山,由此又催生出若干公章。

上千万的资金硬性占用负担太重

"占投资额3.19%的劳保基金,原来能在预算中体现,现在要提前交给有关部门";"占总投资35%的建设项目资本金,不仅缩小了建设单位自筹资金的自由度,还制造了腐败的机会……"

虽然各地政策不同,情况有所差别,但开发商的反映与全省党委研究室系统的调研报告不谋而合。项目资本金、旧城区迁改土地保证金等占用资金不仅名目繁多,而且条件苛刻。石家庄市开发商反映,按规定旧城区改造土地保证金先交后免,交时有期限规定,返还却一再拖延。这些不合理的负担,使企业的资金更加捉襟见肘。

"等等放放"猛于"章"

166个公章多吗?开发商们反映:"盖这些章还不算什么,我们最害怕职能部门的等等放放。"

"每盖一个章至少需要三个人签字。"省会一开发商说,办事员、科长、处长都要签,有的还需要主管副局长、局长签字,缺一不可。如果其中有一个人生病或开会或出差,那就不知要耽误多少天。

盖章的拉锯战也让开发商们头痛不已。"即使是施工图、规划图审查,不折腾五六遍也很难通过。"邯郸一开发商问,"今天这里不合适,拿回去修改;修改后,那里又不合适,再拿回去修改。如此反反复复,为什么就不能把所有的不合适一次全讲清楚呢?"

即使不用看脸色、听冷话,只说一句"等等吧",就能让开发商跑断腿。"比如划红线,要请有关机构去现场。那么人家说,前面排着好几个呢,你等等吧。这一等就没谱儿了!如果等不及,那就请请客送送礼,疏通疏通关系吧!"

那厚厚的卷宗里的每一个章都不仅仅是一枚公章的问题,还有公章背后的"刚性潜规则"。将166个公章减下来也许不难,但是真正减掉推诿扯皮、吃拿卡要的作风,还需要有刚性的制度约束和强大的监督纠错机制。开发商们建议,不仅要减章,更要减环节、减人头、减时间。

(2009年2月21日《河北日报》)

研究与思考

＝延伸阅读＝

丁柏铨:《论新闻报道题材与表现方式》,《新闻大学》2005 年第 3 期。
蔡之国、许益刚:《回归事实:用故事讲述新闻》,《传媒观察》2006 年第 6 期。
方毅华:《新闻叙事与文学叙事的多重审视》,《现代传播》2010 年第 5 期。

＝问题与思考＝

1. 试比较新闻叙事与文学叙事的异同。
2. 请谈谈你对穆青的"视觉新闻"的理解和评价。
3. 请对通讯《公仆本色/——追记湖南省委原副书记、省人大常委会原副主任郑培民同志》中的细节描写加以分析。

第六章 新闻语言

导 论

记者凭借新闻语言将新闻事实和有关观点传播给受众。因此,记者驾驭新闻语言的能力如何,或者会使新闻作品为之增色,或者会使新闻作品因之而减分。从这个意义上说,运用新闻语言报道事实和表达思想,相当于记者的"临门一脚"。

一、新闻语言的基本要求

第一个基本要求:文从句顺。虽说这是一个基本要求,但是媒体在这方面,不能说就没有问题。概括说来,存在的主要问题有:

一是别字现象时有发生。

从媒体总的情况来看,使用了别词的情况并未完全消除。有的媒体常用别字,或者还有漏字、多字等文字差错,以致直接影响了其质量和水准。

二是由于未能确切把握词义,从而出现表意错误。

在汉语中,有些词具有特定含义,但一些媒体在所刊播的文章中往往对词义缺乏准确把握。如弥留、春风、春秋、春心、身后等等,都可以包含特定含义,但一些撰文者往往不解其特定含义,望文生义地加以使用,结果贻笑大方。以"身后"为例,无论是在古代汉语还是现代汉语的语境中,都有"死了以后"这一义项,因此电视台出镜记者以不用此词为好。

又如,不能将"坐地分赃"理解成"坐在地上分赃"。"望洋兴叹",并非望着大洋兴叹。"望洋",意为仰视的样子。不宜将此成语处理成"望X兴叹"。

三是在使用字词时,感情色彩出了问题。

在汉语中,有些词具有情感色彩,对此类词须准确把握。褒义词、中性词、贬义词,用错了地方就会成为笑柄。"成果"、"结果"、"后果",虽然都有词素"果",但感情色彩浓厚,使用范围殊异。而"熏染"、"熏陶",在使用上也很有讲究,不可含糊。

再则,古代有敬词、谦词的区分,这在现代汉语中一定程度上仍有所保留。敬词中的一类:奉、承,后面跟的动词所表示的动作,由说话人发出。如由"奉"构成的"奉陪"、"奉告"等即是如此。敬词中的另一类:辱、枉、惠等,后面跟的动词所表示的动作,由对方发出,例子有"辱示"、"枉驾"、"惠顾"等。谦词则有"窃"等。

除此之外,有些词是隐含了褒义或贬义的。例如:位,作为量词,用于人,含敬意。我们接电话时问对方:哪位?这是恰当的。但有的报道写道:一位歹徒劫持了人质。

这就很不合适了。弹冠相庆,意为即将做官互相庆贺。含贬义,形容坏人当道,小人得志。有的报道写人们欢庆好事、喜事,用了"弹冠相庆"一词,这就让人哭笑不得了。

有些报道在用词方面显得不讲究、不得体。有一篇报道这样写道:"截至19日12时,已从江中救起12人,捞起3具尸体。"在这里,使用"尸体"一词不能算错,但应该有更恰当和合适的词可用。说"尸体"不免让人感到冷漠和生硬。如果改用"遗体",给人的感觉或许可以更好些。用"遗体"一词,隐含对罹难者尊敬之意,既可表达对遇难者的尊重与悼念,又可以表达对遇难者家属的安慰与同情,新闻与公众的贴近性油然而生。

四是一些媒体及其记者对古汉语语词的用法不准确。

许多媒体上出现的古汉语语词,用法是错的。例如"其"字。在古汉语中,"其"字有数种用途,其中之一多作第三人称代词,用作领属性定语,可译为"他(他们)的"、"她(她们)的"或"它(它们)的"。如:"臣从其计,大王亦幸赦臣。"(《廉颇蔺相如列传》)"其"字一般不作宾语,说"法院对其立案审查"、"将其拘留"或"大家对其大加称赞",似乎均属错用"其"字之列。

当然,作为第三人称代词。"其"字也可作主谓短语中的小主语(指示代词),应译为"他""它"(或复数)。如:其闻道也固先乎吾。(《师说》)"其人其事",也是可用的。但写作"其认为",疑似不通。

成语被误用,也是一些媒体的常见问题。例如,"首当其冲"每每被用错。冲:交通要道。处在冲要的地位,最先受到攻击或遭受压力。此成语总带被动之意,而不能理解成率先做某某事。

五是缺乏分寸感和用词不准确。

新闻语言,应当将事实叙说得很准确。不把被动说成主动,不把局部说成整体,不把蓝图说成现实,不把偶尔说成一贯,不把无意说成故意,不把现象说成本质。

在叙述和评论中把握好分寸,也是新闻语言的要求。慎用程度副词"最"、"极"、"颇"、"甚"、"很"等。慎用大词,如"形势"、"战略"等。慎用高规格词,如:"泰斗"、"峰会"、"大师"、"顶尖人物"等。慎用定性词,"里程碑"、"填补空白"、"开先河"、"第一"、"首次"等。

六是时常发生歧义现象。

歧义现象,在媒体上频频出现。一句话包含两种或两种以上不同的含义,如果是故意为之,那是修辞,具有积极的意义和良好的效果。而在媒体上出现的歧义现象,多半是撰稿者始料不及的,其效果不好。

请看以下各例:

例1:据查,凶手是戴厚英老师的孙子。

实际情况是:凶手是戴厚英的老师之孙。

例2:我外交部发言人说——/中国对美国再次袭击/伊拉克表示不满

例3：反对男人/打女人

例4：盖丽和父亲结婚不收礼

有必要探讨造成消极性歧义的原因。

原因一：修饰关系不恰当。

例5：500万年前病毒被"唤醒"。

此处的500万年，既可能与"病毒"发生关系，又可能与"被唤醒"发生关系。如果在"500万年前"后加上"的"字，就不至于产生歧义。

原因二：指代不明。

在文句中，指代应十分明确，不可有半点含糊。

例6：张三和李四在讨论问题。他对他说……

两个人称代词"他"，哪一个指代张三，哪一个指代李四，不明确。

原因三：不当断句和分行导致歧义。

例7：广东省群众/性文化活动搞得有声有色

原因四：修饰关系出错。

在一个文句中，往往会有几个起修饰作用的词或词组，由于它们的位置安放不当，也会产生歧义。

例8：这是一件2000年前的最近从湖南新出土的珍贵文物。

将"2000多年前"置于"最近"之前，给人以错觉。

例9：张红是一名小优秀学生。

此句可有两种理解："小"字是指年龄，此其一；其二是指等级。如果将"小"字挪至"优秀"之后，就不会产生歧义了。

例10：原新华社社长穆青倡导新闻散文化。

在媒体上此类表述甚多。其实，"原"字放在机构前还是放在职务前是有差别的。如果特定主体所在机构没有变动而只是其职务有所变动，"原"字就不应出现在结构之前。

原因五：一字（词）多音、多义造成歧义。

例11：张三还欠款1 000元正。

"还"既作"偿还"、"已还"讲，又可作"还是"、"仍然"讲。而句中的"正"为别字。

例12：车子没有锁。

"锁"字既可以是动词，意为"锁上"；也可以是名词，意为"锁具"。

原因六：缺少应有停顿，从而造成歧义。

例13：国际旅费部分由我方支付。

停顿在"旅费"后和在"部分"后，句子表达的意思差别很大。

七是不合乎语法规范。

不注意句子中的各种搭配关系，有可能形成病句。

主语与谓语、动词与宾语、定语与中心词、量词与名词之间,都存在一个合理搭配的问题。一旦搭配出错,都会出现文句不通现象。

例14:孟加拉水灾恶化/242人丧生

例15:百姓生活水平有所改善。

例16:由××市青年组织的这项公益活动,旨在提高全社会爱绿护绿的良好风气,增强绿化意识。

例17:这一新发现将大大丰富人类能源认识的范围。

例18:审议决策我国"十二五"期间发展的宏伟蓝图。

句子成分不合理残缺,也可能造成病句。

例19:由于一只小狗的惊叫,使得20多人及时逃生。

句中缺主语。

例20:在各地流窜作案/常州警方逮捕一盗窃团伙

引题缺主语,主题的主语无形中成了引题主语。此标题出现了大错。

八是因标点符号使用出错而形成病句。

限于篇幅,标点符号使用中的常见错误就不一一列举了。

九是存在逻辑错误。

逻辑方面常见的错误多种多样。比如说,使用概念不准确,运用概念进行判断不准确,使用概念、判断进行推理不准确,对事物进行分类采用了不同的标准,出现了概念的交叉,相并列的概念不在同一个逻辑层面上,在行文中出现自相矛盾的现象,等等。在新闻报道和新闻评论中要致力于避免常见的逻辑错误。

二、新闻语言特点分析

(一)风格上所体现的特点

1. 注重平直

大致可以说,新闻语言是不重藻饰的。写人、事、景、物,常常是简笔勾勒,多用白描,概括叙述,不事渲染。

例21:人类第一次成功登上月球

例22:墨索里尼悬尸米兰街头

例23:火车首次跨越"世界屋脊"

新闻语言重在把事实叙述清楚。如果采用文学语言来表述,往往就会灵动和文采飞扬得多。

2. 注重明晰

新闻语言重明晰而不重含蓄。在大多数情况下,采用的是直截了当的语言方式,不绕弯子,明白晓畅,清澈见底,毫不含糊,让人一看就懂。使人产生阅读或理解障碍的语言,不是好的新闻语言。

例24：河北省农村工作会议田间地头探出路/"三农"就该"强富美"
例25：治理"大城市病" 北京修改规则

3. 注重简洁

新闻语言不重详尽，要言不烦，言简意赅。多用短句，少用长句。删繁就简，减去头绪。业界有"用'微言一克'代替'废话半吨'"的说法。

（二）操作上所体现的特点

1. 追求概括与具体的统一

与文学语言相比，新闻语言概括而不失之笼统；与公文语言相比，新闻语言具体而又不失之繁琐。在新闻的行文中，常常用事例和细节取代抽象的概念、空泛的议论。为了达到必要的具体，新闻语言多用子概念，控制使用母概念。记者总是致力于达到概括化的具体与具体化的概括。例如，说一人见义勇为，不免太过笼统。有必要叙述此人何许人也。老人？中壮年？青少年？男人抑或女士？如何见义勇为？只有叙述具体了，才可能避免模糊不清，报道的可读性方才可能由此而来。

2. 追求质朴与形象的统一

新闻语言在多数情况不是以浓墨重彩示人的，但又并不排斥一定的形象性。如果在恪守新闻真实性原则的前提下，恰到好处地呈现形象性，当是有利无弊的。

适当增强形象性，不能过度依赖形容词。形容词的主观色彩太浓，过多使用常常会影响对新闻事实的客观报道，因此并不可取。

在用词方面，可考虑多用活跃动词。活跃动词比静态动词更有动感。"他在教室里"，虽然也用了动词，但"在"字了无生气。

新闻还需要对语言作形象化处理。

例26：终晓近亲结婚的害处/××农村诸多"林妹妹"与"宝哥哥"分手

在上述标题中，将拟近亲结婚的青年男女巧妙地比作"林妹妹"与"宝哥哥"，报道的形象性大增。

自然、恰当、巧妙地使用修辞格，可大大增强报道的形象性。

例27：化肥化肥，你在哪里？/农民：空等几天无半两/干部：送了一包又一包/贩子：运了一车又一车

上例使用了设问、比拟、反复、呼告、夸张、排比、层递等多种修辞格，从而使语言的形象性和表现力大增。

例28：×××（笔者注：系一举重运动员）一举两得

"一举"（奋力一举），得到两个收获：既拿到了冠军，又打破了世界纪录。"一举两得"用得恰到好处、妙不可言。

例29：安徽省的一桩奇闻——/6.2公里铁路建成10年不通车/原来：有权的不急，着急的无权/结果：忙坏了公路，闲坏了铁路

引题颇为引人入胜。有权的不急与无权的着急、忙坏了的公路与闲坏了的铁路

形成了鲜明强烈的对照。另,说公路"忙坏",铁路"闲坏",都颇具讽刺意味和调侃色彩。

3. 追求准确与易读的统一

新闻语言必须准确严谨,做到无可挑剔,但又必须通俗易懂。要善于对专业性较强的语言做好"翻译"工作,将难懂转化为易懂。

有选择地使用口头语中新鲜活泼的语言材料,也是使新闻语言易懂所必须抓住的重要一环。如此做了,还可以使新闻语言显得十分生动。

例30:调查表明,对于干部下乡,农民的态度是——/盼"财神下凡"怕"和尚化缘"

"神仙下凡"和"和尚化缘"都是鲜活的群众口头语,既通俗易懂,又形象生动。

三、新闻语言与其他文体语言的比较

(一) 比较的意义

新闻语言与广告语言、文学语言和公文语言,有可以比较和值得比较之处。新闻语言是用于对事实进行叙述和评论的语言。广告语言是用于进行说服和表达诉求的语言。文学语言是创造美的形象和特定主体用以抒发内心感受的语言。公文语言是为事而撰的公务文书所采用的语言。上述几类语言,有一定可比性,存在某些差异性。将新闻语言与其他几种语言比较,有利于更好、更准确地把握新闻语言的特性。

(二) 具体的比较

1. 新闻语言与广告语言的比较

——在对事实的依赖程度方面有差异。

新闻严格地依赖事实。新闻语言是严格的纪实语言。广告既可以用纪实性的语言,也可以用非纪实性的语言。派克金笔广告:总统用的是派克。七喜汽水广告:七喜汽水不含咖啡因。其语言都是纪实性的。而广告语言更多的是非纪实性语言。

——在夸张手法的允许程度方面有差异。

广告语大量使用夸张修辞格(其中包括极度夸张),有些广告语甚至达到了非逻辑和反逻辑的地步。即使如此,只要不产生误导消费者的效果,应当是允许的。

——在行文方式的自由程度方面有差异。

广告行文方式自由,篇幅和语句可长可短。长可以成文,短可以只是句,甚至只是词组或短语。这种情况在新闻报道和评论中是难以见到的。

2. 新闻语言与文学语言的比较

——在叙写事实的逼真程度方面有别

新闻报道的叙述语言讲究逼真。新闻语言是一种严格遵循纪实性要求的语言。而文学语言则不受生活中事实的制约,不追求纪实和逼真,强调传神,强调按照美的

法则进行创造。

——在表达意思方面明晰程度有别

新闻语言不允许朦胧晦涩,不允许不恰当的含蓄。而对于文学语言来说,朦胧无可厚非,含蓄是艺术美的一种境界。

——在叙写对象方面形象程度有别

新闻语言在记人叙事、写景状物方面,在不影响新闻真实性的前提下,可以力求形象生动。但这种形象生动,与文学作品建立在虚构基础上的形象性有着严格的区别。

3. 新闻语言与公文语言的比较

——两者的相同点。

都强调表意确切,不生歧义;都强调据实说话,言必有据;严格限制主观推断、主观臆测;都强调逻辑严密,不容疏漏。

——两者的不同点。

公文语言严谨庄重,新闻语言严谨中不失生动;公文语言凝练概括,新闻语言概括中不失具体;公文语言多书面语,新闻语言口头语相对较多;公文语言讲究规范,新闻语言规范中鼓励创新。

新闻语言可以也应当从文学语言中汲取营养,但新闻语言不应当等同于文学语言。新闻语言应当与广告语言画清界线。新闻语言在严谨性方面与公文语言有相同之处,但也应当严防新闻语言的公文化。

四、关于新闻语言的几个问题

(一)模糊语言问题

一般而言,新闻语言应当明晰。比如,新闻五要素不可含糊,新闻事实本身不可含糊。但问题并不绝对。报道中的某些地方,如确有必要,又是可以含糊的。这叫"必要的模糊"。例如,涉及国家机密、商业秘密和个人隐私以及不便公开的事实细节、有关数据等,当是允许模糊的。在实际操作过程中,既要防止在报道中不经意泄密,也要防止新闻语言中的不当模糊。如模糊到影响人们对新闻事实的理解,就是不当模糊了。对于新闻语言中模糊的界限,必须严格准确地加以把握。如果因采访不深入、不周到,该明晰而无法明晰,这类模糊语言就不可取。

(二)外来语介入问题

汉语的语汇中从来就不乏外来语。现代汉语中的沙发、的士(又延伸出的哥、的姐、的票等)、中巴、肯德基、麦当劳、可口可乐、托福、互联网、微博、播客等等,就都是外来语。而在现代的媒体上,此类外来语不乏其例。

很难设想,在当今时代,一个民族的语言能与外部世界完全隔绝,对域外新的语汇和新的语言材料可以置之不理。与外部世界隔绝的语言是缺乏生机和活力的。对于外来语,有选择地吸收,是必然之道,弃之不顾不是最好的选择。

在使用外来语的问题上,笔者的意见是:吸收其中使用频率较高的语汇而不使用生僻的、偶尔才用的语汇;不提倡频繁吸收整个句式;宜融化式地吸收使用,不宜生硬地翻译使用。新闻语言在社会语言中有着倡导意义和示范性质。要警惕和防止外来语过多地、不良地介入,如欧化语言的泛滥。欧化语言现象的典型表现是:长句子多;倒装句多;句子中的修饰关系复杂。

(三)网络语言介入问题

网络语言大量的是草根语言,丰富、芜杂、生动、鲜活,保留着原生态的性质。其中的许多词汇正在大量地进入新闻报道。对此应当如何看待?此事是喜是忧?

不可否认,相当一部分网络语言体现和汇集了民众的智慧。有选择地吸收其中富于生命力的语汇,对于媒体体现语言的表现力和自身的亲和力,都是利多弊少。人民日报将网络热词"给力"放入头版头条新闻的标题中,受到广泛关注和好评,说明有选择地吸纳网络热词,是新闻语言应为之事。而"被……"式句,用于被人摆布、表示无奈之意,可谓绝妙。但网络热词"门"字的滥用,则表明了部分媒体和媒体工作者创造力的缺乏和惰性十足。与有形的门、无形的门,一概扯不上边,这样的"门"就不是此字的原本的意义和引申意义所能解释的了。

有些网络语言显得相当随便,用到媒体上显然是不可取的。请看:

例31:"偶稀饭粗稀饭"(我喜欢吃稀饭)

例32:"晕倒,楼主刚从火星归来?"(指不懂你的意思)

例33:"偶8素米女"(我不是美女)

例34:"介素虾米东东"(这是什么东西)

天津市某中学学生作文里有这样一段文字:"周末,读大学的GG回来,给我带了很多好东西,都系偶非常稀饭的。就酱紫,偶就答应GG陪他去逛街吃KPM……"

笔者认为,经选择进入新闻语言的网络用语,标准是:体现正能量,具有生命力,意思并不晦涩,并不颠覆现代汉语规范。

(四)方言使用问题

方言与普通话相对。普通话需要推广,方言则较多地保留了特定地域的文化元素。其间存在着矛盾。媒体在推广普通话方面无疑应当成为表率,这是责无旁贷之事。但应当看到:现代方言中的相当一部分词汇,经筛选都进入了普通话话语系统,例如"大款"、"傍大款"、"大腕"、"忽悠"等。它们对于丰富现代汉语的话语系统是做出了贡献的。而地域性的媒体的方言栏目,往往成为当地受众津津乐道的看点。但地域性媒体有必要审慎地使用方言。方言虽然对当地受众具有亲和力,但过多地使用方言,会显现出地域性的限制,影响媒体在更大的范围内传播。

（五）缩略语问题

缩略语在新闻传媒上有逐渐增长的趋势。从根本上说，这是因为它符合现代社会人们生活节奏快的特点。发改委、奥运、医改、春晚、的哥、的姐、十运会、美联储、安理会等等，如用全称，颇感累赘。而用缩略语，则相当简洁明快。

但新闻传媒使用缩略语，存在着相当的随意性，往往任意缩略，无规则缩略。将中国传媒大学缩略成"媒大"，不合适；而缩略成"中传"则是比较好的。笔者认为应当注意如下问题：符合汉语构词规律；尽可能保留原词的关键语素；有一定的辨识标志。

缩略语使用应遵循如下原则：（1）必要性原则（有必要才用）；（2）可能性原则（有可能方用）；（3）明晰性原则（做到表意准确、明晰）。应当是有必要、能缩略则缩略，没必要、难缩略则不缩略。将"中华人民共和国"缩略成"中国"，属于有必要也能缩略，且无歧义。将"反恐怖"缩略成"反恐"，属没有太大必要然而尚能缩略，可以接受。"反对日本成为安理会常任理事国"，此短语字多、偏长，有缩略的必要。按缩略语的构成法则，须保留关键性词素。将"反对"缩略成"反"、将"日本"缩略成"日"，是可以的；将"成为安理会常任理事国"缩略成"入常"，则有所不妥。缩略语使用的要义在于：对非关键性词素进行缩略，不能影响语义表达的准确性和明晰性。"反对日本入常"在语言规范上是有欠缺的。

（六）数字使用问题

新闻语言中数字使用应当讲究规范。出版物中的数字使用法有专门规定，例如时分秒表示法，年月日表示法，星期表示法，年代表示法，世纪表示法，封建王朝年号表示法，长度和重量表示法，约数表示法，成语中的数字表示法，等等，都很有讲究。不可混乱使用，不可自行其是，不可前后不一。

（七）语言创新与语言规范问题

新闻语言，宜在大致规范的前提下鼓励创新。在创新与规范的矛盾中推动新闻语言发展。"联合国'增常'"，"粉丝"（影迷、追星族），"玉米"，有创新的意味。

新闻传媒应对不该流行的语言进行有意识控制，以防止造成语言混乱和失范。

应对社会流行语进行仔细甄别，区分哪些是可以保留和推广的流行语，哪些是不宜保留和推广的流行语。顾及媒体的大众传播特点，采用的流行语当是经过较为严格筛选的。

顺便说一下相对延长主流媒体一部分流行语生命的问题。相当一部分社会流行语，其寿命不长，甚至可谓速朽。在一种产生了较大影响的社会现象成为过眼烟云以后，与之相对应的流行语也就会自然而然地退出历史舞台，逐渐在社会上、在包括主流媒体在内的新闻传媒上销声匿迹。我们似乎不必为它们的寿命过于短暂而遗憾。

正如一位研究者所说：流行的东西对时代有极强的依附性。随着时代变迁和人们的物质、精神追求的变化，一些流行语经历史的沉淀被保留下来，进入了社会话语系统的基本词汇行列,而更多的流行语则随着所反映的事物、现象、观念的消失而消亡。

纵然如此,新闻传媒和传媒工作者也仍应进行相应的努力。他们毕竟担负着为社会语言宝库积累和增加语言材料的神圣使命。在历史上,"五四"时期大众传媒上流行语中的"德先生"、"赛先生",延安时期大众传媒上流行语中的"反对党八股"、"反客里空"等等,虽然与今天相隔遥远,但它们在表达某种意思时,至今仍然具有生命力。20世纪80年代通过大众传媒广为传播的"理解万岁"等流行语,历久而不衰。让一些流行语包含可以跨越时空的内涵,使之具有特定符号性和某种经典性,这是相对延长主流媒体一部分流行语生命的有效途径。

(八)新闻语言的个人风格问题

总的说来这个问题还没有得到很好解决。新闻作品缺乏语言个性,百人一腔、千人一面,写作形成了固定套路,这类现象比较普遍。词汇、句式、行文方式、话语系统等,都显得固化和模式化。与文学语言相比,新闻语言则显得较为逊色。应当提倡、鼓励新闻语言显现个性化风格。穆青、范敬宜、何平、梁衡、吴锦才、郭玲春、朱玉、贾永、雷麦收、张建伟等,其新闻作品的语言,都体现出了对个人风格的追求;但总的说来,语言上有追求的记者不占多数。而实际上,记者语言的个人风格,是其作品魅力和个人魅力的构成部分。有自觉追求的意识,具备厚实的功底,进行坚持不懈的努力,这些,都是形成记者个性化语言风格的必由之路。

选文(著述)

新闻语言的总体特色
——新闻语言是一种以白描为主要特征的语言

艾 丰

导言——

艾丰,男,1938年4月5日生,河北省玉田县人。1961年毕业于中国人民大学新闻系,1981年毕业于中国社会科学院研究生院。高级记者,教授。中国名牌战略最早的倡导者之一,是公认的名牌理论专家。中国社科院研究生院、中国人民大学、北京财贸大学、中央民族学院等数所高等院校教授。现任中国企业联合会顾问,中国工业经济联合会,中国质量协会,中国新闻文化促进会副会长,中国名牌培育委员会主任,中国企业管理培训推进委员会主任,中国发展研究院院长。中国作家协会会员。

下文在不长的篇幅中,对新闻语言的总体特色进行了探究,提出了"新闻语言是一种白描的语言,这是它的总体特征"的观点,并作出了有说服力的论述。

对新闻语言的要求是:广泛性和专深性的统一,而更强调广泛性;纪实性和文学性的统一,而更强调纪实性;客观性和主观性的统一,而更强调客观性;速度和深度的统一,而更强调速度。好的新闻语言应该是这一切矛盾的最佳处理的统一。新闻语言的特色,就是在处理这些矛盾中形成的。

新闻语言的特色究竟是什么?

新闻语言是一种白描的语言,这是它的总体特征。

我们应该把握新闻语言的总体特色。借助已经有的概念来说,新闻语言应该是一种白描性的语言,或者说是以白描为主要特征的语言。不理解白描的特点,很难把握新闻语言的特点。

什么是白描?

鲁迅先生在《作文秘诀》这篇文章中说:

"白描却并没有秘诀。如果要说有,也不过是和障眼法反一调:有真意,去粉饰,少做作,勿卖弄而已。"这恐怕应该算是对白描最权威的解释吧。

作家孙犁以鲁迅的作品作为白描的典范。他在《鲁迅的小说》一文中说:"鲁迅的小说,是白描的杰作。研究起来,他的作品,没有过多的风景描写,没有过长的人物对话。不抽象地代言人物心理,不琐碎地描写人物的装饰。对话、心理、环境和服装,都紧紧扣在人物的行动和性格上。一切描写叙述都在显示人物形象,都是从情节出发,找到最为特征的表现。"老舍论述什么是白描时用的方法正是白描:"能直写便直写,不必用比喻。"

何庸在《谈谈白描手法》一文中,先对白描一词作了这样的介绍:"白描原是中国画的技法之一,起源于中国古代的'白话',这种画和工笔画不同,要求简练、传神。纯用墨线勾勒物象,不着颜色,所画出的人物画和花卉画神态必肖。这种技法和文学创作上那种运用极为简单的笔墨,不事雕琢、烘托,却能勾出鲜明生动的形象的手法颇为相似。大概由于这个原因,'白描'的称呼也被借用到写作上来了。"所以,他给白描下的定义是这样的:白描是运用质朴的文笔,力避浮夸、做作,简练而直接地勾勒出事物特征的一种表现手法。

上面这些论述,可以说把白描基本上说清楚了。

也许正因为白描比较好地表现了新闻语言的特征,所以许多著名的新闻记者早已注意到了这一点。

穆青同志在《谈谈人物通讯写作中的几个问题》一文中就说过:"这种表现手法(指白描),有时要借助语言的音响和色彩来加强效果,但主要依靠事实、形象、思想来打动读者。它的特点是能豪华落尽见真谛,从平凡中见深刻,在沉静中见热烈;尽量做到自然流畅,不事雕琢。"

穆青同志的作品,其语言特征也是白描的方法。在《县委书记的榜样——焦裕禄》这个名篇中,处处可以见到这样的描写:"展现在焦裕禄面前的兰考大地,是一幅多么严重的灾荒的景象啊!横贯全境的两条黄河故道,是一眼看不到边的黄沙;片片内涝的洼窝里,结着青色的冰凌;白茫茫的盐碱地上,枯草在寒风中抖动。"——这当然是已经较为"精致"的白描语言了。

对新闻语言的白描特征,国外的记者也用自己的语言来论述它。美国著名的记者兼作家海明威曾在堪萨斯城的明星报工作过,即使是在离开这个报纸多年以后,还对报纸的写作规范的小册子中的规定记忆犹新。这个小册子的第一段是这样说的:"用短句子。开始的几段也要简短。运用生动的英文,不要忘记力求文字的流畅。用肯定的语气写,不要否定。"——这也类似白描的要求。

海明威对这些原则的评价是:"这是我学习写作中学到的最好的规则。我从来没有忘记它们。任何一个具有才智,写他们真是感觉到的和真正想出说话的人,若遵守这些原则,绝不会写得不好。"(摘引自香港新世界出版社出版的美国贺亨伯所著《新闻实务与原则》一书。)

为什么新闻语言的基本特征是这样的呢?这里可以用一句人们常说的话来解释:复杂的问题要用简单的方法来处理。而这种简单的处理,又突出满足了对新闻语言的最主要的要求。也就是说这种特征的语言最能更妥善处理新闻语言遇到的那些矛盾。它用白描的方法解决了纪实的要求而又可以带有文学性;解决了客观报道的要求又便于加入若干主观的意见;白描可以具有广泛的普及性又可以对艰深的东西加以回避或解释;它是简练的,故而可以写得快、写得短,当经过记者的洗练以后,白描的"线条"也可能是深刻的。

(《新闻与写作》2011年第1期)

让新闻话语新起来

丁时照

导言——

选自《青年记者》2013年第3期。该文作者就新闻话语如何新起来的问题表达了自己的看法,针对性比较强,语言也较犀利。对现实中新闻话语存在的弊病,概括和揭示得颇为到位。文章本身的语言比较新、比较活。"纸媒不是文件,无法强迫人学习。其结果就是门前冷落车马稀,如弃妇,不如徐娘";"目前进行的"走转改"就是个方向,值得警惕的是,千万别流于形式,要在制度上进行固化,不转不改就走,走人"——此类语言表现出鲜明的个性特点。

曹雪芹有诗曰:"满纸荒唐言,一把辛酸泪。"一部《红楼梦》,荒唐是假,辛酸是真,感动了不少人,还会一直感动下去。

回望现实,以守望社会自居的新闻人,读者不仅没有被其报道感动,时至今日,恐怕连感觉都没有。如果硬要说有,那就是感觉"本报记者"是个空空道人。记者说得如此大声,读者却什么都听不见。

翻开我们的报纸,尽是些不咸不淡的话。读者不爱看,报纸还要办,于是乎,报纸逐渐封闭逐渐萎缩,形成了一个自我循环,谁写谁看,写谁谁看,自绝于读者,也在自掘坟墓。

抛开内容不说,仅就话语体系而言,老记者浸淫已久,落笔就成官腔,"指出"、"强调"不仅经常出现在领导活动的稿件里,也会出现在写市民和打工仔的文字里。年轻记者都是些初哥小妹,学生腔浓郁。有时候还胡乱简化,"工作人员"可以简化成"工人","司机和乘客"可以简化为"司乘人员",读完整篇稿子,就是找不到"乘务员"。展现在读者面前的传统主流媒体的话语生态,是老的不辣,少的乱来。结构或许越来越严密,但让人能记住的话,几乎一句都没有。看到满纸跑的都是车轱辘话,经常让人气绝。如果说语言"是一切事实和思想的外衣"(高尔基语),读者宁愿看到裸奔。

当新闻话语体系偏离了民众,尤其是年轻人,我们千万别再妄称自己是"主流",这样不脸红地高声喧哗,只能是下流。当"传统主流媒体"失去了"主流",就一般化为"传统媒体"。在新一代看来,所有"传统"的东西,都像是从泥土里爬出来的一样,有股可疑的霉味,让人远离。

谁抛弃了"传统主流媒体"?不能怪别人,只能从自己身上找原因。

我们,一群在纸媒供职的人,本应该有娴熟的文字驾驭能力,说出的话,金声玉振。写出的东西,涉笔成趣。可惜,记者普遍笔力劲道不够,现实与读者的期望相去甚远。有多远?十万八千里。

纸媒不是文件,无法强迫人学习。其结果就是门前冷落车马稀,如弃妇,不如徐娘。

咋办?"周虽旧邦,其命维新。"改革是唯一出路,重构纸媒的话语体系不仅必要,而且紧迫。一直是报道改革急先锋的传统纸媒,其实是个"两面派",一直在说一套做一套。报道别人的改革时绘声绘色,改革涉及自己就欲迎还拒。如果说媒体改机制变体制还需要外力来作用的话,那么,话语体系的改变则完全可以以一己之力达成目的。每篇稿件,每条新闻,立点新意,说些新话,这样的要求一点不为过。一天之内希望来个面目一新不易做到,一点一滴的改变则很容易。关键是要有方向感,否则依旧在兜圈子,走老路。在改变话语体系时,全体纸媒从业人员都要"作新民","苟日新、日日新、又日新",求新求变,持续不断。目前进行的"走转改"就是个方向,值得警惕的是,千万别流于形式,要在制度上进行固化,不转不改就走、走人。

传统纸媒"说什么话,怎么说话"不是个理论问题,是个实践问题,关键是个态度问题。现实的榜样就是向网络语言学习,学其生动鲜活,学其直指人心,让纸媒的话语畅快淋漓起来。网络的众声喧嚣里有真金,只要以老大自居的纸媒放下架子,大胆扬弃,就一定会开辟一种新气象。我们抛弃了传统、抛弃了主流,再也不能抛弃了新的话语体系的建设机会。

深圳晚报2012年11月21日进行了一年来的第三次改版。这次改版,我们主张形与神兼备,文与质并重。形式上,现代时尚,青春灵动,与深圳大都会的国际化气质相符;内容上,活起来、动起来、软起来、暖起来、辣起来。尊重人文价值,维护公序良俗,与市民守望相助。字里行间,我们减少杀伐之气,致力理性建设,即使有的报道非常辛辣,其价值指向也归于良善。我们改的不是版面,而是一种态度。这种态度就包含对新闻话语体系改变的坚定不移。

由此想到纸媒的未来。虽然在新媒体凌厉的攻势面前,传统媒体节节败退。但是,我依然没有对纸媒失去信心。以深圳为例,如果把所有的报纸发行量合起来看成一粒砒霜,把这座城市1 000多万的人口比喻为一杯水,将这粒砒霜丢进水杯里,一口喝下去,连感觉都没有。隔壁的香港,700万人口的城市,收费和免费的报纸加起来是400万份,人家活得好好的。总有人提"报纸消亡论",这是一个"阳谋"。我认为,即使要死,纸媒也要死得轰轰烈烈,死得横尸遍野。真的这样,纸媒还死得了吗?

(《青年记者》2013年第3期)

选文(作品)

在大海中永生
——邓小平同志骨灰撒放记

何平　刘思扬

导言——

这是一篇在诸多方面都可圈可点的新闻作品。全文紧扣大海,既写了邓小平骨灰被撒入大海中的情景,写得情思绵绵,感人肺腑;又穿插叙写了他似大海波涛般大起大落的坎坷人生经历,追思了他像大海一样开阔的情怀。眼前实景与对往事的回溯交叉呈现,兼备强烈现实感和历史纵深感。作品的立意可谓高远。这是很值得称道的。此外,特别值得称道的地方还有:以大海为象征之物,赋予它以丰富而深刻的象征之意;语言中饱含深情和富于诗意;使用反复这样一种修辞格,从而形成了一唱三叹的效果。所有这些,在通讯写作中都是不太常见的。

  一位以自己的一生书写中华民族崭新历史的伟人,今天完成了他人生的最后一个篇章。
  1997年3月2日上午。
  银色的专机,离开西郊机场,在首都上空低低地、缓缓地绕飞一周,然后穿过云层,飞向祖国的辽阔大海……
  机舱内安放着全党全军和全国各族人民衷心爱戴的邓小平同志的骨灰。
  一面鲜红的中国共产党党旗覆盖在骨灰盒上。
  这是党和人民给予一位93岁的老共产党员的最高荣誉。
  捐献角膜、解剖遗体,不留骨灰、撒入大海——这是把毕生毫无保留地献给祖国和人民的邓小平同志的遗愿,也是他留给党和人民的一份珍贵遗产,表现了一个彻底的唯物主义者的高尚情怀。
  今天,胡锦涛等中央领导同志和邓小平同志的夫人卓琳等亲属一起,以最朴素、最庄严的方式完成邓小平同志生前的这一嘱托。
  穿云破雾,专机向大海上空飞去,飞向这位一生波澜壮阔的伟人最迷恋的地方。
  也许是苍天为之动容,当专机飞临大海时,天空出现一道绚丽的彩虹。
  11时25分,专机飞至1 800米高空。强忍着悲痛,81岁的卓琳眼含热泪,用颤巍巍的双手捧起邓小平同志的骨灰久久不忍松开。她一遍又一遍地呼唤着小平同志的名字,许久才将骨灰和五彩缤纷的花瓣缓缓撒向大海。
  骨灰撒大海,鲜花送伟人。
  1939年8月,在延安陕北公学学习的卓琳与邓小平相识相爱并结为革命伴侣。那年,邓小平35岁,卓琳23岁。两人共同走过了58年的人生历程。如今,面对自己深爱的丈夫的骨灰,她怎能不肝肠寸断,悲痛欲绝。
  这是一个令人心碎的时刻。
  怀着无比悲痛的心情,胡锦涛同志缓缓地将骨灰和花瓣撒入大海。
  随后,邓小平同志的子女邓林、邓朴方、邓楠、邓榕、邓质方和孙辈眠眠、萌萌、羊羊、小弟,悲痛地跪在机舱里,撒放骨灰与花瓣,完成他们敬爱的父亲、爷爷的遗愿。邓榕哽咽道:"爸爸,您回归大海,回归大自然,您的遗愿得到了实现,您安息吧!"
  跟随邓小平同志多年的卫士孙勇、张宝忠一身戎装,忠实地守卫在他的骨灰盒前。
  泪水涟涟,哀思绵绵。

第一次见到海洋，邓小平还是一个 16 岁的少年。那是 1920 年，他远渡重洋，到欧洲大陆勤工俭学，寻求救国救民的真理。在那些日子里，美丽而苦难的祖国，时常越过海洋，沉入他的梦中……

　　大海，是他革命生涯的起点。1922 年，18 岁的邓小平在法国参加旅欧中国少年共产党，从此，他走上无产阶级职业革命家的道路。

　　大海，磨炼了他坚强的意志。从百色起义到浴血太行，从挺进中原到决战淮海，从横渡长江到挥师西南，他出生入死，南征北战，为共和国的创建立下了不朽功勋。

　　大海，坚定了他革命的信念。早在莫斯科学习时，他就"打定主意"："更坚决地把我的身子交给我们的党，交给本阶级。"60 多年后，他在退休之前，依然深情地说：我的生命是属于党、属于国家的。退下来以后，我将继续忠于党和国家的事业。

　　飞机盘旋，鲜花伴着骨灰，撒向无垠的大海；

　　大海呜咽，寒风卷着浪花，痛悼伟人的离去……

　　邓小平一生迷恋大海，与波峰浪谷有着不解之缘。一下海，他就舒展双臂，游向深处。无论海多深，风多急，浪多大，他都劈波斩浪，勇往直前。

　　大海的无垠，开阔了他博大的胸襟；

　　浪涛的汹涌，塑造了他顽强的性格。

　　潮涨潮落，大海沉浮，就像他人生的三落三起。半个多世纪的革命生涯中，虽历经风险，但他始终百折不挠，总是能一次次在历史的紧要关头挽狂澜于既倒，在沧海横流中显出伟大的无产阶级革命家大无畏的英雄本色。

　　历史不会忘记，1978 年 12 月，第三次复出的邓小平，以党的十一届三中全会为起点，揭开一场新的伟大革命的序幕，开创了一条有中国特色的社会主义康庄大道——

　　"如果现在再不实行改革，我们的现代化事业和社会主义事业就会被葬送……"

　　在他倡导的解放思想、实事求是思想路线指引下，改革大潮汹涌澎湃。从农村到城市，从沿海到内地，从经济基础到上层建筑……改革，以神奇般的魔力，使古老的中华大地焕发出勃勃生机。正如一首歌颂小平同志的诗所写："于是才有了凤阳花鼓，敲响农民走向市场的节拍；才有了深圳神话，十年完成一个世纪的跨越……"

　　1992 年春天，邓小平再次来到海边，像一位舵手，又一次为中国的改革开放和现代化建设指明了航程。

　　——改革开放胆子要更大一点，思想更解放一点，步子更快一点。

　　——判断改革和各方面工作的是非得失，归根到底，要以是否有利于发展社会主义社会的生产力，是否有利于增强社会主义国家的综合国力，是否有利于提高人民的生活水平为标准。

　　——基本路线要管一百年，动摇不得。

　　被称为社会主义改革开放和现代化建设总设计师的邓小平，以他大海般的气魄，又一次在中国大地掀起改革开放的巨澜。

飞机盘旋,鲜花伴着骨灰,撒向无垠的大海;

大海呜咽,寒风卷着浪花,痛悼伟人的离去……

历史不会忘记,1979年大年初一,邓小平最后一次越洋过海访问美国。这次出国距他少年时漂洋过海勤工俭学,整整59年。

风风雨雨,沧海桑田。饱经忧患的中华民族经历了太多的磨砺,太多的坎坷,太多的苦难。闭关自守,必然带来停滞、贫穷、愚昧和落后。

——任何国家要发达起来,闭关自守都不可能。

——太平洋再也不应该是隔开我们的障碍,而应该是联系我们的纽带。

邓小平以巨人之手,将封闭的国门打开。

位于南海边上的深圳、珠海,是中国对外开放的第一道风景线。1979年4月,他提出了兴办经济特区的大胆设想,鼓励创业者"杀出一条血路来"。国门打开了!沿海、沿江、沿边,全方位开放的大格局已经形成,古老的中国终于向世界敞开了博大的胸怀。

飞机盘旋,鲜花伴着骨灰,撒向无垠的大海;

大海呜咽,寒风卷着浪花,痛悼伟人的离去……

海天相接,碧波相连。

小平同志心系各族人民,心系港澳台同胞,心系海外侨胞……

也许,奔腾不息的浪花会把他的骨灰送向祖国的万里海疆。小平回眸应笑慰。他开创的有中国特色社会主义伟大事业,处处气象万千,后继有人,大有希望。

也许,奔腾不息的浪花会把他的骨灰送向香港、澳门。小平回眸应笑慰。他提出的"一国两制"的伟大构想,即将成为现实。香港回归即在眼前,澳门回归指日可待。

也许,奔腾不息的浪花会把他的骨灰送向台湾。小平回眸应笑慰。实现祖国完全统一,是他也是海峡两岸中国人的共同心愿,骨肉同胞终有一天会团圆。

也许,奔腾不息的浪花会把他的骨灰送向太平洋、印度洋、大西洋……小平回眸应笑慰。海外侨胞为祖国在改革开放中腾飞而骄傲;各国政要和人民盛赞小平:"二十世纪罕见的杰出人物"、"本世纪公认的世界级领袖"、"邓小平的影响超时代超国界"……邓小平不仅属于中国,也属于全世界。

骨灰撒大海,鲜花送伟人。

11时50分,专机盘旋着向大海告别。

透过舷窗望去,水天一色,波翻浪涌。从那永不停息的涛声中,人们仿佛又听到了震撼过无数人心灵的声音:

"我荣幸地以中华民族一员的资格,而成为世界公民。我是中国人民的儿子。我深情地爱着我的祖国和人民。"

一个人的生命是有限的,而人民的事业是永恒的。

如同一朵浪花,他从故乡的山溪流入嘉陵江、长江,然后穿云雾,过三峡,奔腾而下,经过九曲十八折,最终汇入浩瀚的大海……漫长的征程,昭示着一个朴素的真理:

敢向时代潮头立,沧海一粟也永恒。

邓——小——平

——一个铭刻在亿万人民心中不朽的名字,他在大海中得到永生!

(新华社北京1997年3月2日电)

栾城草农敢闹海
——听栾城农民种草者说

赵俊芳　郝斌生

导言——

　　一般的通讯,都是记者将在采访中所听到的、看到的甚至想到的说给受众听。有的记者在采访中发现和抓住了生动的故事,加上说(叙述)的技巧比较高明,受众就被吸引住,传播就收到了不俗的效果。但以下通讯颇有另辟蹊径之意,将主要由记者说改成主要由农民自己说。农民说占了很大的比重。由于主要是农民在说,农民种草过程中的酸甜苦辣得到了淋漓尽致的呈现,农民初闯市场时的尴尬、窘迫,个中经历的艰辛,后来尝到的甜头使人感受深切。农民语言中特有的乡土气息得到了尽情展露。当然,该作与人物访谈和专访又有所不同。穿插其间的记者叙述,话语不多,却常常起到使文章因之增色的良好作用。

　　站在栾城农民的草地上,就像站在绿茵场上,就像置身绿色的海洋。如果此时再吹来一阵清风,或者再冉冉升起一轮朝阳,最好是昨夜曾飘洒过一场毛毛细雨,你能闻到草香,你能看到草尖上的露珠,你能捕捉到忙碌着的农民那心底的微笑和从黑红的脸膛上迸发的光芒。

　　自1999年河北栾城农民调整产业结构,试种绿化草以来,已经走过了十年里程。十年磨一剑,当初别别扭扭、忐忑不安种下的小草产业如今茁壮长成大块文章,成为河北省会石家庄一道独特风景,成为新中国农民脱胎换骨的标本。端午时节,记者来到这里,听他们有关种草的心得体会。

"刚种草时,一离了救生圈就呛水"

　　"刚种草时,一离开救生圈就呛水。"见到西董铺村村民李书贤的时候,他正在地头修路,他放学回家的儿子前来帮工,在绿油油的草地里开着修草机纵横驰骋。他说的那个"救生圈",既是指政府的优惠政策也是指县里的草业公司。种草的第一年,李书贤地里家里寸步不离技术员,喷灌、灭虫等一招一式都虚心请教。由于悟性好,技术学得快,第二年就把门市部和房产全部抵押上,承包下乡亲们118亩地。"那时候,谁相信种草能旱涝保收呀?如今西董铺村成为种草专业村,村里327户有200多户种草,种粮的收入显然干不过种草的。"

"我们是全国的产粮大县,祖祖辈辈都是斩草除根的好把式。种草是个新鲜玩意,头一年很多人看西洋景,也有人等着瞧笑话。好在县里率先成立了草业公司,先培训技术员,再培训村干部,教给农民看,带着农民干。"说这番话的是南柴村党支部副书记张连续。这个村今年种了1 500亩草,他本人种着86亩草。去年每股分红利25万元,他比喻种草就是掘金,就是开矿办企业。

南李村农民吴玉芳也说自己当初是被赶下水的旱鸭子,第一茬草籽是政府帮着撒下的,前几年的50%、30%都是县乡干部帮助吆喝推销的。和吴玉芳说话间,有一辆挂着山西牌照的36吨半挂车隆隆开来,十几个妇女忙不迭地往车上搬草卷。大腹便便的吴玉芳拿起电子计算器给商户结算。他说今天共卖出6 000平方米,每平方米四元,四六两万四。"去年草贵,每平方米下不来6元,高时卖到七八元,一亩地666平方米,亩出产三茬儿,我租着180亩土地,这个账是不难算的。"

吴玉芳与藏富怕富的祖辈截然相反,他主动告诉我们,眼前这片地没有多少,村北还有60亩,村南还有70亩,他给土地转租者的交换条件是"双700",即夏季700斤小麦,秋季700斤玉米。也有超过这个数的,因人而宜,因地而宜。把土地转租给他的人也有在他这里打工的,挣日工一天30元,帮他拔杂草或开修草机;也有挣计件工资的,每往车上搬一平方米草卷挣2角5分钱。记者看到,一位叫李美英的妇女,除了挣计件工资,就是在吴玉芳的草地里收拾剪下来的嫩草尖——她喂着25只羊,她的羊是嘴上抹石灰——白吃。

和吴玉芳相比,吴书训种着10亩地,用他自己的话说是草行情把不准,有时高有时低,不敢大干,他是蛤蟆吃蚊子——小打小闹型,尽管小打小闹,每年也能收入六七万元。

"风里浪里长见识"

"凡是种草的都有过曲折,都走过麦城。那一年草在地里疯长,都急着销售,孟建国接到客户一个电话就上了青岛,到那里管了人家几顿饭就回来了,连一棵小草也没有卖出去。"

"德州一个客户拿着一万元的汇票给了李书贤,李书贤的家人把汇票当人民币锁进匣子里,等用钱时再取出来,汇票上的钱早不翼而飞了。"

"一个翻译的几句洋话就骗走草业公司33万元。"如今听着这些流着喜泪带着苦涩的诉说,不难想象当初草农闯市场的尴尬。

"经过市场上十年摔打,我们该承受的也承受了,现在都成了种草能手,成了市场主体。不经风雨,难见彩虹。"地头上挂着"国庆草坪苗木"大幅招牌的刘固庄的马国庆,正兜着一布袋皮尺给山东的客户丈量草平方,他只能见缝插针地应答记者的采访。地里的人忙乱得成了一团麻,有开起草机的,有举着铲刀一段一段分割草卷的,有装车的男人一不小心踩了妇女的脚而招致惊叫或嬉骂的。

"我的体会是三年一个周期,去年草价高,今年价格低迷。凡是能坚持下来的都挣钱了,盖了洋楼,买了轿车。种得多挣得多,因为这是个朝阳产业。种赔的也有,但总是少数,我也有赔的年份,在我们这里挣少了就算赔。既要学会种草,更要学会卖草。在十年卖草过程中我也被皮包商骗过几次,把草倒腾走以后就找不见人影了。有些单位和部门用了草以后迟迟不付款,逼着我学会了依法讨债,学会了诉讼打官司。"说完这些话后,老马就坐上小车陪客户吃饭去了,他给我们留下一个活脱脱的草皮大亨的背影。

西董铺村李计身种70亩草,记者见到他的时候,他刚喝酒回来,问他种的什么草。他说美国草,早熟禾系列橄榄球午夜2号;问他从哪里弄来的草籽。他说是从加拿大用编织袋背来的,一句话把在场的人逗笑了。"从加拿大到栾城走几天?"有人开始绊他的马腿出他的洋相。"这个你去交通局问张瑞海去,我不给你犯嚼舌。"李计身说的张瑞海是现任县交通局长,当年的草业公司总经理。栾城的第一袋草种就是他从加拿大背着飞到美国,又从美国飞日本,再从日本飞北京,同机请来的还有外国的师傅、翻译。

"风里浪里长见识。"栾城镇农技站站长于学森一句话道出当地农民十年种草的肺腑之言。于学森1999年来到春源草业公司当技术员,2006年调回农技站。之所以离开春源:"当年的徒弟都出息成种草把式了。所以我也光荣下岗了。"

"俺现在光想往深水里游"

"我在正定国家乒乓球训练基地铺草时见过邓亚萍。""我在北京四环铺草时,正赶上北京市长去视察。""我去上海虹桥机场铺草的那一年,你的老婆因为你犁了小麦改种草生气回娘家了。"我们来到五里铺的时候,一堆人正在那里吹牛侃大山呢。

"我现在光想往深水里游。"发这番感慨的是张还计,他是南柴村人,在五里铺投资租下110亩地。他的经验是,打猎就要打狮子,游泳就要下长江。草越往高级场所铺越金贵。你想想,上海虹桥机场和北京的鸟巢什么地价?但没有勾勾嘴吃不了瓢瓢食,同样种草不同样收入,有同行没同利,这就跟平常侍弄庄稼一样。现年55岁的张还计,现在正学着儿子退下来的课本。

武素英也是南柴村人,因本村没地可租了,也跑到北五里铺租种了100亩地。武素英见到记者的时候,误以为来了买草的,又递名片又问联系方式,捕捉商机的举止落落大方分寸得体。在武素英的地头,围坐了一堆妇女,她们没活儿的时候或做做针线或甩甩扑克，一旦来了拉草的，大家就扑上去争活儿干。前表中村妇女袁英早7点就骑着自行车来这里打工，如果来晚了，只能开剪草车，挣30元。如果抢到抢铲草的大铁铲，就能挣到40元。

杜吉元是栾城春源草业有限公司的第四任经理，刚从张家口卖草回来。说到种草，他就像打开了话匣子："现在这个产业能够活下来，兴起来，真该给几任县领导敲锣打鼓送金匾。不管是毛书记还是王县长，都是护草使者，都是栾城草皮、栾城草莓的宣传员、推销员。"

"全县目前以种草为生和参与种草的农户达到2 238户，其中经营20亩草业以上的农户达到180户；全年围绕草业投入劳力四万五千人，农民草业年收益接近亿元。同时带动了苗木业、运输业和其他相关产业的崛起，这几年又兴起专门做工程的绿化设计公司，有12支绿化专业队，施工技术也不断改进，有人研制起草机，有人试种彩色草，腐殖草，体现出农民的创造力，栾城草业发育成了真正的市场草、富民草。"

"农民闯市场的风姿俨然与十年前不能同日而语了。当初去上海卖草时回程舍不得坐飞机，施工的农民搭货车周转了一星期才回来。现在出门做工程，该住宾馆住宾馆，该坐飞机坐飞机。栾城草农敢闯海，十年前见水就发憷，现在就嫌市场的海不宽、浪不高。"

（2009年6月9日《石家庄日报》）

研究与思考

=延伸阅读=

习近平：《努力克服不良文风　积极倡导优良文风》（习近平2010年5月12日在中央党校2010年春季学期第二批入学学员开学典礼上的讲话）。

【美】布隆代尔：《〈华尔街日报〉是如何讲故事的华夏出版社2006年》。

=问题与思考=

1. 与文学语言、广告语言、公文语言相比，新闻语言有哪些特点？
2. 如何理解新闻语言以白描语言为主要特征？
3. 请谈谈你对在新闻报道中避免歧义的看法。
4. 请你谈谈对改进新闻文风的见解。

第七章 创新探索

导 论

人类的社会生活处于运动变化之中,不断地涌现出新鲜的内容。人们的接受习惯和接受预期,随着社会的进步而有所变化。新闻写作应当与此相适应。而多年一贯制的新闻报道,则难免令人生厌。对于报道的作者来说,求新当是终身的不懈追求。

一、在思维上求新

思维上求新包括两层意思:(1) 打破思维定势。摆脱习惯性思维和模式化思维的束缚。这类束缚,有些是受他人影响所致,有些则属于记者个人作茧自缚。不管属于哪一种情况,其结果都是固化成了以"不变应万变"的套路。现在看来,《经济日报》当年以《香香臭臭话广东》为开篇的一组 11 篇系列报道,有着多方面的意义。其中之一是:报道的总主题具有相当的新颖性和深刻性。之所以能如此,是因为记者们对多年来形成的思维定势有所突破,对改革开放以香臭并提的方式进行思考、报道,辩证地谈广东和各地的改革开放,一改以往的非黑即白、非白即黑的僵化式思维,从而体现出强大的震撼力。(2) 拓宽思维空间。在当年,农村改革风起云涌、农村大包干成为全国媒体报道的热点,在文章已经做得很足、很难出新的时候,《羊城晚报》记者从狭窄的思维空间中跳了出来,把目光转向了曾经是全国农业的一面旗帜的山西省昔阳县大寨大队,在前往采访以后,写出了标新立异之作《大寨也不吃"大锅饭"了》。当然,这是一篇消息,但是它对于通讯写作中的思维创新,又何尝没有借鉴意义呢?

二、在文体上求新

"文无定法。"研究者和实践者都无法用几个概念来框定通讯中的所有具体文体样式。事实上,论及新闻报道的具体文体样式,我们必须看到:新闻人的写作实践丰富多彩,且处于不断创新之中。改革开放以来,就出现过许多在文体创新方面力度很大的新闻作品。刊于《孝感报》的通讯《他、她、她——一个买书、让书的故事》,被处理成了准剧本体。《一分一厘本不轻 街头硬币 随处丢》,借鉴了电影文学剧本的分镜头写法,作品追求的是电影片断的呈现效果。《体育报》刊登的通讯《汉城决战的最后 40 秒——男子 4×100 米决赛画外音》,别出心裁地报道了 1986 年汉城亚运会压轴大戏男子4×100米决赛赛事。记者在赛前、赛后采访得到的内容,以画外音的方式,被巧妙地融入对扣人心弦的最后40秒的报道之中。以宋体文字叙写现实赛事,以楷体文字处理画外音,从而完全突破了通讯的固有模式。贾永等所写通讯《让死者有那不朽的名,让生者有那不朽的爱——写给张永平母亲的一封信》,则采用了书信体的样式,叙事中多记者对烈士母亲的倾诉。此处,还有一组奇文不能不提。1997年7月间,《新华日报》推出了7篇系列报道,总题为:《苏锡常:关于结构调整的对话》。这组报道的每一个单篇,都由"调查实例"、"记者观察"、"领导观点"、"学者点评"等4个部件构成。每篇报道已经没有任何起承转合的文字,而只是4个部件的这样那样的组合。这一组报道,既不像消息,也不像通讯,当然也不属于新闻评论,可谓"四不像"。①惟其如此,笔者当时阅读此系列报道,便觉得眼前为之一亮,且至今记忆犹新。

三、在选材上求新

选材是新闻报道主题确立以后,记者必须做的一项工作。一般而言,记者通过采访总是能获得大量的素材。其中,有些是有价值的,有些则价值不大甚至毫无价值;有些素材虽然有价值,但新鲜度不足。因此,对采访所得的素材,要进行精心选择,力图选用鲜活的材料。2000年,在西部大开发的背景下,《经济日报》先是刊登了系列报道"东人西行记",后又刊登了其姐妹篇系列报道"西人东行记"。报道中所选材料,是记者随行的采访记录,借"东人"的眼睛看西部,又借"西人"的眼睛看东部。"报道在版面上连续推出,像连载小说一样深深地吸引着读者。记者以朋友结伴同行的身份来行文,所见所闻都是新鲜的和生动的。"②两组系列报道,所选之材充分体现出新颖性的特点,在其他报道中是见不到的。由此,它们就成了独家报道。

四、在结构上求新

在一篇通讯中,先写什么后写什么,如何结构全篇,对此,要有通盘考虑和精心安排,要尽可能与众不同,别具一格。

新华社记者李从军、刘思扬、朱玉、赵承共同撰写的长篇通讯《守望精神家园的太行人——红旗渠精神当代传奇》,在结构方面体现了求新的努力。

记者们经过对采访所得大量素材的审视和梳理,将它们置于"梦"、"气"、"力"、"爱"、"魂"等五大板块之中,使之在最恰当的地方发挥最好的作用。五个板块体现出相当分明的层次感,相互之间存在着紧密的内在联系。而小标题中引述的古籍中的语句,不仅与相应的关键词紧紧相扣,成为每一板块的点睛之笔,而且使文章体现了

---

① 丁柏铨:《中国当代新闻理论的现实基础》,《现代传播》2002年第4期。
② "'东人西行记'系列报道案例介绍",http://www.ce.cn/books/read/2005/sdyx/lz/200507/01/t20050701_4104730.shtml。

丰厚的文化底蕴,使作品显得功力不凡。

五、在语言上求新

语言的使用,对新闻报道而言至关重要。在通常情况下,记者较多地使用自己的语言叙事,这是理所当然的。问题是记者自己的语言应忌老套、刻板。在语言的使用上不落俗套、另辟蹊径,记者在这方面当有不懈追求。赵俊芳、郝斌生撰写的通讯《栾城草农敢闹海——听栾城农民种草者说》,采用了另类语言方式,不是以自己叙说为主,而是把"话筒"交给了草农,让多个草农去讲述。记者抓住草农的"说"进行表达,写得有声有色、原汁原味,从而给人以新颖感。该通讯直接引用了诸多草农所"说",穿插叙述记者现场所见,将两者糅合起来,产生了很好的效果。"听""农民种草者说"(实际上是采用直接引语的方式进行表达),因为每一位草农都有自己的鲜明个性和独特经历,他们所"说"自有其吸引人之处,加之体现了原生态和乡土气息,所以报道显得不落俗套。

标题是新闻报道内容的凝练表达,是尤其吸引受众眼球之所在。因此,标题语言当是新闻语言中的重头戏。2006年8月,《新华日报》先后刊登"南京建设五个中心"系列报道,三篇通讯的标题语言堪称新颖。《从"枪炮车间"到"创意工场"》,"枪炮车间"、"创意工场"都有颇深的寓意,且相当形象。《从长江三角洲"末梢"到全国创新高地》,其中的"末梢"一词极妙。《从绿化中心到绿色中心》,"中心"前冠以"绿化"和"绿色",虽只差一字,却相去甚远。"绿色中心"远非"绿化中心"可比。上述语言的妙处是:出新、出巧,彰显了睿智,给人以韵味。

选文(著述)

新闻记者的开拓意识
——在北京大学的演讲

(2002年11月23日)

解国记

导言——

这是解国记2002年11月23日在北京大学所作的演讲。解国记,男,1953年出生,河南省清丰县人。1978—1981年在郑州大学中文系学习。1982年进入新华社河南分社工作,先后当记者、采编副主任、副总编、副社长。1997年11月—1999年11月任黑龙江分社副社长、党组副书记;社长、党组副书记。1999年12月—2014年5月任《新华每日电讯》报总编辑、党组书记。在此次演讲中,解国记紧密结合自己采访、写作的实践,畅谈了记者应当具备的开拓意识,并从"写作:不断开拓新的表现手法"、"题材:不断开拓新的领域"、"思想:不断开掘新的深度"等方面,进行了具有思想深度的论述。案例具有很强的说服力。

从事新闻采写工作20年,作品数以千计。回头审视,记者的什么素质最重要——开拓意识。当记者要保持足够的开拓意识,不重复别人,也不要老重复自己。

哪些方面开拓?三个方面:写作上开拓新的表现手法,题材上开拓新的领域,思想上开拓新的深度。开拓就是为了一个字:新。如果一条新闻能做到上述三点中的任何一点,你里面有一句别人没说过的有意思的话,那末人家也算不白读你的东西。

写作:不断开拓新的表现手法

之所以先谈写作手法上的开拓,是由于我当记者不久便实践我上大学时的研究课题——"情景新闻",尝到了甜头的缘故。

我在郑州大学上学时,老师指导我们搞新闻研究,收集记者作品。在诸多新闻记者的作品中,新华社一个老军事记者的稿子,引起我的浓厚兴趣。

这位记者叫阎吾,多年从事军事报道。1946年任前线记者以来,参与了济南战役、淮海战役、渡江战役、解放沿海岛屿战争、抗美援朝战争、中印自卫反击战、中越自卫反击战等报道工作,写下了一系列重要的新闻作品。其中他采写的一篇篇"情景新闻",不仅为我军记录下了许多珍贵的历史镜头,而且在军事报道中具有独特风格。

这种新闻的最大特点,是用白描手法使事实与形象融为一体,读着非常生动。而上世纪80年代初,报章上的新闻写作,由于脱胎"文革"不久,"八股"之风未退,是不大让人喜欢的。正是基此针对性,我倾注了不少心血致力其研究。后来,我的毕业论文题目就是《试论阎吾同志的情景新闻》。在这篇论文里,我揭示了"情景新闻"的内涵,给它下了定义:情景新闻是以现场情景的真实细腻描绘为主体的特写性消息。文章概括了阎吾"情景新闻"的特点,论述了其意义和在新闻领域里的地位。论文受到高度评价,经有关专家审议,最后收入郑州大学《文科学生论文选》一书,后来,新华社《新闻业务》又予发表。

毕业后我分到了新华社河南分社,作了记者。当我也拿起笔写新闻的时候,就想到了自己的毕业论文,想到了自己的研究成果,尤其打算要实践自己的研究成果,把合适的题材,写成"情景新闻",冲冲当时的"八股"。

可惜,不知道是我写得不行,还是编辑看不惯这种表现形式,自己的稿子多被枪毙。我感觉主要是后一种原因。上面我说了,毕竟是脱胎文革八股不久,人们已经习惯了老套的写作程式。好在我不死心,"虽九死其犹未悔",还是积极地去尝试。我相信,不定哪天哪个编辑一"松手",放出来一篇,我就算赢了。

果不其然,1985年我这样写的一篇消息,播了出来:《一则骗人广告使几百农民流落街头》。这里面我大胆运用"情景新闻"的手法,开头就写:

28日下午,烈日如火,酷暑难耐,记者路过郑州市政四街时,望见街道两旁人行道上,横七竖八地躺满了农民。他们有的铺个破席片子,有的铺个烂纸壳子,还有的干脆将被单直接铺在发烫的水泥地上,头上枕个提包。记者上前一问,马上有50多人围拢过来,七嘴八舌地诉说自己受广告欺骗来郑州参加食品培训班的不幸。

接下来就交代事件的背景:郑州市花园路粮管所食品厂是怎么假冒郑州市粮食局直属厂名义,怎么通过河南人民广播电台播出培训班的广告,把好多人骗来的。学员被骗来以后,吃不上、住不上;收了钱,不培训;没培训就发结业证书,钱也不退。

稿子发了以后,《人民日报》、《中央台》、《河南日报》、河南台等很多省内外报台都采用了,很快引起反响。河南省工商行政管理局,立即指示对这个事件进行查处,除了没收粮管所食品厂大部分办学收入外,另加罚款。同时河南省工商局向全省发出紧急通知,要求各地市、县工商部门,对本地的广告经营部门进行一次全面的检查和整顿,对发布虚假广告的刊户和广告经营单位,视情节轻重分别给予处理,并对假广告对用户的消费造成的损失,由刊户和广告经营单位赔偿损失,对违犯广告管理暂行条例屡教不改、性质恶劣、后果严重、触犯刑律者,移交司法机关追究刑事责任,不准经营广告。粮管所食品厂作了检讨,省电台也写出了应负责任的报告。对此处理结果,除新华社发了消息外,当时的《中国广告报》也在头版头条发了消息,题目是:《花园路粮管所食品厂用广告行骗受处罚,河南省工商局通知各地加强广告管理》。同时,这家报纸还配发了本报评论员文章:《广告宣传必须对人民负责》。

"情景新闻"的写作,一直都在我心里惦着,碰到合适的题材便来一篇。如《河南进行招聘环保畜牧两局局长考试》、《年终岁尾检查何其多》等,人民日报都用得很好。

包括后来我调到黑龙江工作期间,也一直用。1998年大洪水之后,中国开始实施天然林保护工程,黑龙江的小兴安岭和大兴安岭都属于保护范围。到1999年,实施一年,效果便显现出来。这时候,我们本可以发一条《小兴安岭实施天然林保护工程初见成效》的消息了事。但,我觉得可惜——万一能写个更有意思的东西呢?

于是,我们赶到小兴安岭,冒着大雪采访,果然有发现:过去小兴安岭乱砍滥伐,油锯轰轰,斧锤咚咚,大树倒地声,机车运输声,人的呐喊声等,把鸟啊兽啊,都给吓跑啦——跑俄罗斯那边去啦。而"天保"工程实施之后,仅仅是停止了砍树,这些鸟兽就又回来了。我觉得这是一个好材料,于是命题:《伐木逼鸟兽四散出境,"天保"唤动物结伴还乡》。导语及文中,都是大段大段的情景:

小兴安岭刚被初冬的一场漫天大雪覆盖,鸟兽就在上面布下许多蹄痕爪印。过去踪迹难觅,如今连昔日出境的动物也回家了。

记者踏雪在俄罗斯和黑龙江相望的嘉应县等地采访时,人们竞相讲述天然保护工程实施以来的新鲜事。边防某指导员王伟告诉记者,他们在巡逻时突然发现前方百余米处,两头黑熊正从对岸游来,大家立即减速慢行,"越境者"悠然登岸,遁入林中。一名职工也曾经见到,三头黑熊追赶着二十多头野猪过江。一位渔民说,节前一天蒙蒙亮时,看见远处有十来头麋鹿跨江而来,这可是十多年不见的事。

翠园林业局天山河一带的沼泽近来也飞来一群丹顶鹤生儿育女。林业局局长马玉良也看到,一棵树上落满了乌鸦,一数竟有78只,他几乎不敢相信。国家一类保护珍禽多年未见,今年竟出现近十只的种群,至于国家二类保护动物飞龙、野鸽子多得已经不稀罕。

写足这些最能说明问题的材料后,我们用简短的文字介绍了"天宝"的措施。

这个稿子发出来效果非常好,《新华每日电讯》、《光明日报》等很多地方都用,有的还加按语提示。《新闻出版报》开了一个新闻作品赏析栏目,把这篇稿子作为赏析的开篇之作,赞其角度,赞其"情景"。

在某一个地方尝到甜头之后,往往会一发而不可收。我们知道,新闻的标题是抓眼睛的,新闻的导语是抓心灵的。与"情景新闻"尝试的同时,我还尝试过"梗概导语"(自命名,不准确,就是把一个故事的梗概写成导语)。这种导语现在看可能不新鲜了,但我使用时还没发现过。

那是写《一则骗人广告使几百农民流落街头》的第二年,1986年。那年,全国作文研究中心、文心出版社《作文》杂志,搞了一场中小学学生作文邀请赛。《作文》主编、我在郑大上学时的老师王素英找到我,想让新华社就这场比赛发一条消息,以扩大影响。

我比较为难,因为从题材上来讲,毫无新鲜可言。当时各种竞赛、邀请赛等已经很滥了,一个作文邀请赛算得了什么,总社会发吗?恐怕连分社这一关都过不去。从时效性上讲,更不行。比赛进行过那么长时间——约两个月了吧——集子都出来了,还叫新闻吗?基于这种考虑,我没答应个痛快话儿,说材料留下考虑考虑再说。

王老师走后,我就陷入了思考。这条消息即使要写,也就是个三五行便交代了,没有什么好讲的。于是匆匆草稿如下:

1986年全国中小学学生作文邀请赛揭晓

新华社郑州10月×日电 （记者解国记）全国作文研究中心与文心出版社《作文》编辑部举办的1986年全国中小学学生作文邀请赛评选最近揭晓，上海马翊亿、天津李正辉、河南郝红梅、浙江王卉和江苏杨明同学获得一等奖。另外还有10名同学获得二等奖，17名获得三等奖。

写完后自己都觉得说不过去，便扔在一边，再慢慢地想，并不经意地翻阅孩子们写的那些作文。几十篇作文翻过，被其中一篇题为《名声》的文章所打动。在排列顺序上，《名声》并未排在首篇位置，而是随意地夹在了数篇作文中间。但它的感染力，却超过了前面的作文。

我爱人李俊田，是个教师，也是我绝大部分新闻稿件的抄写者（后来是敲键盘录入者）、真正的"第一读者"和毫不留情指出我稿件的毛病者。她下班后，我又把那本集子给她，让她也看看这些作文写得怎么样。给她时，关于哪些作文好的暗示我一点都没有露。但没想到，她读后竟和我的感觉一样：许多作文一般，唯有《名声》写得叫人心灵震颤。

这可是一个普通教师，一个普通读者的感觉。既然我这个专业新闻工作者和一个普通读者都觉得《名声》好，我何不在这篇作文上打打主意呢？

于是，我把第一稿推倒，专把《名声》的梗概、情节浓缩成一条导语，并且反复地修改推敲，最后成了下面这个样子：

> 一个学习成绩优秀的农村女孩子，因借给男同学一支钢笔而被嘲笑为这个男生的"媳妇"。她的座位还贴上了红纸剪成的"喜"字，评"三好"也吹了灯。她怕这个"名声"传到父母耳朵里会被"勒死"而差点寻了短见，最后在日记里写道："将来……我要当一名教师，决不让第二个女生像我一样不幸！"

下面我才真正写王老师所让我表达的东西："与郝红梅同学同时获一等奖的还有上海嘉定镇第二中学马旖旎，天津市新华南路小学李正辉，杭州市一中王慧和南京一中的杨明同学"，最后再次交代主办单位等内容。

稿子发总社以后，心里捏着一把汗，怕被毙了。还好，发出来了（编辑是著名记者郭玲春。她后来玩笑地说：亏是我处理，要是别人，可能会给你"免"了），且报纸采用效果之好，大出意料。

如果按照一般写法，可能媒体睬都不睬，《人民日报》更不可能用。即使用，顶多是文教版上的"火柴盒"。但这次却在头版用三栏三行题登出来了，且题区作得很大：

像萌发的幼芽破土而出/似带露的鲜花芬芳四溢/全国中小学生作文邀请赛获奖作品受到表扬(《人民日报》1986.11.10)。《河南日报》也在头版用三栏题登了出来,其他还有很多省级报纸都用了这条稿子。

消息用得好不说,还引起很大反响。《人民日报》发了这条消息的第二天,在头版"今日谈"专栏发表大保的文章:《为了孩子》;接着又在同样的位置发表孙盛琳的文章:《不要冷了孩子们的心》,从不同角度谈《名声》作文思想的含量和意义。

接下去便形成一场"名声"之风。当时的河南日报政教处处长王果华同志告诉我说:我们要利用你这篇消息把文章做大。很快,《河南日报》就把这篇作文调出来,在头版头条以半个版的篇幅全文刊登,同时发表记者《调查附记》,谈了《名声》的成文经过,配发了评论员文章:《我们不能无动于衷》。接着,开辟了"《名声》发表后的反应"专栏,摘发读者来信。那一篇篇来信,几乎都是用泪水写成的。再下来,引发了一场大讨论,《河南日报》在第三版开辟了讨论专版,从11月份开始,直讨论到第二年的1月13日,专版连续发表讨论文章。

以上是消息,下面我谈谈调研稿件写作上的大胆突破。调查研究是一种非常好的工作手段和采访手段,但不少调研稿件的写作却存在一定缺陷:基本情况、存在问题、思考建议的"三段论",观点加陈述性的静态材料等,抓不住人的眼睛,硬着头皮读也打不起精神,影响了这种作品的传播效果。

为了改变调研稿件的这种缺陷,我尝试了不少做法,比如,选择能够搅动公众心弦的题目,能够见人之所未见,敢于道人之所难道等。但是最管用的,一是在调查报告里引入故事性情节;二是用富有表现性的对话来增强调研稿件的生活气息。

让故事情节进入调查报告不是我的发明,我也是受别人的影响。比如毛泽东同志的《湖南农民运动考察报告》,里面有很多故事情节。再就是郭超人。

再说我的实践。1986年、1987年,我和总社记者姚光(当时在经济参考报,后任广西分社代社长,现为新华社计财局局长)搞过两项大的调查,一是粮食合同定购调查,一是棉花问题调查,写作中都采用了这种手法。

当时,政策棚架,信息流向农村的渠道不畅,粮食合同定购实行了一年,许多农民还不知道。我们到村里拦住路旁的农民访问,很多人根本不知道合同定购是怎么一回事。当模模糊糊听了我们一些问话后,说:"哦,你是说交公粮(老百姓管过去的统购统销为交公粮)吧?"怎样把这种政策棚架问题反映出来呢?我们在笼统地讲了一些面上的情况以后,就在文中引入了这样一个故事性情节:

    在一个村党支部书记家里,记者问他定购合同是什么样子,拿来看看。
他说:"去年是个本儿,今年是张纸儿。"在旁的一个驻村国家干部纠正说:"哪儿咧,去年也是一张纸儿。"支书说:"我咋记得是个本儿咧?"他去找了有

20来分钟,拿回来一个小本本:"这不,是个本儿。"记者一看,不是去年的粮食合同定购本,而是1984年的《粮食征购任务通知书》。支书不好意思了:"84年的?我再寻寻。"

又出去十来分钟,拿回来一张纸:"我的找不着了,这是吴兴元家的。"

稿子发表以后,很多人说,这个故事好极了,比你说千万句合同观念淡薄都有力。连一村之首的支部书记都弄不清是个本还是张纸,一般群众还用说吗?

1988年我们写农村干群关系调研稿,讲到农村干群关系紧张的时候,也是用了一些故事性的情节。

关中户县涝店乡一位乡干部到一农户收粮,主人说,麦子霉了,干部不信,自己搬个梯子到楼上查看。他刚一上去,那农民就把梯子抽掉,弄得干部下不来台。

去年陕南某县上上下下动员农民养兔,有关部门还向农民发放养兔贷款。但"兔子热"刚刚兴起,又停止收购兔毛,许多负债累累的农民一气之下把兔子背到乡政府,说:"兔子我不要了,贷款我也不还了。"说罢,把兔子往乡政府大院一倒,扬长而去。

题材:不断开拓新的领域

可以毫不客气地说,日常的新闻稿件,许多都是老题材。如果能在这方面有一些开拓,写些别人没有写过的题材,往往会取得意想不到的效果。

那是1991年元月,我孩子9岁,读三年级。老师有一次布置了一道作业,是语文写作方面的,也没有具体的题目,光说是让孩子上街看一场吵架,观察人在吵架时的表情、神态、语言、动作等,然后把它写下来就得。

这个作业听来简单,但要做的时候却感到它是那么"邪门"。因为吵架这种事情,纯粹是偶然的,平常走路不定谁、不定什么时候可以碰上,但要布置成一项任务,令你必须看到、必须写下来,恐怕就难了。哪有吵架的正好让你碰上啊?碰不上,你也不能拉两个人说,你们吵一场架给我看看吧。谁吃饱了撑的干这种事呢?就是人家答应干,那"演"的吵架能和真吵架一样吗?

星期二三布置的作业,下星期要交。从新华社河南分社到孩子上学的郑州市纬五路第一小学,也就300米左右,所以尽管来回走了好几趟,也一直没碰到个吵架的。于是孩子就犯愁,就嘟嘟嚷嚷地责怪老师出题难。

我想,孩子完不成作业也不好哇,得帮他一把。怎么个帮法?找去呗。

偌大的郑州,我不信找不到一起吵架的。星期天是1月13日,我推出自行车,带着儿子,满怀信心地上了大街。

我们居住的市东部最热闹的地方是花园路,那天,这条路上挂了很多标语:"依法纳税是每个公民应尽的义务","支持生产是税务部门的首要职责"。对了——我当时悟到——今年是全国税法宣传年,今天又是郑州市税法宣传教育日,过去常因为征税缴税争争吵吵,今天说不定也有人干上仗。于是我俩找得可有劲了,但见到的都是,人们或驻足宣传栏前,阅读有关税法条文;或伏案咨询台前,倾听税务人员细心解说,处处细语低声,笑容可掬,根本没个吵架迹象。

于是我俩又"搜索"过长长的人民路,来到市中心的"二七"广场。广场周围有郑州亚细亚等四家大商场(当时亚细亚是最红火时期),是郑州最集中的购物中心。我想,在这一带找几家顾客和营业员吵架的事情应该不难。可是,出这商场,进那商场,愣是见不到斗气吵架的。

走出商场门,终于听到吵声,儿子不禁喜出望外,拉着我就跑上前去。唉,不是大人在吵架,而是一位妈妈在训斥不懂事的孩子。猫咬尿泡——瞎喜欢。

正败兴的时候,忽然想起分社摄影记者樊鸣涛给我说的,文化路上的太平洋商场今天开业,水产品最多最便宜。新开张的商场肯定人多,人多吵架的几率就高。我们赶忙飞奔而去。果然,太平洋内简直是人海,虽离春节还早,就已跟除夕临近似的,海鲜又多又便宜,营业员个个笑眯眯,不买都觉得过意不去。吵架的没找着,倒让我掏腰包买回些海米黄花鱼。

走出"太平洋",孩子说,找个乱糟糟的集贸市场吧,那里准保有吵架的。于是,我们来到了我印象中最乱的五里堡集贸市场。但一到那儿就有点犯"傻":过去胡摆乱放横七竖八的这个市场,如今井然有序。摊档分列两旁,小商品、主副食品琳琅满目;中间又加干鲜水果摊车,苹果大枣红彤彤,香蕉鸭梨黄澄澄,看上去都眼馋。整个市场人挨人人挤人,难找一点缝隙。但与我们"愿望"相悖的是,大家都不急不气,慢悠悠地"随流"而走。忽然,街侧一辆自行车和三轮车迎面而撞,自行车连人带车倒在三轮车把上。我与儿子相视一笑:"机会"来了!谁知那两人彼此看看车、人无损,居然互一点头,各自走人。

天黑了下来,我们实在没了找到吵架者的信心。懊丧地回到家里,都快7点了。

妻子听说我们是去找吵架的啦,哈哈大笑:"吵架的肯定有,不过真的少多了。"

年近80的老岳母接话茬说:"我天天都出去转转,没咋见着个吵架的。"

儿子更有气:"真是的,老师咋出个这题目。"

就在一家人觉得逗乐、"生气",孩子无东西可写的时候,我忽然感到,寻觅吵架这件事,可以写成一篇新闻。为什么?春节快到了,新闻媒体要有反映各地商品丰富、市场繁荣、社会稳定、气氛祥和的报道,我和孩子寻找吵架的所见所闻,不正好体现这个主题吗？

于是，第二天我也没作任何构思，就那样直白地把上面寻找吵架的过程摆到了纸上，题目就叫《寻觅吵架的》，也没搞什么装饰、反复修改什么的，发到了总社。很快，这篇稿子变成了报纸头版报眼的加了花边的新闻。很快，《新闻业务》载文，称道这篇稿子之妙。当年，此文被收入《散文式新闻选萃》一书。两三年后，经济日报一位副总编辑在《中国记者》撰文论述经济报道怎么写好时，推《寻觅吵架的》等为典。8年之后，新华社总编辑南振中，在其著作《记者的发现力》中，以较长的文字赞赏这篇稿子的采写。整整10年之后（2001年2月），《寻觅吵架的》被收入《中外新闻特写名篇赏析》。

为什么这篇千把字的小稿子有此等生命力？题材！是由于一个全新的题材成就了它。

这个题材反映的主题并不新鲜——春节临近，总社通知要发一些各地商品丰富、市场繁荣、秩序稳定、气氛祥和的稿子。历年都是如此，因为我们当时还尚未完全从商品紧缺格局中走出来，社会秩序也不同程度地存在一些问题，大的节日须要组织商品供应、要严抓一阵社会治安才行。但反映这样的主题思想的稿子，一般都是从正面"进攻"，直观地讲各地怎样抓这些工作，最后用一些数字堆上了事。谁也不会想到，可以用领着孩子满大街找吵架的这样的题材，反映市场繁荣、秩序稳定的主题。而效果，不知要比改成一条《郑州市春节市场繁荣社会秩序稳定》的直观报道强多少倍。因为它不露一点宣传的痕迹，是让人在读一个幽默、好玩的故事中，不知不觉"悟"到市场繁荣、秩序稳定这个社会现实。

还有一次，是1992年在长葛市召开的全省乡镇企业工作会议上发生的事。会上有一个环节，是参观长葛的乡镇企业，河南省副省长宋照肃领着全省各地市县的市长县长们浩浩荡荡一大帮。好家伙，每个企业都远接远迎，看这看那，热情得不得了。但走到黄河磨具厂时，厂长在门口挡着不让看。他也笑着脸，也说好听的话，还摆上洗脸盆香皂毛巾，可就是不让看厂房车间，省长弄了一个大红脸。

我觉得这事有意思。下午市委宣传部问记者们要采访什么，很多记者都找上午发现的名企业去了，我则要求看那个不让看的厂子。到了那里才知道，这个厂子有与日本合资的生产线，技术是保密的。

这么强的知识产权保护意识！这事发生在1992年，发生在一家乡镇企业、一个农民身上，不得了。我赞赏不已，厂长说哎呀我终于碰到了知音：昨天晚上因为这事，都给市领导吵起来了。他们说，一般人不让看也就算了，宋省长、各地市长县长来了你也不让看？

我立即写了篇《省长，谢绝参观》的通讯，总社播发后立即成为报纸的头版新闻。不但媒体用得好，还获得当年度河南省新闻奖一等奖。

说到这儿,我还想起我在80年代写过的《70号大院听牢骚》。那是通过老百姓的一个个牢骚——没人用过的题材,反映改革开放的,《人民日报》用得很好。后来,新华社还发了对外大广播稿《满足于抱怨——发生在中国的一个角落》。

我不厌其烦地讲这些事什么意思呢?一句话,写新闻就要想办法找些没人写过的题材。不要见人家写什么自己也写什么,去年写什么今年还写什么,像过去农村报道中的"四季歌",重复来重复去。我曾不止一次地对我工作过的河南分社、黑龙江分社的年轻记者讲:在新闻写作中,最省力、最易见效的,就是题材领域的突破和创新。这简直就是当记者的一个诀窍!

思想:不断开掘新的深度

题材突破,虽然最易见效,但终归由于传统思维惯性的束缚,要么是碰到你眼皮子底下你也不认为是新闻,要么发现了未必能报道、不便报道。所以,大量的、经常的,还是老题材。老题材也不是不行,就看你怎么在思想上开掘出它新的深度。

我在黑龙江期间的一些报道,就是靠思想开掘取胜的。比如对"生产队"这种题材的思想开掘。

生产队这个体制,因为年龄的缘故,可能许多年轻人都不太清楚。现在的农村家庭联产承包责任制俗称"大包干"之前,农村的管理体制是生产大队和生产队。

这种体制使农民没有一点自主权,非常束缚人的积极性,极大地压抑了生产力,绝大多数地方穷得吃不上饭。所以才有了1978年安徽凤阳县小岗村生产队社员冒着坐牢杀头危险,秘密解体生产队,偷偷实行"大包干"(后称农村家庭联产承包责任制)事件,所以才有了后来这种做法一经肯定,立即势如破竹,所向披靡,全国生产队几年间就多米诺骨牌般稀里哗啦地倒掉的风潮,所以才有了从经常吃不饱肚子、饥不择食到"卖粮难"、买食品挑三拣四的今天。

上世纪80年代以后出生的同学,记事时生产队应该基本上都没有了,农村已经是行政村、村民小组了。

但谁承想,黑龙江居然还留着一个。人家解体一二十年后,它还一直"坚持"着未倒。这就是黑龙江省双城市黎明村第四生产队(简称四队)。直到1998年,也就是在小岗村生产队解体20年之后,它才解体。

当时,黑龙江的地方媒体如《哈尔滨日报》等,都发了消息。

人家已经报过的题材,新华社再怎么报呢?我当时并未考虑好。于是决定,先不作大的报道,思考一段,看看时机再说。于是只让记者高淑华同志写了一个内参稿就不再提了,而是心里一直秘密地酝酿、琢磨,怎么挖掘出它新的思想意义(我说这些话的另一个用意在于:一个有价值的题材,当你悟不透它的时候不要轻易地浪费掉,不要轻易糟践了)。

1998年是党的十一届三中全会(召开)20周年。本来这一年,尤其是下半年,主要是纪念十一届三中全会20周年的报道时段。但由于夏秋时节长江、嫩江、松花江发生特大洪灾,大抗洪报道以及以后的抗灾、防疫、越冬安排等,一度成为主体。抗洪救灾基本结束之后,纪念性报道重又铺天盖地:消息、通讯、综述、照片、图表等,不一而足。但大多数报道都是回顾性的,工作总结性的,多是从起点的1978年下笔,一路写至1998年时发生了什么变化等。而从终点入手,写事件性新闻的,几乎未见。

此情此景使我感到,重新挖掘最后一个生产队思想的时机到了。因为这是一个当年所发生的事件性新闻,是一个可以从20年进程的终点下笔来做的大文章。这一题材的特殊性、传奇性,完全可能给当时看多了其他大批纪念性文章的读者一种奇特的新鲜感。

再,最后一个生产队解体在纪念十一届三中全会召开20周年的1998年之初,而到年尾才是正式纪念日的过程,又给它的新生体留下了十来个月的成长观察期。这十来个月,正好让解体后的四队农民,度过了庄稼从种到收的过程。解体后效果怎样,基本上可以在第一个收获期看出些端倪。应该说,黎明四队这颗果子,此时可谓瓜熟蒂落。

11月11日,我们踏着初冬后的第一场大雪到最后一个生产队调查。我们察看了原生产队队部、队办企业、解体后新建的塑料大棚、获得经营自主权的农民开办的批发商店。同时,召开了座谈会,还进行了家访。采访的范围广及原四队社员、会计、生产小组组长、生产队长、镇长及双城市领导,还有那些在生产队没解体时保留社员身份,但最早独立出去的跑买卖者。

大量材料把一个难得一见的生产队标本呈现在我们面前:社员们三三两两到一处集合,先来的人怕吃亏,等人来齐了才干活,一等就是十几分钟甚至几十分钟;干活当中集体号令一起休息,休息后再一起干;收工的时候到了,大家一块往回走。农忙时,男劳力11分,女的9分;农闲时,男的9分,女的7分。干多干少都是这个数……

不仅农业生产如此,连生产队的队办企业——锅炉厂也沿用这种管理方式,不管厂长、技术员、推销员,还是一般工人,不论贡献大小,统统和种地的社员一样记工分。于是厂子很快萎缩,不但难以补贴社员,还背上债务,最后也趴了窝。

不愿受此限制者,甘愿丢掉生产队这待遇、那福利以及"视为自行退社"的处置,自己跑出去闯荡。于连生就是其中的一个。他外出贩菜年收入五六万元,出入饭店吃香喝辣,光手机费一年就花四五千元。与四队地挨地的黎明二队,当年穷得叮当响,搞起大包干后,群众收入很快超过了四队,于是四队人心浮动,原生产队的体制再也维持不下去了。1998年1月12日，四队社员集体投票表决：解散生产队，实行大包干。"收拾金瓯一片，分田分地真忙。"座谈中许多农民眉飞色舞地讲起当时分地情景，说起务农之余打工经商的苦乐。

基本素材采访完了，我们接着进行思想采访、资料采访、政治理论采访。我们翻阅了当年小岗村实行"大包干"后的历史资料，查阅整个"大包干"推行过程中党中央的一系列文件。纵观改革开放以来党中央采取的一系列具体措施、邓小平关于解放思想、实事求是的一系列论述，使我们对最后一个生产队解体意义的认识一步步深化。它能在改革开放后继续留存20年，让人深切地感受到邓小平理论和党的十一届三中全会以来一系列政策的宽容性、包容度。

接着，我们又把黎明四队与20年前就解体的安徽小岗村联系起来思考，不仅对共和国改革开放步履感受特别深切，而且也更领悟到了邓小平理论的经典意义。

稿子基本写成后，11月24日我们带上它直奔总社。总编辑南振中同志看后高兴地说，这是篇真正的新闻。鼓励试，允许看，不争论是这个故事的灵魂，要客观表述，无须多加评论。他给当时负责纪念报道的何平同志（现在是新华社副社长）打电话，介绍这篇稿子，要求列入发稿计划，作为重点稿经营。何平同志看后提出了进一步的修改意见。我们咬住"鼓励试，允许看，不争论"这个灵魂认真修改后交给他，他又动笔亲自修改，定题为《迟到二十年的历史跨越》，并报南振中同志。南振中同志即在稿子上批示："稿子写得很好，有思想深度，作为重点稿播发。"

稿子12月2日播发后，立即赢得媒体青睐。《人民日报》（海外版）、《新华每日电讯》、《经济参考报》均在头版头条刊用；中央人民广播电台在新闻和报纸摘要节目中摘播；《黑龙江日报》、《解放日报》、《重庆日报》等地方报纸在重要版面刊用；香港的《大公报》、法国的《欧洲时报》等媒体纷纷刊载。中央电视台、黑龙江电视台派摄制组前往黎明村赶拍电视专题片（日本记者后来也专程前往黎明村采访报道）。媒体不但采用稿件，还就此纷纷发表评论。

……

这一连串的反响，不是得益于对最后一个生产队这一题材的思想开掘吗？如果步地方媒体后尘，单发一个动态，恐怕就不一定是这样的效果了。

说到这里，我想再附带讲一篇也是由于挖到了一个题材的"思想眼"而成功的稿子。这篇稿子叫《我每年约一个"珍宝岛"折入中俄界河》。

那是1998年，我随黑龙江省委书记徐有芳等，考察中俄边界时的事情。我国与俄罗斯的边界线一共4 000多公里。其中内蒙古、吉林、新疆三省区占1/4左右，黑龙江一省与俄罗斯交界的则约3/4，3 000多公里。这3 000多公里，我们实地跑了2 000多公里，边界上的情况，基本上一清二楚。其中使我揪心的是我方领土长年丢失之事。

由于黑龙江（俄罗斯称阿穆尔河）咱们这一侧植被遭破坏，水土流失非常严重，造成江岸不断塌陷,江岸线向我方后退。不少地方的江岸,后退速度每年竟达3—4米。俄罗斯一侧则大多树茂草密,堤岸非常坚固。这样河流就不断向我偏移,两国用以划界的主航道中心线也自然向我方偏移,不知不觉地领土就丢了。乌苏里江基本上也是这种状况。

这么严重的问题怎么不向上反映呢?分社的同志说,反映过,没引起注意;主管部门的同志说,向上报告过,没用。

人家已经反映过多年却没有引起多少重视的事情,新华社再反映行吗?用什么视角、用什么角度来写这个东西,才能比较容易引起中央重视呢?我陷入深深思索,脑子里一遍遍"播放"考察过的场景。

那是7月25日上午10点多钟,我们站在乌苏里江边的209高地向水里眺望,在我一侧的珍宝岛一览无余。我们乘船登上小岛,看到了发生在1969年那场战争的遗迹,听到了一个个惊心动魄的故事。

在这么小一个岛子上,当年中苏曾打起一场世界瞩目之战。3月的北国,冰雪覆地,气温极低。当时曾发生这样一件事:在岛上,双方军人同时设伏,一夜过后,苏军有两人被活活冻死。就是在这种极其恶劣的环境下,中国军人一次又一次打退了有着优势装备的苏军,保卫了自己的领土。为了这么小一点领土,我们当年付出了多少代价呀!有些数字是不方便讲出来的。可如今呢,我们的领土在长年悄声无息地丢失着。塔河县依西肯乡那段3600米的江岸,就丢掉了珍宝岛73%的面积;三江口至抚远的200多公里河段,每年丢进江去的领土就近一个珍宝岛。省水利厅勘察的200余处、总长300公里的重点塌陷段,30年间损失14万亩,相当于120多个珍宝岛。

这样严重的领土丢失,怎么能漠然处之呢?我们对得起那些为了保卫珍宝岛而流血牺牲的伤亡将士吗?

有了,这篇稿子的"思想眼"有了——把现在的领土丢失与当年的珍宝岛自卫反击战结合起来写!于是,一篇《我每年约一个"珍宝岛"折入中俄界河》的稿件很快从键盘上跳出。这里说每年丢掉一个"珍宝岛",是留有余地。稿中特意注明:这是一个非常保守的数字,实际损失量可能要大得多。

稿子用出后,一炮打响。

虽然当时抗洪大战正酣,朱镕基总理仍然立即批示给计划、国土、水利、林业等部门领导同志处理此事。尤其是12天之后的8月31日上午,他在哈尔滨呼兰县利民镇沿江村一处遭受过洪水侵袭的公路上,接见林业老劳模马永顺中再谈此稿。

当时我和其他记者正在现场采访。总理对马永顺这位林业老英雄几十年里为我国林业发展做出的贡献表示感谢。他说,你这一辈子干了两件好事:当国家建设需要木材的时候,你是砍树劳模;当国家需要保护生态环境的时候,你是栽树英雄。我们都要向你学习。

马永顺对总理说,今年发这么大的水,我从没见过。这与山上的树砍得太多有关，树不能再砍了。国家实施天然林保护工程，实在太有必要了。

总理说，今年我国南北都发生了特大洪水，造成这一灾害的原因是气候异常，普降暴雨。但是，洪水长期居高不下，造成严重损失，也与森林过度采伐、植被破坏、水土流失、泥沙淤积、行洪不畅有关。

说到这儿的时候，他忽然谈到：我那天看到一篇参考材料，说我们每年相当于一个珍宝岛的面积——珍宝岛是你们黑龙江的吧（徐有芳：是）——丢到江里去。什么原因呢？是我们有的地方开荒种地，一直开到了江边——开到黑龙江、乌苏里江边了，原来江边的树木、草地都被破坏了，庄稼种到了江边上。结果一发大水，专冲刷我们这一边，堤岸一块块塌到江里去冲走了。这样，江河主流就偏向我们这一方了。而国界是以河中间、以主航道中心线划的。这样，国界就不断地向我们这边移啦，一年丢掉一个"珍宝岛"，不得了啊！

就这样，总理边说边打手势，基本上复述了那篇稿子的主要内容。

让我感到荣幸的是，总理复述这篇稿子时，我就在场；总理呢，并不认识站在他旁边的这位作者。如果认识，他看到我才提想起这稿子，意义反倒打折扣了。所以，当时自己的心理感受不难想象。我一边盯着总理的脸，看着他说这番话时的神态和一举一动，一边不时扫一眼袖珍录音机，生怕它出现什么故障。所幸它一直在无声地转动。

接着，朱镕基要求黑龙江切实搞好封山植树，退田还林还草和护坡护岸工作。并当众说：说老实话，当初我们常委研究，提他（徐有芳）到这里来当书记，就是要他来护林造林的呀（徐有芳："我给新华社记者讲了"——指记者前不久给他发的一篇内部报道里的话——"我要当第一护林员"）是啊，不然，把徐有芳派到黑龙江干啥呀（徐有芳到黑龙江前为林业部部长）。

当天下午，徐有芳代表省委、省政府向总理和各部委汇报抗洪救灾情况时专门提到：我们坚决要搞好森林资源保护培育工作，特别是朱镕基总理关注的黑龙江、乌苏里江领土冲刷丢失问题，我们要实施一项界江界河防护林工程，通过植树造林，护坡护岸，保护领土。

接着，大约是到第四季度，国家计委、国土资源、水利、林业等部门的人员，直接到黑龙江与省委、省政府有关部门具体讨论界江界河的工程防护问题。

第二年，项目正式批准，即从1999年开始，在黑龙江、乌苏里江等界江界河，同时实施两大工程：一是水利上的界江界河护岸护坡工程，一是林业上的界江界河防护林工程。

以前反映过而没引起重视的题材，再挖出一个新的思想内涵就是另一种结果，可见主题思想的开掘具有多么重要的意义。

（见http://www.aisixang.com/data/2221.html。此文经作者审定。收入本书时有删节）

好新闻的基因,是创新

沈爱国

导言——

　　选自《新闻实践》2011 年第 12 期。沈爱国,男,现为浙江大学传媒与国际文化学院新闻系副主任、教授。曾兼任《中国小商品世界报》、《浙江青年报》副总编。学术专长:新闻学,新闻业务,报纸经营管理,网络传播。其著《新闻学基础》有两个特点:一是它涵盖了广义新闻学最基本的范畴,既有新闻学一般原理的阐述和部分新闻史的介绍,又涉及新闻采、写、编、评、摄等应用新闻学的原理和知识。下文系统论述了优秀新闻作品的生命密码——创新,具体涉及新闻生产流程和机制创新、新闻报道策划创新、新闻思维创新、报道角度创新、文本和表现手法创新等五个方面,有许多灼见。

　　优秀新闻作品的生命密码,也在于创新。
　　当前,我国新闻传媒业竞争激烈,对新闻创新意识和创新能力的要求,都提到了空前的高度。媒体的新闻创新暴露出总体水准不高的问题,比如形式性创新多,实质性创新少;模仿性创新多,原始性创新少;单一化创新多,多角化创新少,等等。研讨叶锡环的优秀新闻作品,中心主题是"好新闻是怎样炼成的"。我想从五个方面来谈一谈对这个问题的认识和体会。

一、新闻生产流程和机制创新

　　近几年,"新闻生产"这个概念,十分走红。新闻生产流程管理机制主要包括四个方面:生产流程,质量监控,产品分类和员工激励。
　　《温州都市报》对优秀新闻作品的生产流程和质量管理,具有全新的理念和机制。比如,新闻创优的工作,由记者、编辑单枪匹马的个人行为,上升为整个报社行为,让保障机制、指导机制、奖励机制、选送机制等多种机制齐头并进。在具体稿件的生产环节和质量监控上,凡是遇到重大选题,首先向"金牌选手"倾斜,并且都必须经过部主任点题、领导点拨、编辑点缀、编委会重点研究等详尽、清晰的工作流程,来确保"引导的深度"。记者采写成稿以后,还会有部门主任、副总编、总编辑群策群力,帮助把稿子打磨成精品。作品刊发后的反馈机制,也相当健全,比如报社会为记者召开内部剖析会,指导后续报道,分析得失,汲取经验。比如叶锡环的"观美实验"系列报道连续四篇见报后,总编辑亲自主持召开剖析会,为其挑刺,找出不足,提供改进的思路。这种制度保障,有利于提升新闻作品的精度。

在员工激励方面,温州都市报对优秀新闻作品及作者的奖励,也可谓层次丰富、形式多样。不仅有即时奖、月度奖、季度评、年度奖,还有机动大奖。除了现金奖励以外,已经在酝酿增加旅游、带家属休假等多种形式的奖励。这种机制的后续激励效应,将会更明显。

二、新闻报道策划创新

新闻报道策划是新闻媒体为了追求传播效应的最大化,而对具体的新闻报道进行一番科学、细致、有效的谋划,包括报道主题和角度的确定,报道节奏的把握和推进,人力、版面、资金等媒体资源的合理配置,传播效果的预测与反馈等等。新闻报道策划在当下媒体竞争中的地位,可以这样来概括:策划不是万能的,但没有策划却是万万不能的。

创新,是策划之魂,没有创新,就没有真正的策划。新闻报道策划必须以创新为旗帜,为出发点,为归宿。当然,这个"新"并非一个孤立的概念,它总是与"旧"相比较而存在。策划创新的基本思路不外乎"破"与"立"两种途径。所谓"破",就是首先打破现实世界的樊笼,使理想世界的无限可能性自由扩张,从而进行创新的尝试。所谓"立",就是以理想为参照,发现现实世界与理想世界的差距,找出现存的问题,确定一种新的解决之道,最终获得人们的认可。

新闻报道策划创新具有目的性、最优性、趋异性等特征。综观近几年某些媒体的新闻报道策划,报道模式的雷同十分明显,只要一搞报道策划,就陷入"消息+言论+综述+资料链接"的结构,而且长期没有变化。而叶锡环获浙江省新闻奖一等奖作品《嫁接富土穷乡的生动样本》系列报道,所搞的策划就彻底打破了这种传统的新闻加评论的报道模式。一开始,这个题材引起记者注意的关注点,只是温州民营企业普遍遭遇的民工荒,这在当时也算是一个热门话题。但随着记者的进一步调查和思考,特别是向报社决策层汇报以后,经过反复讨论,觉得这个样本的意义绝对不仅仅在于缓解企业民工荒,而可以成为"穷乡与富土嫁接,实现跨越式发展"的典范,这在温州、浙江乃至全国发达地区的新农村建设中,都具有强烈的现实意义。当文章基调确定下来后,整个报道策划方案脉络清晰,层层推进。《嫁接穷乡富土的生动一样本》、《惠及农家庭院的角色转换》、《有形之手推动的资源对接》、《激活整村推进的长效因子》,我们从"观美实验"系列报道的四个标题,就可以看出其中的逻辑递进关系。这一优秀作品的问世,从根本上说,是记者个人的敏锐发现、报社编辑部创造性的精心谋划相辅相成、有机结合的成果。

三、新闻思维创新

优秀的记者,优秀的新闻作品,必须具有创造性思维。创造性思维有三个明显特征:

一是流畅性,这是对思维速度的评价。思维过程可能是艰辛的,但它在诞生时则表现为高速度,人们常用"火花"、"灵感"来形容它。二是灵活性,这是对思维广度的评价。广度的增加能为创造性思维带来更多的回旋余地。三是独特性,是对思维深度的评价。深度,就意味着深刻、深透、精深,能触及常人一时难以认识、把握的事物的本质。所谓"见人之所未见,言人之所未言",就是指思维的深刻性。

在具体的报道实践中,我们对于新闻思维的创新,不妨概括为八个字:"多人一点,快人一步。"首先是努力追求"空前",就是倡导独家新闻,超前感知,反弹迅速,力抢新闻事件的第一时间和报道的第一落点。其次,如果做不到"空前",那就追求"绝后",就是虽然介入新闻报道的时间也许已经滞后,但只要有新闻价值,就抓住不放,把所有能想到的角度都给做了,做足做透,让读者感到过瘾,同时让其他人没法再做。这在心理学上称为"集中满足"。叶锡环的获奖作品《一只小猴改写百年村史》,其事件延续时间长达30多年,从时效上看绝对是"旧闻"。但从新闻主题上看,反映了欠发达地区的群众,以可贵的"民间自觉",践行生态文明建设,这在当前的社会环境中,恰恰具有相当高的新闻价值。主题的重大性,淡化了新闻时效的不足,也反映了作者独具慧眼。

四、报道角度创新

现代媒体关注社会生活的方方面面,大部分报道领域都已经进入了媒体报道的视野。但是,有一些看似"冷门"、"无料"的新闻领域,并没有为所有媒体重视。有人曾经觉得,一个记者如果跑民政线,那绝对是一座新闻"穷矿"。这就要看这位记者是否具有创新意识,是否具有报道视角的拓展能力。如果你眼睛只盯住民政局这个机关,那真的可能没多少有看头的新闻可写。但如果把视野打开,变换角度,那就有写不完的新闻。2005年3月,国内有一些都市报开创了"中国式的讣闻报道"新格局,有的开设"讣闻"专版,有的设置"生命关怀"、"告别新闻"专栏,完全打破了原先名人讣告的模式,着眼于写普通人生前的故事。不久,又有都市报派记者专门在婚姻登记处蹲点,设立"一周婚姻观察"栏目,专门报道普通人结婚、离婚的形形色色的故事。这些新闻题材都有相当庞大的读者市场,可读性强,而恰恰都属于民政新闻的范畴。

温州的非公企业党建工作,一直走在全省前列,但现有党务工作者老龄化现象比较严重。温州市决定分批招募、培育高校优秀毕业生从事非公企业党建工作,解决温州非公企业党务队伍新老交替难题,创新非公企业党建人才的培养模式。那么,这些区别于传统"白领"、"蓝领"的"红领"人才,上任以后有没有真正发挥应有的作用?在温州这样以商为主的经济土壤中,"红领"们能否茁壮成长?这就是叶锡环获奖作品《温州"红领"成长计划解读》所选取的独到视角。正如叶锡环本人所体会的那样,媒体之间同题竞争、同源竞争、报道同质化日益严重,独家新闻不可能成为媒体日常竞争取胜的主打产品,而独家视角则有可能成为每日报道的主打产品。这正好道出了报道角度创新对于新闻产品创优的意义。

五、文本和表现手法创新

优秀的新闻作品,往往在内容和形式上,达到完美、和谐的统一。优秀的记者,应该不断加强新闻文本的改造和创新,不断改进新闻报道的表现手法,努力提升新闻报道的可读性、文本新闻的可视性。采编人员要学会"翻译",把专业术语翻译成通俗易懂的文字,让人"读得懂";要学会找"兴奋点",了解读者真正想知道些什么,让人"读得准";要学会切块,小切口进入,表现大主题,让人"读得易";要学会用图,图文并重,两翼齐飞,让人"读得美"。

综观叶锡环所有的获奖作品,其在新闻写作表现手法上的探索,称得上可圈可点。有些报道虽然主题重大,题材严肃,但在叶锡环笔下,都写得清新可读。比如专业性很强的"碳汇"交易,在作者的稿子里,用中国人耳熟能详的"卖炭翁"这个文学形象来做比喻,让人莞尔。《"黄金"为何只卖出稻草价?》、《支农款为何要跑马拉松?》、三问全国非公党建的"温州经验"三篇系列报道《是"花架子"还是"真功夫"?》、《是"要我建"还是"我要建"?》、《是"打工者"还是"内当家"?》,仅从这些新闻标题,就可以看出作者的努力。特别是2010年度浙江新闻奖一等奖作品《一只小猴改写百年村史》,大量使用比喻、拟人、对比等修辞手段,巧妙运用群众语言,为作品大大增光添彩。

(《新闻实践》2011年第12期)

选文(作品)

金山同志追悼会在京举行

郭玲春

导言——

追悼会是会议的一种。对于追悼会的报道,毫无疑问属于会议报道,而且是写作难度更大的会议报道。新华社记者郭玲春所写的金山追悼会报道,打破了此类报道的固有模式,在当时很明显地体现出创新特征。该报道的创新主要表现在如下三点上:一是打破了追悼会报道的固定模式。对金山的生平回顾与对现实场景的叙写被很好地糅合在一起,挥洒自如,毫不刻板。二是没有长篇引述悼词,突破了历来的惯例。三是写得很有情感色彩。此篇报道体现出郭玲春的创新追求。

新华社北京(1982年)7月16日电(记者郭玲春报道)鲜花、翠柏丛中,安放着中国共产党党员金山同志的遗像。千余名群众今天默默走进首都剧场,悼念这位人民的艺术家。

"雷电、钢铁、风暴、夜歌,传出九窍丹心,晚春蚕老丝难尽;党业、民功、讲坛、艺苑,染成三千白发,孺子牛亡汗未消",悬挂在追悼大会会场的这幅挽联,概括了金山寻求光明与真理,为人民鞠躬尽瘁的一生。人们看着剧场大厅里陈列的几十帧照片,仿佛又重睹他的音容笑貌,他成功地塑造的爱国诗人屈原的形象,他在电影《松花江上》的拍摄现场,他为演《风暴》与"二七"老工人谈心,他在世界名剧中饰演的角色,他在聆听周总理的教导,他与大庆《初升的太阳》剧组在一道……他1911年生于湖南,1932年加入中国共产党,自此献身革命,始终不渝。

哀乐声中,人们默念着他的功绩。30年代,他在严重白色恐怖中参加中国反帝大同盟和左翼戏剧家联盟。抗战爆发,他担任上海救亡演剧二队副队长,辗转千里,演出救亡戏剧,尔后接受周恩来同志指示,组织剧团远赴东南亚,向海外侨胞做宣传。新中国成立前夕,又担负统战工作。他事事以党的利益为重,生前曾对他的亲人说:"我首先是一个共产党员,演员是我的第二职业。"

新中国成立后,他将全部心力献给党的艺术事业,不断进取、探索、求新,被誉为人民的艺术家。

他遭受过"四人帮"的摧残,但对自己的信仰坚贞不移。近年致力于戏剧教育,并以多病之身,担负起繁荣电视文艺事业的重任。

夏衍在悼词中称金山的不幸辞世,是我国文学艺术界的重大损失,高度评价他几十年来的革命、艺术活动,号召活着的人们学习他对党的事业的忠诚,学习他在艺术创造上认真刻苦,精益求精的精神。

他半个世纪前便结下革命情谊的挚友阳翰笙在追悼会上的讲话中说,是党造就了金山,是党把他培养成革命的、杰出的人民艺术家。

与金山一起工作、生活过的大庆人,惊闻噩耗后,派代表星夜兼程,来和他的遗体告别。在今天的追悼会上,他们说,金山是人民的艺术家,人民将会怀念他。

文化部长朱穆之主持追悼会。参加追悼会的有习仲勋、王任重、胡愈之、邓力群、周扬、贺敬之、周巍峙、冯文彬、罗青长、唐克、吴冷西、李一氓、傅钟、刘导生、赵寻、荣高棠以及文艺界人士林默涵、陈荒煤、司徒慧敏、艾青、吴作人、李可染、江丰、吴雪、袁文殊、周而复、张君秋、戴爱莲、陶钝等。

汉城决战的最后 40 秒
——男子 4×100 米决赛画外音

刘 蔚

导言——

在体育报道中,该作体现出了浓厚的创新色彩。写一项体育赛事,竟然可以把画外音和赛场的实事实景结合起来写,使两者互为补充。所收到的效果是:对实事实景的叙写,报道了新闻事件的进程;而画外音的摄入,则使报道有所延伸,使之更加丰满。采用这样一种报道方法,有可能会受到人们的质疑:在新闻报道中,使用人物画外音,许可么?应该说,画外音的基础是记者事先和事后对运动员所做的采访。把人物所说的话或者有关心理活动,用画外音加以表现,而这应该是许可的。文中两种字体的区别,实际上已经对属于画外音的部分作了特别的标列。

1986 年 10 月 5 日,汉城时间 14 时 20 分(北京时间 13 时 20 分)。汉城奥林匹克体育场。

发令台上裁判员枪指蓝天,起跑器前选手们面地而蹲——相持半月之久的亚运会金牌大战就要在这之后的 40 秒见分晓。

4 日晚上,南朝鲜同中国队以 92 比 92 金牌数持平。当地报界哗然:"南朝鲜成为亚洲第一体育大国"、"中国万里长城被摧毁"。

此时,中国女子 4×100 米已取胜,南朝鲜有把握用足球金牌来抵消它,使金牌总数保持平局。对中国队来说,出路只一条——男子 4×100 米接力夺得第一,拿到取胜的唯一王牌。

枪声战栗着在体育场上空炸开,最后的争夺开始了。

中国队打头阵的是苏州小伙子蔡建明。

我是中国队最后一炮的头一发炮弹,我要是卡了壳,后边哥们就没戏了,尽管我在 200 米预赛、复赛均处前五名,但我还是决定放弃决赛,力保接力。

蔡建明在第一个弯道已追上前边的对手,进入第一接力区。这时,后面选手也蜂拥而至,两拨选手挤做一团。

忽然一人冲出人丛,狂奔而去,他就是中国队第二棒、北京选手李丰。

头天晚上做了一夜噩梦,总担心自己有伤的左腿不争气。来汉城前,我妈妈(我国著名短跑名将姜玉民)说:"好好比,拿块金牌回来。"我憋足了劲儿,这可不光是还我妈的愿,这是还祖国人民的愿啊!

李丰身后,南朝鲜选手张在根(200米冠军)正拼命追赶,企图打乱中国队阵脚。

南朝鲜给他们的田径选手打了"强心剂":拿一个冠军7.5万美元,并享有终身月薪600美元。

这时李丰一马当先,风驰电掣,狂奔在最前。

我一进场就相信我们赢定了。我只管玩命跑,只要别失手把棒甩到观众席上就行!

李丰以两米的优势完成了他的使命,接棒的是广东名将余壮辉。

这次南朝鲜想吃掉我们,所以把我们安排在第6跑道,日本第5道,他们自己在第4跑道,形成我们前边跑,他们后边追的局面。显然,这种安排也有利于他们追不上我们时,让日本队来干掉我们。

沿着跑道线,余壮辉像飞逝的流星,划向最后的直道,领先三米多。

我们是破釜沉舟,日本队没有这种压力,但我们不能当"舞台上的运动员",平常比赛挺能"表演",强手一来,动真家伙就腿软。

就在胜利的曙光已依稀可见时,中国第四棒选手启动稍早,不得不减速等棒,交接成功时,还差两三步就跑出接力区了。此刻,日本选手将差距缩小到只差一步。

这时,由十几名中国田径运动员、教练员组成的拉拉队,竟然在和满场南朝鲜观众的"对抗"中占了上风——"中国队——加油——加油——郑晨"。

我是浙江金华人,"金华火腿"长盛不衰,只是我的腿今年却不争气,从8月30日右腿拉伤到参加亚运会比赛,我最长只跑过30米。来汉城前大夫才把我的腿治得听了使唤。

离终点还有30米,郑晨放松了两步,穷追不舍的日本选手不破弘树伺机要赶上,他在百米比赛中赢了郑晨,日本队指望他拼掉中国队。

我的右腿抽筋了,这会儿是关键时刻,只要能动,我就拼到底。

郑晨奋力向前,率先冲向终点,25米,20米,15米……还差最后5米,郑晨挥起手来,胜利在握!

这一瞬间,多少人泪眼朦胧、喉头哽咽,多少人手舞足蹈、紧紧拥抱……中国选手以39秒17的新亚洲纪录,换得了最后一块宝贵的金牌。

94块金牌分量是一样的,但祖国人民不会忘记第94枚金牌是怎样得到的。

——这难忘的39秒17。

(1986年10月11日《体育报》)

苏锡常：关于结构调整的对话

新华日报记者组

导言——

　　这是一组系列报道中的一篇。这篇报道每篇都由"领导观点"、"记者观察"、"调整实例"和"学者点评"等四个部件构成。四个部件的出现次序可视情况调整。部件与部件之间，没有过渡性的文字，省略了起承转合，但却是紧扣结构调整这一母题而展开、深入的。该篇以及其余各篇可谓"四不像"：既不像消息，也不像新闻评论，又不像一般的通讯，可以说是什么都不像。就此而言，它们是另类，不那么"循规蹈矩"。但正因为是另类，作者的创造性得以充分体现。

　　[话题之一："市场导向"：不断再版的教科书]

没市场，亚洲第一也不要

　　1993年5月，无锡叶片厂争取到了一个机械工业部重点项目，先后有投资1.5亿元，搞成了一个制造汽轮机叶片的大锤，其生产、技术性能居亚洲第一，被誉为"亚洲第一锤"。无锡人为此而感到自豪，前往参观的人不断。可是由于业务严重不足，"第一锤"绝大部分时间是在休息，而企业却为它背上了沉重的还贷包袱，亏损严重。不久前"亚洲第一锤"被转移到上海电气集团。

　　【领导观点】吴新雄（无锡市副市长）："我们搞经济工作，不是要图个名声或好看，像瓶里的一朵花。说我拥有'亚洲第一锤'有什么用？关键是要拥有市场和效益。我们对无锡名牌产品有个定位，它应该是质量、市场、效益的统一。无锡742厂的二极管是国家金奖，但这种名牌我们是不要的，因为是亏损产品。无锡的虹美电视机原来是银奖，但它也是亏损的，我们也不要。我们始终啃住一条，在社会主义市场经济条件下，市场的需求和消费者的选择是任何企业生存发展的前提和关键。"

　　袁静波（江阴市委书记）："这几年，江阴大中型企业迅速崛起，不少名牌产品雄霸市场，这是非常可喜的。市场份额不大，经济效益不好，再总结都是失败的。"

　　【记者观察】江阴阳光集团印制的企业宣传册，翻开来第一页就是国际地图，而以前这位置上是市委书记肖像。一叶知秋，从这小小细节中，阳光人的市场意识，胸怀国际市场的大志，显露得淋漓尽致。这意识，不只阳光人独有，它已是苏锡常人的共识。省委常委、苏州市委书记杨晓堂的话颇有代表性：苏州要形成一个概念，即把全世界看作一个市场。

市场观念"乘电梯"

【领导观点】朱建昌（锡山市副市长）："结构调整要面向市场，而且要面向未来的市场，抓战略性的调整。目前我们重点抓的企业是，销售在同行业处前三位、当年的利税超1 000万元、而且能看到后几年利税在5 000万元以上的产品。那些尽管利税在几千万元，但在同行业中没地位的，算不上重点。"

袁静波："是重速度还是重效益？是重效益还是重市场？是重现实的市场还是重战略空间？不同经济发展阶段，有不同的答案。在目前的竞争格局下，我们应该选择第三个答案。为了争取更多的发展空间，我们不惜放掉一些现有市场。"

【记者观察】七八十年代办厂时，有人说，没效益不要紧，多一点厂子弄点产值养点人也好，而如今，从产值到效益、从效益到市场，短短十多年，苏锡常人的市场观念就如乘了电梯似地不断提升，让人目不暇接。

就在去年初，记者去锡山采访，当时很多从事经济工作的人正在讨论着国家宏观环境何时能出现松动。市科委的一位领导说，不能再指望着银根松动，大干快上了，眼下的经济环境不是暂时的，而将是一种常态，企业应尽快适应这种常态。当时，觉得此论真有新意。而今天，"新论"早已被超越。"结构调整不是适应性调整，而是战略性调整"，从这句话出现的频率中，我们感受到了苏锡常人对此观点的认同程度。

以高科技抢占市场制高点

"村村点火，处处冒烟"、"船小好调头"，在苏锡常原来都一直是作为经验介绍的。然而在新的环境下，原来的优势已成为弱势。面对现实，苏锡常人没有沉湎于往昔的辉煌，而是顺应市场，努力"调大"、"调高"、"调新"、"调优"，以重塑自己的新优势。

【调整实例】新科集团公司是以常州市第五无线电厂为核心组建的一家以生产音响产品为主的企业集团。1993年11月，世界著名的飞利浦、索尼、松下、JVC在日本决定联合开发具有广阔市场前途的VCD产品。新科集团得知这一信息后，通过索尼公司的技术顾问，同索尼公司挂上钩，双方签订了开展技术合作的协议。新科集团公司立即选派技术人员去索尼公司学习，并投入力量集中开发VCD新品。终于在1995年8月批量生产VCD产品，在国内同行中捷足先登，用高新科技抢占了市场制高点。目前，新科VCD产量占全国1/3，产销量全国第一。

【领导观点】薛锋（常州市副市长）："我市现有一批好的产品和企业，只要因势利导，提高技术含量和规模程度，就能形成更加明显的特色和优势，巩固和扩大其在国内外市场的占有份额。"

杨晓堂（市委常委、苏州市委书记）："苏州调整的总体思想是按照市场需求，抓技术、产品的创新，我再三讲，不创新，没戏！"

然而，不管大也好、高也好、新也好，最终都是为了适应市场，不能为高而高，为新而新,为大而大,这一点,苏锡常人是毫不含糊的。除了开头提到的"亚洲第一锤"外,这方面的观点和例子我们还听到很多。

吴新雄:"对高科技我不赞同游离市场的提法,对产品项目的要求首先是高效益,第二是高市场容量,第三是高科技含量,这个顺序不能颠倒。"

拉起整串调整之链

【记者观察】结构调整要解决的首要问题就是企业不适应市场。这种不适应首先表现在产品的不适应。然而产品的不适应还有深层次的原因,比如技术的不适应、机制的不适应,甚至生产流程和管理的不适应。调整就是要使企业全面面向市场。苏锡常的经验就是以产品结构调整为起点,一环一环往里推,拉起整串调整之链。

【领导观点】虞振新(常州市委书记):"在技术高新化上,我们较早提出了企业要通过技术创新去创新产品,通过产品创新去创新市场。只有不断从技术上进行创新,从而实现产品、市场的创新,企业才能富有活力和竞争力,才能不断发展壮大。"

袁静波:"我们通过评价体系对企业进行导向,我们要把企业引到哪里去,就出一套怎样的考核体系、指标体系。我们现在的考核就是要把企业引导到占领市场、提高经济运行水平上来。"

【学者评点】"市场导向"像一本经典的教科书,汲取人们的实践经验,不断充实、再版。从最早的"以销定产"发展到今天,已不再是当初的 ABC 层面,它已被苏锡常人琢磨得很深很厚了:由市场对产品的"导向"扩大到对技术、管理的"导向",对机制、人才的"导向"。人们也在学习过程中,汲取它的营养,不断扩大视野,形成全方位的市场导向观念;不断增进理解,形成深层次的市场导向战略。

(执笔:钱丽萍;本报特约经济学顾问:钟永一。1997 年 6 月 11 日《新华日报》)

让死者有那不朽的名 让生者有那不朽的爱
——写给张永平母亲的一封信

贾永　李大伟　郭嘉

导言——

写通讯,通常都用一般的套路来写。但本篇通讯却写成了书信的模样。这既让人意外,又使人倍感亲切。记者将烈士的不平凡的事迹,以书信为载体来进行传递,是找到了最恰当的方式,同时又显得不落俗套。惟其采用了书信体的形式,给人的感觉是：记者似乎就坐在英雄母亲和受众的面前，在敞开心扉、直抒胸臆、娓娓而叙。第二人称的使用所带来的亲近感，不是第三人称叙述所能比拟的。或许，阅读该文，给人的最大启发是：原来通讯还可以这样写。

　　新华社编者按：今天，我们向读者推荐一封感人至深的信件。这是人民日报社记者和本社记者在采访张永平事迹的过程中，写给他母亲的一封信。
　　张永平生前为南京军区某师党委常委、装备部部长，2001年10月7日殉职于工作岗位，年仅40岁。

敬爱的张妈妈：
　　在采写永平事迹的这些天里，我们几次提笔，又几次放下。我们实在不忍心让您过早地知道那个不幸，更不忍心再次刺痛您那颗受伤的心。
　　我们知道，23年前，边境烽火还在燃烧，是您鼓励儿子报考军队院校。永平刚刚踏入廊坊导弹学院，他的父亲就英年早逝。身为吉林省优秀幼儿教师的您默默承受着巨大的悲伤，不让家人把噩耗告诉永平。直到一年之后，第一次探亲的永平捧着优秀学员证书回到家，您才让他亲手安葬了父亲的骨灰。
　　万万没有想到，22年后，同样的不幸又一次摊到了您的身上。就像当年您瞒着永平一样，这一次，人们一同瞒着您——无论是永平的妻子还是永平的战友，谁都不忍让承受了中年丧夫悲痛的您再去承受晚年丧子的悲怆。
　　当您接到这封信的时候，您的儿媳胡文红和永平部队的领导已经赶往您的身旁，他们是专程去向您报告那个隐瞒了您整整7个月的沉痛不幸的。再过几天，新闻单位就要报道永平的事迹，永平牺牲的消息再也瞒不住您了……
　　拥有一付铁塔般身躯的永平是去年9月28日早晨突然晕倒在上班路上的。
　　就在几个小时前，永平还主持召开装备部党委会，研究部署总部赋予的一项重要任务。会议结束后，他又接着撰写装备建设的研讨材料，直到凌晨两点。
　　苏北的秋夜，已有几丝寒意，可永平办公室的空调却始终开在最冷的地方。作为一名优秀的军人，一有任务，他就像一团燃烧的火。此时，距总部考核验收只有两个月时间，办公楼前的倒计时牌上写着他的两句话："奋力拼搏60天，保证现有装备全面形成作战能力"。
　　永平的许多战友在向我们述说永平的时候，都哭着说，没有尽好保护永平的责任。去年5月，师里组织团以上干部体检，看上去结实硬朗的永平被查出患有胆结石、肾结石、高血压、糜烂性胃炎4种病症。大伙儿劝他住院，可永平总是一脸的不在乎，拍着胸脯说："就凭这付身子骨，再拼20年有啥问题？！"随后，他便带着部队驰骋大海，练兵去了。
　　提起永平，师政委朱生岭几度泣不成声："如果当时就把永平强按在医院，兴许就不会发生意外了。"

话虽这么说,可谁又能劝住干事业不要命的永平呢!9月29日,刚刚醒来的永平又把部属召集到病榻旁一项一项地安排工作。就是他留给部队的最后一篇文章——《全师现有装备形成作战能力建设方案》,也是一边输着液,一边修改定稿的。

10月6日,是永平走的前一天。白天,师装备部副部长史美章带着几位科长来探视。一见面,永平就急切地询问装备建设进展情况。谈话间,大家见永平满头是汗,用手顶着腹部,便劝他安心治病。晚上,永平吩咐驾驶员小陈:"把油加满,明天我回部队看看。"

谁知,第二天一早,永平的病情突然恶化,虽经全力抢救,却再也没有醒来……

战友们无法相信一个燃烧的生命会突然停止燃烧;他们静静地守候在病房周围,多么盼望平日里风风火火的永平是在熟睡呀。

永平的妻子更不能接受这残酷的现实:每一次感冒发烧,永平总是冲个凉水澡又投入工作。结婚11年,生龙活虎的永平从未躺倒过,没给她一次病榻前尽妻子责任的机会。抱着永平的遗体,文红悲痛欲绝:"如果我们能从头再来,我愿放弃一切,好好照顾你、陪伴你。"

医院最终确诊永平患的是心源性猝死,这种病俗称"过劳死"。

闻知永平累死在岗位上,南京军区司令员梁光烈、政治委员雷鸣球潸然泪下,两位将军为失去一位优秀的中层领导干部而痛惜。正在南京军区考察工作的中共中央政治局委员、书记处书记、中央军委副主席张万年,高度评价永平模范践行"三个代表"、"尽忠报国,死而后已"的崇高精神。嘱托部队照顾好您老人家,抚养好永平的后代,安排好永平妻子的工作。

敬爱的张妈妈,我们是从永平的一本日记中得知您已78岁高龄的,在这本日记中还记载着元月2日是您的生日。

听文红说,去年初,7年没有探过亲的永平,专程回了一趟老家给您祝寿。假期刚休了一半,牵挂着部队的永平就坐立不安了。儿子的心思哪能瞒过母亲的眼睛,您对永平说:"队伍上的事要紧,闲下来的时候多打几个电话就行了。"

可永平难得清闲啊——全师几万件武器装备,都装在他这个部长的心里。甭说你们母子团聚的时间少而又少,就是文红和孩子随军后这6年,他们一家人相处的时间算起来也不足两年。永平在大连工作的二嫂嫁到您家20多年了,第一次见到永平,竟是在他的追悼会上。

当初,文红舍弃大学所学的专业和即将晋升工程师的机会,从长春随军来到部队,永平竟连续9个月忙得没顾上帮她找份工作。后来,还是凭着自己的成绩,文红被招聘到距部队100多公里的连云港一家公司。打那儿,他们又过起了两地分居的生活。

前年,单位里分给文红两间住房。永平说,等他有了空闲,一定把新居装修一下,把您老人家接到连云港住上一段日子,好好陪您看一看大海。可永平这份孝心最终也没能实现。今年元月,当文红以永平的名义给您寄上生日贺卡和500元钱时,她深深体味到了当年您以父亲的名义给儿子写信时,所承受的那种痛苦的煎熬。文红说,那会儿,她心都碎了。

如果说人们是在有意对您相瞒永平牺牲的噩耗,而对您疼爱的小孙子却无意相瞒。不谙世事的小张程还不懂得爸爸的离去意味着什么。在与孩子断断续续相处的日子里,永平留给孩子的最深记忆,是病重期间辅导孩子写的一篇叫《快乐卡丁车》的日记……

敬爱的张妈妈,永平是那样深沉地爱着您,爱着他的孩子和妻子。在文红的手机里,至今还珍存着永平生前发给她的最后两条短信息:"老朋友,我想你";"永远爱你"。

然而,正如您所教诲、所期望儿子的那样,永平把更多的爱献给了他所挚爱的国防现代化事业,并为此燃尽了40岁的生命。

敬爱的张妈妈,今天,可以告慰您老人家的是——

永平牺牲的第27天,他所在的集团军党委作出了向他学习的决定;

永平牺牲的第51天,他所在的师被评为全军军事训练一级师;

永平牺牲的第90天,他的事迹纪念馆落成。

永平部队的领导告诉我们,如果您的身体许可,这一次他们将把您接到部队,让您好好看一看永平生前生活战斗过的地方、看一看纪念馆里的永平、看一看您喜爱的大海。到那时,全师官兵将以部队最庄严的礼仪接受您的检阅,深情地向您唤一声——"亲爱的妈妈!"

……

随信寄去600元,代永平献上一份孝心,并祝您健康长寿。

(新华社2002年5月5日电)

研究与思考

═延伸阅读═

范敬宜:《且引文脉贯新章》,《新闻战线》2003年第3期。

贾　永、樊永强、徐壮志:《追寻新闻皇冠上的明珠》,http://news.xinhuanet.com/mil/2011-11/07/c_122242560_4.htm。

=问题与思考=

1. 新闻创新的相关因素有哪些？试作具体分析。
2. 试述本章所列几篇报道从新闻创新方面给予你的启示。
3. 训练与新闻写作有关的创新思维，你认为应该怎么做？